두 얼굴의 남자

A MAN OF TWO FACES
by Viet Thanh Nguyen

Copyright © Viet Thanh Nguyen 2023
All rights reserved.

Korean translation edition is published by arrangement with
Sobel Weber Associates, Inc. through EYA Co., Ltd.

Korean Translation Copyright © Minumsa 2025

이 책의 한국어 판 저작권은 EYA Co., Ltd를 통해
Sobel Weber Associates, Inc.와 독점 계약한 (주)민음사에 있습니다.

저작권법에 의해 한국 내에서 보호를 받는 저작물이므로
무단 전재와 무단 복제를 금합니다.

Excerpt from *Dictee* by Theresa Hak Kyung Cha, with permission from
Berkeley Art Museum and Pacific Film Archive (BAMPFA)

두 얼굴의
비엣 타인 응우옌
남자

A MAN
OF TWO FACES

신소희 옮김   Viet Thanh Nguyen   민음사

메(Mẹ)에게
마(Má)에게
린다 킴 응우옌에게
응우옌티바이에게
내 어머니에게
1937~2018

차례

1부

새너제이로 가는 길을 아시나요?	11
여보세요, 할리우드?	34
기억의 시작	54
네가 될 수 있는 유일한 모범	73
식민 지배자와 피지배자	98
백인과 그 밖의 구원자들	120

2부

뒤섞인 감정들	131
그래서…… 진짜 고향이 어디라고요?	151
떠내려가다	164
미국의 문제	180
좋은 놈, 나쁜 놈, 추한 놈	191
로널드 레이건 룸	208
전쟁 이야기, 혹은 너의 1980년대 : 1화	224

내 이름을 말해 봐, 혹은 너의 1980년대 : 2화   **245**
네 어머니의 모든 것, 혹은 너의 1980년대 : 3화   **253**
기억 치료   **267**
너의 교육   **277**
어느 젊고 멍청한 작가의 초상   **288**
너만의 기록 보관소   **300**
네게 남은 것들   **311**
순례 여행   **325**

3부

망각, 일부러 혹은 우연히   **341**
부고장   **359**
추도문   **370**
공공연한 비밀   **385**
나의 끝   **407**
베트남인들의 성지   **414**

감사의 말   **431**
인용 출처   **435**
인용 허가   **462**

1부

새너제이로 가는 길을 아시나요?

기억은 언제부터 시작될까?
내가 찾는 기억은 무엇일까?
그리고 역사와 기억의 애매모호한
경계에서 나는 어느 쪽에
재결합될 수 있을까?

기억은 바(Ba)와 마(Má)에게서 시작된다. 그들의 모습은 사진 같고 그들의 이야기는 영화 같다. 비디오테이프 레코더를 내다 버린 지도 오래됐는데, 녹화된 테이프로만 남아 있는 그런 이야기.

모든 부모는 그들의 삶을 영화로 만들어야 한다. 적어도 우리 부모님은 그래야 한다. 그들의 장대한 여정은 스타 배우들이 연기할 가치가 충분하다. 독립 저예산 영화라도 좋다. 전성기 무렵의 아름다운 조앤 첸이 우리 어머니를, 젊고 매력 넘쳤던 러셀 웡이 우리 아버지를 연기하면 좋겠다.

두 배우 모두 베트남인이 아니지만, 뭐 어떤가. 이곳에서 우리는 모두 '아시아인'이니까.

조앤 첸은 올리버 스톤의 대작 영화 「하늘과 땅」에서 베트남 어머니 역을 맡았다. 끔찍한 전쟁의 소용돌이에 휘말린 베트남 농민 여성 레 리 헤이슬립의 일생을 다룬 영화다. 깎은 듯한 광대뼈에 입술이 탐스러운 러셀 웡은 충분히 섹시 스타가 될 수 있었을 것이다. 할리우드에서 아시아인 미국인 남성이 로맨스 영화의 주인공으로 캐스팅될 수 있었다면 말이다. 매끈하게 빗어 넘긴 그의 머리 스타일은 1950년대 흑백 사진 속 아버지의 반드르르한 머리칼을 떠올리게 한다. 나는 열여섯 살부터 줄곧 헤어 스타일링과 모발 관리에 집착했는데, 바에게 아직 기억이 남아 있었을 때 어떤 제품을 쓰셨냐고 미처 묻지 못했다. 나도 아버지와 똑같은 방식으로 머리카락을 손질할 수 있었을 텐데. 어머니가 돌아가신 후 그분의 회색 티셔츠를 입어 보고 그것이 내 몸에 딱 맞는다는 사실을 발견했듯이.

내 머릿속 먼지 낀 영화관 스크린에서 불빛이 깜박인다. 전설적인 작곡가 찐꽁선(Trịnh Công Sơn)이 작곡했고 그의 뮤즈이자 그만큼 전설적인 가수인 카인리(Khánh Ly)가 허스키한 목소리로 부른 노래들이 흘러나온다. 두 사람의 공동 작업은 베트남 망명자와 난민의 향수와 상실감이 담긴 배경음악으로, 양면이 각각 45분씩 재생되는 카세트테이프 속에서 자욱한 담배연기와 헤네시 VSOP 코냑과 함께 흘러나온다. 왕가위가 특유의 우울하고 매혹적인 분위기로 화면을 연출한다. 조명은? 어둠침침하다. 분위기는? 로맨틱. 색감은? 빛바랜 폴라로이드.

그리고 나를 연기하는 배우는? 크고 검은 눈의 귀여운 소년.

영화가 끝나면 그는 소리도 없이 사라져 버린다. 아무도 그의 이름을 기억하지 못한다.

어쩌면 왕가위와 촬영감독 크리스토퍼 도일이 새너제이의 고속도로 옆 우리 집에 영화적 마법을 걸어 줄지도 모른다. 나무껍질처럼 보이기 위해서인지 짙은 갈색으로 칠한 목재와 지붕널과 외장 벽토, 그리고 침묵, 기억과 망각으로 지은 집.

영어에 서툰 난민인 우리 부모님이 집값을 전액 현금으로 지불했을 때 부동산 중개인이 얼마나 놀랐을지 상상해 보라.

난민과 이민자 대부분에게 삶이란 월세 방이나 임대 주택, 과밀한 아파트와 비좁은 집, 대가족과 절박한 세입자들을 의미한다. 어수선한 방들.

헐벗은 삶. 페 미엔 응은 소설 『뼈』에서 이민자의 삶을 그렇게 표현했다. 소설의 배경은 따분한 차이나타운이지만 그래도 그곳은 샌프란시스코 바닷가에 있다. 거기서 차로 한 시간 거리인 새너제이에 관해 소설을 쓰거나 영화를 찍은 사람이 있나? 그나마 디온 워릭이 이 도시를 기리는 노래를 부르긴 했다. 「새너제이로 가는 길을 아시나요」라고.

물론 샌프란시스코에 관한 노래들만큼 좋진 않다.

샌드라 시스네로스의 망고 스트리트*와 달리, 우리가 살던 거리에는 이름조차 없었다. 그냥 '사우스 10번가'라는 방위와 숫자, 그리고 쇠창살 지른 창문들이 있을 뿐이었다. 쇠창살은 구세계에서 온 우리 동포들이 설치한 게 분명했다. 안에선 열리지 않아서 불이 나면 꼼짝없이 갇힐 수밖에 없는 구조였으니까. 뭐든 대강대강 해치우는 우리 민족성 탓이다. 집 안뜰에 시멘트를 부을 때 마감 처리도 깜박했는지 바닥이 마치 달 표면처럼 꺼끌꺼끌했다.

새너제이가 번영기를 맞으면서, 훗날 이 집을 구입한 사람들은 더 많은 차를 세우기 위해 잔디밭을 콘크리트로 포장했다. 아버지가 사진을 찍자고 하면 어머니는 그 잔디밭에 누워 포즈를 취했었다. 우리

---

* 멕시코계 미국인 작가인 시스네로스가 1948년 출간한 첫 장편소설 『망고 스트리트의 집(The House on Mango Street)』을 언급하고 있다.

가족이 미국에서 찍은 사진은 거의 다 컬러이지만, 베트남에서의 사진은 대부분 자욱한 안개 속에 있는 듯 희뿌옇다. 성당 옆 잔디 깔린 비탈길에서 여러 벌의 아오자이 중 하나를 입은 어머니의 자태가 눈부시다. 요즘 K-팝 스타처럼 날씬한 아버지는 도요타 승용차에 엉덩이를 기대고 서 있다.

아버지의 선글라스는 사라졌다. 우리 과거의 모든 파편과 함께 바람에 쓸려가 버렸다. 이젠 나도 그때의 아버지처럼 선글라스를 쓰고

자동차를 뽐내며 선셋 대로에서 근사한 사진을 찍을 수 있으리라.

대부분의 사람들은 기껏해야 오토바이밖에 갖지 못했던 시절이다. 지금도 내 고향에는 자동차보다 오토바이를 타는 사람이 더 많다. 이런 농담을 들은 적이 있다.

베트남에서는 승합차를 뭐라고 부르나요?
오토바이요.

내 거실 벽에는 닉 우트가 찍은 흑백 사진이 걸려 있다 (네이팜탄에 화상을 입고 비명 지르며 도망치는 판티낌푹의 사진은 아니다). 한 남자가 오토바이를 타고 피난을 간다. 그의 앞에는 두 남자아이가, 뒤에는 다른 남자아이를 안은 아내가, 그 뒤에는 또 다른 두 남자아이가 닉 우트의 카메라를 응시한다.

기억 속에 가물가물 떠오르는 한 장면이 있다. 우리 집 고용인이 오토바이로 나를 유치원에 데려다준다. 몇 년 전 아버지가 들려준 이야기다. 그 사람은 베스파 50을 몰았고 넌 그 앞자리에 서 있었지. 그때의 내 사진이 남아 있다면 좋을 텐데. 시클로 페달을 밟거나 세 바퀴 람브레타 택시를 모는 햇볕에 그을린 남자들을 지나쳐, 바람에 머리칼을 날리며 달려가는 우리 모습은 왕가위 영화의 스틸 컷 같았으리라. 안전벨트는? 유아용 시트는? 헬멧은? 뭔 소리! 거긴 베트남이었다고!

지금 바에게 그 이야기를 기억하느냐고 물으면 아니, 라고 대답할 것 같아 두렵다. 그래서 나는 침묵을 지킨다.

바는 가족의 역사를 기록한다. 그는 우리가 미국에서 처음 삼 년 동안 살았던 해리스버그 교외 중산층 동네의 첫 번째 집을 카메라로 찍었지만, 도시 한복판의 번화한 2차선 도로변에 있던 두 번째 집은 기억에서 지워 버렸다. 붉은 벽돌집이었고 위층에는 백인 가족 세입자가 있었는데, 나는 그 집 딸과 함께 전 주인이 마당에 버린 소파에서 놀았다. 형과 나는 방을 같이 쓴다. 형은 「호텔 캘리포니아」를 비롯해 또래 베트남 청소년들이 달달 외워야 했던 1970년대 히트곡들을 듣는다. 나는 키친(kitchen)을 치킨(chicken)이라고 말해서 아버지를 웃긴다. 아버지의 영어 실력이 나보다 나았던 짧은 시기의 일이다.

사우스 10번가는 우리의 세 번째 집이었다. 음울한 미합중국 대평원 너머에서 깜박이며 우리를 부르던 아메리칸드림™의 붉은 네온사인으로 다가가는 한 걸음이었다. 부모님이 비행기로 대평원을 건너게 된 건 어머니와 함께 고향에서 피난 온 절친한 친구 박꾸이로부터 캘리포니아 새너제이 이야기를 들었기 때문이다. 더 따뜻한 날씨, 더 좋은 기회, 더 많은 동포가 있는 고장이었다. 그래서 우리는 1978년에 이사를 했다.

하느님 감사합니다.

농담이에요, 해리스버그.
난 신을 안 믿어요.

아뇨, 정말로 농담이에요, 해리스버그.
난 펜실베이니아의 주도인 당신의 품에서 행복했지만,
일곱 살 아이는 누군가 사랑해 주기만 한다면
어디서든 행복할 수 있어요.
우리가 떠난 지 일 년 후, 미국 최악의 원전 사고가 터진
스리마일섬에서 불과 15마일 떨어진 곳이라도요.

그러니 새너제이에는 노래가 있고
해리스버그에는 노래가 없은들 어때요?
샌프란시스코로 가는 길을 모르는 사람은 없잖아요.*

---

* 가수 디온 워릭이 부른 「새너제이로 가는 길을 아세요?」의 가사를 빗댄 표현이다.

디온 워릭도 그 노래가 바보 같아서 부르고 싶지 않았다고 인정한 바 있다. 그럼에도 워릭의 노래는 그래미상을 받았고, 수백만 장이 팔렸으며, 1968년 전 세계 10위 안에 드는 히트곡이 되었다. 사람들이 자기 집이나 목재로 마감한 스테이션왜건 안에서 느긋하게 오디오를 틀고 노래를 따라 부르는 동안, 미라이(Mỹ Lai)에서는 멕시코계 미국인 대위가 지휘하는 미군 병사들이 베트남 민간인 504명을 학살했다. 내가 태어나기 삼 년 전의 일이다.

우리 나라는 계속 무고한 사람들을 죽이고 있다.
내가 이 원고를 처음 교정 본 날에

"펜타곤은 소말리아에서
세 번째 민간인 사상자가
발생했다고 인정했다."

희생자 누르토 쿠소우 오마르 아부카르는
오 개월 전 질리브 마을에서

알카에다와 연계된 극단주의 단체 알샤바브의
조직원들을 겨냥한 공습으로 사망했다.

18세 여성 누르토 쿠소우 오마르 아부카르는

애초 AFRICOM*에

테러리스트

로 보고되었으며, 다이네틱스에서 제조한
소형 공중 폭탄 GBU-69/B에 의해 사망했다.

다이네틱스는 국가 안보, 사이버 보안,
우주 공학 및 주요 인프라 보안 부문에
대응력이 있고, 효율적인 비용으로
엔지니어링, 과학 및 IT 솔루션을 제공하는 업체다.

우리 형은 미라이에서 죽은 아이 하나를 안다고 한다.
예전에 같은 반이었다고.

여러 해 이후 나는 선미(Son My)를 방문했다.
베트남인들이 학살의 마을이라고 부르는 곳이다.
마을을 관통하는 시멘트 길에는 거기 없는 망자들,
살아 있는 유령들을 상징하는 발자국이 찍혀 있다.
나는 그들의 발자국을 밟지 않기 위해 조심스럽게 걸었다.

---

* United States Africa Command. 미군 아프리카 사령부를 일컫는 말이다.

디온 워릭의 노래가 히트한 지 십 년 후, 나는 새너제이에 도착한다. 워릭의 노래가 흐르는 도시 공익 광고를 보며 진짜 후졌다고 생각한다. 나 역시 누가 봐도 후진 녀석인 데도.

새너제이로 온 사람들은 시내의 뱃구레를 관통하는 소화관 격인 이스트 샌타클래라가를 지나게 된다. 이 거리에 작고 구질구질한 맹장처럼 매달린 옆 골목에서 박꾸이는 동네 최초의 베트남 식품점을 열었다. 박꾸이는 결혼한 적이 없고, 아이도 낳지 않았으며, 설날이면 내게 백 달러 지폐를 준다. 마는 식품점 일을 돕고, 바는 공장에 나간다. 몇 달 뒤, 바와 마는 두 번째 베트남 식품점을 연다……. 박꾸이의 가게에서 두 블록 떨어진 곳에.

선의의 경쟁이란 바로 이런 것이리라.

이스트 샌타클래라가에 있는 우리 가게는 이 도시의 배꼽이라 할 수 있다. 우리 부모님은 가게 상호를 '사이곤 머이(SàiGòn Mới, 새로운 사이공)'로 짓는다. 서구화된 '사이공(Saigon)'과 원래 철자인 '사이곤(Sài Gòn)'의 타협점이다. 영어가 아닌 베트남어 상호를 쓴 건 미국인들이 거기 왔기 때문에 우리가 여기 있게 되었다는 선언이리라. 어쩌면 심지어 저항의 표시일 수도 있겠지만, 나로서는 아직 거기까지 생각이 미치지 않는다. 그저 이 가게가 우리를 위한 곳이라고 받아들일 뿐이다. 서로는 통역이 필요 없지만 우리를 둘러싼 미국인들을 만날 때면 통역을 통해서만 존재할 수 있는 사람들.

형이 새너제이 고등학교 졸업생 대표가 된 1982년, 《새너제이 머큐리》는 그를 소개하며 바와 마의 가게를 이렇게 묘사한다.

<blockquote>
인도차이나 식품과
미국 인스턴트식품 외에도
비단 두루마리와 베트남 서적이 넘쳐나는
작은 백화점.
</blockquote>

작은 백화점!
나는 왜 부모님의 소박한 사업을

이런 식으로 생각하지 못했을까?

가게 정면에 달린 접이문은 여닫을 때마다 항의하듯 끽끽거린다. 천장에 길게 매달린 노란색 끈끈이마다 죽은 파리가 점점이 박혀 있다. 50파운드짜리 쌀자루가 서까래에 닿도록 높이 쌓여 있다. 가게 뒤꼍에서 정육 담당자가 생선과 고기를 써는 동안, 나는 선초(仙草) 젤리와 시럽에 잠긴 리치 통조림에 보라색 가격 스탬프를 찍는다. 간장, 굴 소스, 느억맘, 섬뜩한 보랏빛이 도는 맘루옥,* 녹색 깡통에 든 코코리코 코코넛 소다. 원두 커피 분쇄기에서 흘러나오는 향기가 쌀밥 냄새와 뒤섞인다. 계산대 뒤에는 카세트플레이어가 달린 JVC 스테레오 상자가 쌓여 있다. 부모님이 고향으로 스테레오를 보내면 친척들은 그걸 팔아 현금으로 바꾼다.

> 그들은 왜 현금이 필요할까?
> 꼭 현금이 필요하다면
> 그냥 보내 주면 되지 않나?
> 바와 마와 함께하는 삶은
> 물어 볼 수 없는
> 질문들로 가득하다.

---

* 느억맘은 생선으로 만든 양념장, 맘루옥은 어린 새우로 만든 양념장이다.

유리 계산대 밑엔 베트남어로 번역된 문고판 중국 무협소설들이 꽂혀 있는데, 형은 읽을 수 있지만 나는 읽을 수 없고 앞으로도 못 읽을 것이다. 나는 여덟 살이다. 중국식 꽈배기와 참깨 찹쌀 도넛은 물론 파란색 깡통에 담긴 덴마크 버터 쿠키, 설탕 발린 레이디핑거,* 입 안에서 톡 터뜨리면 시럽이 흘러나오는 초콜릿 입힌 체리까지 마음껏 먹을 수 있고, 정말로 마음껏 먹는다.

이 모두가 사이곤 머이 시절 이후로
맛 본 적 없는 과자들이다.
초콜릿 입힌 체리를
지금 먹으면 어떨까?
내가 잊었거나 잊으려 했던
모든 것을 기억해 낼 수 있을까?

나는 필요한 걸 전부 가졌지만 그 대부분은 내가 원치 않는 것이다. 나는 가톨릭교도가 되고 싶지 않지만 부모님은 나를 남쪽으로 몇 블록 떨어진 세인트 패트릭 스쿨에 입학시킨다. 아이리시 그린 코듀로이 바지와 주머니에 토끼풀이 달린 아이리시 그린 카디건을 입은 베트남 소년.

---

* ladyfinger. 손가락처럼 길쭉한 모양의 카스텔라 과자다.

그 후로 나는 평생 코듀로이도, 아이리시 그린도 입지 않았다.

아침마다 국기에 대한 맹세를 하고 성모송과 주기도문을 암송한다. 주기도문은 달달 외워서 절대 잊어버리지 않을 것 같았지만, 지금 외워 보려고 하니 다음 문장까지밖에 기억나지 않는다.

> 저희에게 잘못한 이를 저희가 용서하오니
> 저희 죄를 용서하시고

후반부는 잊어버렸다.

기억 속에서 또 한 장면이 떠오른다. 해리스버그에서 첫 영성체를 받는 내 모습이다. 성찬식장의 아이들은 하나같이 사랑스럽다. 남자아이들은 클립으로 고정하는 넥타이를 착용했고, 여자아이들은 하얀 드레스를 입었다. 내 모습도 정말로 깜찍했을 것이다. 엄숙하게 통로를 걸어가서 양손을 오므려 사제에게 내밀고, 스티로폼처럼 생긴 그리스도의 몸 한 조각을 받아들여 난생처음 맛보는 그리스도의 달콤한 피 한 모금으로 넘겼으리라.

> 적포도주는
> 유혹에 실패했다.
> 나는 무신론자가 되었다.

크리스마스마다 수도사가 담근
성찬용 포도주 한 병을 보내 주시는
우리 아버지에겐 비밀로 해 주세요.

바의 세례명은 나와 같은 요셉, 어머니의 세례명은 마리아다. 그들 이전의 여러 이민자와 난민처럼 바와 마도 인간 제물이 되어 가시덤불에 몸을 던졌고, 나는 그들을 타고 넘어 이 낯선 신세계에 도달할 수 있었다. 부모님은 부활절, 설날, 크리스마스만 빼고 거의 매일, 깨어 있는 동안 거의 항상 쉬지 않고 일한다.

날마다 그들만의
십자가를 짊어지고.

돌아보면 부모님이 형과 내게 가게 일을 거의 시키지 않았던 건 우리를 정말로 아꼈기 때문이었구나 싶다. 그리하여 내가 아홉 살이었던 1980년 크리스마스이브 무렵, 부모님은 사이곤 머이에서 일하고 있지만 형과 나는 집에 있다.

사이곤 머이에서 바는 셔츠와 바지 차림이고, 마는 블라우스와 바지 또는 무릎길이 치마에 때로는 재킷까지 갖춰 입는다. 바깥세상에서 두 분은 항상 깔끔 단정하며 정장에 가까운 차림새로 시골 출신 티를 내지 않으려 한다. 그들은 부모 노릇을 하는 슈퍼 히어로이고,

할리우드식의 거창한 헬리콥터와 스포츠카와 재담이 아니라 사이곤 머이라는 비밀 본부를 통해 우리를 지키고 있다.

조금만 있으면 부모님이 집으로 돌아올 것이다. 부엌에는 한 번도 쓰지 않은 식기 세척기가 있고 거실에는 리놀륨 깔린 바닥 위로 유리 전등갓 여섯 개가 달린 샹들리에가 있는데, 전등갓 하나는 깨져 있다. 이 집에 이사 온 첫날 밤 나는 흥분해서 소리 지르며 집 안을 뛰어다니다가 길게 늘어뜨린 샹들리에에 부딪혔다. 형은 깨진 유리를 쓸어 담고, 아버지는 성내며 나를 꾸짖었다. 오늘 밤 형과 나는 내가 샹들리에를 깨뜨리기 전까지는 완벽하고 새것 같았던 집에서 부모님을 기다린다. 나는 TV를 본다.

내 기억의 모래성 창밖에서
영원하고 아득한 망각의 파도 소리가 들려온다.

바와 마는 피곤하지만 다시금 어엿한 자영업자가 되었다는 데 뿌듯해하며 집으로 돌아올 것이다. 두 분을 기다린 우리를 위해 저녁밥을 차릴 것이다. 훗날 아버지는 이렇게 말했다. 나는 부모님이 만들어 준 걸 다 잘 먹었는데, 형은 다른 건 다 잘하면서도 유독 편식이 심했다고. 어쩌면 편식은 거의 모든 면에서 성실한 형이 장남의 의무에 저항하는 방식이었는지도 모른다. 어쩌면 밥을 차려 준다는 건 사랑한다는 말 없이 사랑을 표현하는 일임을 어렸던 나도 직관적으로 느꼈는지 모른다.

사이곤 머이에 상품을 들여오는 파란색 화물 승합차로 퇴근하는 날이면, 바와 마는 차를 진입로에 세워 놓고 집 현관으로 들어온다. 내부가 자주색으로 꾸며진 흰색 포드 승용차로 퇴근하는 날이면 차고에 주차하고 차고 문을 통해 들어온다. 그런 다음 현관에서 신발을 벗고 실내복으로 갈아입는다. 바는 흰색 티셔츠와 반바지, 마는 취침용 가운이다. 두 분 다 너무 피곤해서 겉모습에 신경 쓸 겨를이 없고, 너무 바빠서 미국인 부모들이 퇴근 후 집에서 입는다는 운동복 따윌 사러 갈 시간도 없다. 그들의 지친 얼굴과 맨살, 가끔씩 울컥하는 모습을 목격하는 건 두 아들뿐이다.

바와 마는 포마이카 조리대와 형광등이 있는 부엌에서 함께 일한다. 바는 베트남 남성치고 드물게 살림과 요리뿐 아니라 수선, 바느질, 옷 치수 고치기도 분담한다. 한때 재단사였던 바가 커튼을 만들고 내 청바지 밑단을 감치면, 마는 다리미로 주름을 잡는다. 반 친구들은 내가 촌뜨기처럼 주름 잡은 청바지를 입는다고 놀린다.

바가 대부분 베트남 남성보다 훨씬 열심히 일했다는 건 칭찬받을 만하다. 그들과 달리 주색잡기에 빠지거나 자기네끼리 카페에서 죽치며 담배 연기와 향수병 속에서 허우적대지 않았다는 것도. 하지만 마는 베트남 여성에게 기대되는 임무, 즉 바깥일도 하고 집안일도 하고 아이까지 키우는 3교대 근무를 해냈으니 더 큰 공로를 인정받아야 마땅하다.

마는 요리를 잘하진 못하지만 솜씨가 없어서가 아니라 시간이 없어서 그렇다. 은퇴한 후에는 몇 가지 정교한 요리를 마스터 해서 내가 저녁을 먹으러 갈 때마다 마늘 소스 대하 요리를 만들어 주었다. 하지만 1980년 말에 마와 바의 요리 레퍼토리는 아직 단순했다. 그해 크리스마스이브 저녁 식사는 늘 그랬듯 3코스로 구성됐을 것이다. 공심채 볶음이나 얇게 썰어 비네그레트소스를 친 오이 같은 채소 반찬, 뜨거운 육수에 토마토를 넣고 말린 잔새우 한 줌으로 맛을 낸 까인까쭈어(canh cà chua)처럼 간단한 수프, 그리고 소와 닭 내장을 삶아 물을 탄 느억맘이나 소금과 후추를 뿌린 레몬즙처럼 싱거운 딥소스를 곁들인 고기 요리.

나는 군소리 없이 씹고 또 씹는다. 다른 음식은 모르기 때문일 것이다. 아니, 그렇지 않을지도 모른다. TV 속의 백인들이 먹는 미트 로프와 로스트비프, 캐서롤이 눈앞에 아른거린다. 나는 씹고 또 씹는다. 부모님을 사랑하며, 끼니때마다 두 분이 차려 주는 대로 먹고 두 분 말씀대로 최대한 "착하고 얌전하고 공손하게" 행동하는 것 말고 내겐 보답할 길이 없으니까. 내 생각에 그 말씀은 이런 뜻이다. "시키는 대로 하고, 입 다물고, 질문하지 마라."

시간이 나면 바와 마는 돼지 갈비를 여섯 대 넘게 튀겨 간장과 설탕에 졸인다. 내가 가장 좋아하는 요리다. 아버지는 두세 대, 때로는 서너 대를 내게 먹이고 당신은 조금만 드신다. 식사의 (그리고 식탁의) 중심엔 내쇼날사의 땅딸막한 대용량 밥솥이 있다. 지금 내가 쓰는 근사한 조지루시 밥솥과 달리 밥 짓기 버튼 하나만 달려 있다. 스마트 칩이 탑재된 조지루시는 초밥과 죽도 만들 수 있고 만화영화에 나오는 물건처럼 깜찍하지만, 걸핏하면 고장이 난다. 아날로그 내쇼날 밥솥은 바와 마가 소유한 다른 모든 물건처럼 오래 버틴다. 바와 마 자신처럼.

크리스마스이브니까 바와 마는 아마도 사이곤 머이에서 몇 블록 떨어진 러키 슈퍼마켓에 들러 3.99달러짜리 쿡스(Cook's) 샴페인을 한 병 사 올 것이다. 나는 그 샴페인을 마시면 머리가 아파서 최근까지 수십 년 동안 내가 샴페인을 싫어하는 줄 알았다. 하지만 크리스마스이브 저녁 식사는 없다. 샴페인 마개 터지는 소리 대신 부엌에서 전화벨이 울리고, 형은 거실에서 만화영화를 보는 나를 놔두고 전화를 받으러 간다. 내가 깔깔 웃고 있는데 형이 돌아온다.

엄마 아빠가 총에 맞았대, 라고 형이 말한다.

난 아마 지금
내 아홉 살 아들이

                                          만화영화를 볼 때처럼
                                           웃고 있었으리라.
                                          시끄럽게, 정신없이.

엄마 아빠가 총에 맞았대, 형이 다시 말한다.

                                                    나는

너 뭐 하는 거야?

                                                   웃음을

왜 아무 말도 안 해?

                                                   멈춘다.

넌 아무 느낌도 없어?

                                          솔직히 말하면 그렇다.
                                             무감각도
                                          느낌이라고 할 수 있을까?

너보다 일곱 살이나 많은 형이 울고 있다.

나는 두 눈을
TV에 못 박는다.
평소 내 특기대로
입 다물고 가만히 있는다.

그날 밤 어떻게 잠이 들었는지, 다음 날 바와 마가 병원에서 언제 어떻게 돌아왔는지 기억나지 않지만, 두 분이 곧 일터로 돌아가리라는 건 안다. 단순한 신체 부상으로는 그들을 막을 수 없다. 적어도 당시 너는 그렇게 생각했다. 바와 마는 물리칠 수 없다. 바와 마는 불멸의 존재다.

이런 식으로 부모님을 생각하거나,
혹은 전혀 생각하지 않는 편이 쉽다.
집으로 돌아와 퀸 사이즈 침대에 누워
상처를 치료하고, 어쩌면 울고, 다음날 사이곤 머이에서
하루 종일 두려움에 떠는 부모님을 상상하기보다는.

네 가족은 이 사건을 결코 언급하지 않는다. 네가 아주 많은 것을 언급하지 않게 되듯이, 네가 보고 싶지 않고 바와 마가 보여 주지 않는 낙인 때문에, 결코 만들어지지 않을 그분들의 인생 영화 속 붉은

네온 불빛에 잠긴 상처 때문에 우는 일 같은 건 없듯이.

　유감스럽게도 너는 영화 제작자가 아니라 작가가 되었다.
　그리고 로스앤젤레스에 살고 있다.
　남들에게 네가 작가라고 말해도

　아무도 관심 없는 곳에.

여보세요, 할리우드?

너는 망명자가 아니라 난민이다.
너는 해외 거주자가 아니라 난민이다.
너는 이주민이 아니라 난민이다.
너는 이민자가 아니라 난민이다.
너는 소수가 아니라 다수다.
너는 하나가 아니라 여럿이다.
하지만 너는
거대한 무리임에도
아무것도 아닌 존재다. 너는
난민이다.

2차 대전 때는 할리우드 영화의 소재가 되는 난민도 있었지만, 최근 수십 년 사이에 생겨난 너희 같은 난민들을 다룬 할리우드 영화는 드물다. 너희 삶이 할리우드가 원하는 모든 걸 갖추고 있다 해도. 드라마! 비극! 전쟁! 로맨스! 헤어진 연인들! 고아가 된 아이들! 이산가족! 기적적인 사건! 가슴 따뜻한 재회와 성공 이야기! (재회하지 못하거나 성공하지 못한 사람들은 넘어가자.)

하지만 —
큰 글씨로 강조하는데,

하지만

— 너희 난민에겐 할리우드에 필요한 한 가지 핵심 요소가 부족하다.

너희는. 백인이. 아니다.

너희는 자가나 임대 아파트에 있다. 가족과 함께 살거나 혼자 지낸다. 아침에 일어나 커피나 차를 마신다. 자동차나 오토바이를 몰거나 버스를 탄다. 출근해서 컴퓨터를 켠다. 밤에 외출하여 썸을 타거나 데이트를 한다. 영화와 TV 드라마를 보면서 화면에 나오는 너희 모습을 상상한다. 너희는 작은 마을이나 대도시 또는 시골에 산다. 희망과 꿈, 기대가 있다. 너희 자신이 인간임을 당연히 여긴다. 그리고 재난으로 집을 잃은 후에도 여전히 너희가 인간이라고 믿는다. 연기와 불길이 너희가 사는 마을이나 도시, 시골을 뒤덮는다. 너희는 운전하거나, 달리거나, 걷거나, 버스를 타고 국경이나 바닷가로 향한다. 도망치고, 고향을 떠나고, 걷거나 배나 뗏목이나 트럭을 타고 국경이나 바다를 건너고 나서야 깨닫는다. 난민이 아닌 사람들은 너희를 자기네 세계의 좀비로, 죽어 가다가 부활하여 산 자들의 국경을 향해 끝도 없이 무시무시한 파도처럼 몰려들거나 헤엄쳐 오는 언데드로 여긴다는 것을.

저편에 있는 사람들은 너희를
인간으로 보지 않는다.

유엔 난민 고등판무관의 표현에 따르면, 이는 전 세계 1억 3천만 명의 강제 이주자(forcibly displaced) 대열에 합류하는 끔찍한 경험이다. 러시아의 침공으로 난민이 된 우크라이나인들은 백인이라는 희귀성 때문에 한결 따뜻하게 환영받는다. 남루하지만 여전히 아름다우며 멕시코로 피신해 미국 국경에서 망명을 신청하는 우크라이나 난민의 서사시를 어쩌면 할리우드에서 앤절리나 졸리 주연의 영화로 만들 수도 있다. 하지만 우크라이나 백인들이 미국 국경을 통과하는 동안 하염없이 기다리는 중앙아메리카 난민이나, 우크라이나에서 폴란드로 넘어가려다 폭력에 처하는 아프리카 출신 난민은 할리우드 영화에 등장하지 못할 것이다.

이주자들로 이뤄진 국가. 뉴질랜드나 아일랜드, 노르웨이나 덴마크, 싱가포르나 홍콩, 스위스나 오스트리아, 포르투갈이나 그리스, 벨기에나 네덜란드, 대만이나 호주, 한국이나 영국, 사우디아라비아나 스페인, 이탈리아나 프랑스, 캄보디아나 태국, 독일이나 이란보다 더 거대한 국가가 흐릿하게 모습을 드러낸다.

그런데 왜 너희 자신을 굳이 국가에까지 비유하려 하는가?
사람들은 너희를 미워하고 그들의 적으로 정의하며,
어느 국가의 구성원도 아니고
가정과 국가가 얼마나 침범당하기 쉬운지 떠올리게 하는,
국가의 존재를 위협하는 자들로 규정하며,
만에 하나 너희를 미워하지 않더라도
위기 신호로 간주하는데.

너희, 난민들(Refugees)이여.

난민들로 이뤄진 국가의 인구는 세계에서 15번째로 큰 국가인 베트남(9,700만 명)을 살짝 넘어선다. 초라한 겉모습에도 불구하고 난민들은 정말로 열심히 자식을 낳는다! 하지만 그들은 에로스의 영향을 받는 만큼 타나토스의 지배하에 있기도 하다. 지난 백 년간의 온갖 분쟁, 기근, 식민 지배로 인한 300만 명의 전사자와 수십만, 수백만 명의 사망자가 그들에게 그림자를 드리운다. 너희는 왕성하고 다산하는 네 국민들을 자랑스럽게 여긴다. 너희 역시 그들 중 하나였지만 이제는

이주자(Dis-placed)
자리 없는(Dis place) 사람
자리 잃은(Dys-place) 사람이다.
이곳(This place)은 더 이상 너희 자리가 아닌 장소다.

강제 이주자에는 국내 유랑민과 망명 신청자, 그리고 3,250만 명의 난민(말레이시아 인구보다 많고 앙골라 인구보다 적다)이 포함된다. 가장 많은 난민을 내보내거나 강제 추방하는 국가는 시리아, 베네수엘라, 우크라이나, 아프가니스탄, 남수단이다. 강제와 폭력이 난민을 존재하게 한다. 공포와 테러가 난민을 빚어낸다. 난민은 온갖 수모를 당하고서야 탈출할 엄두를 낸다. 도망쳐라. 싹싹 빌어라. 감사하다고 말하라.

홀로코스트에서 살아남아 난민이 된 유럽 유대인들에 관해 한나 아렌트는 이렇게 썼다.

우리는 잊으라는 말을 들었고
그 누구도 상상할 수 없을 만큼 빨리 잊었다.

너는 최선을 다해 잊어버렸다.
너는 망각의 달인이 되었다.
너 자신과 사랑하는 이들의 많은 부분을 잊었기에

이제는 떠내려 보낸 기억의 파편들을
좀처럼 떠올릴 수 없다.

난민을 가장 많이 받아들이는 국가는 터키, 콜롬비아, 독일, 파키스탄, 우간다. 서양은 2차 대전 이후로 2022년 러시아가 우크라이나를 침공하기 전까지는 전 세계 난민의 대부분을 반기지 않았다. 관대하고 자유롭고 국제적이며 수많은 문화적 성취를 거둔 자기들이 그럼에도 여전히 너무 많은 것을 요구받는다는 일부 서양인들의 주장도 있었지만. 참으로 그러하다. 서양인들은 젓가락보다 훨씬 쓰기 쉽고 손가락보다 훨씬 깨끗한 포크뿐 아니라 판티낌푹에게 떨어진 네이팜탄을, 그의 화상 입은 알몸을 기록한 카메라와 필름을, 그를 전 세계의 기억 속에 새겨 넣은 온갖 기계적 복제 장치를 발명했으니까. 이제 판티낌푹의 얼굴과 몸은 베트남을 대표하게 되었다. 전쟁의 나라, 희생자들의 나라, 서양인과 거의 모든 비서양인의 동정을 받을 자격이 있는 나라로서.

너는 서양인인가?
서양인이 분명하다.
새너제이는 서양에 있고
너는 새너제이로 가는 길을 안다.

너는 반메투옷에서 태어났다. 지금은 부온메투옷 또는 부온마투옷이라고 쓴다. 승리자들이 그곳과 다른 여러 곳들의 이름을 바꿔 버렸다. 프랑스의 영향을 지우고, 중국식 명칭을 복원하고, 새로운 영웅의 이름을 따르라. 사이공은 호찌민시가 되었다. 공항을 선바이(sân bay)가 아니라 피쯔엉(phi trường)이라고 부르거나, 은행을 응언항(ngân hàng) 대신 냐방(nhà băng)이라고 부르면 다들 네가 1975년에 떠난 사람임을 알아볼 것이다. 네 고향 부온마투옷의 경우, 그것은 그곳 선주민*인 에데족이 부르던 우온아마투옷에 가까운 이름이다.

너는 그곳을 전혀 기억하지 못하지만,《뉴욕 타임스》에 따르면

'나른하고 매력적인 고원 마을'로

마지막 황제 바오다이의 사냥용 별장이 있던 곳이라고 한다. 네가 태어날 무렵에는 미군 고문단이 별장을 점령했다. 남군이 모는 미국제 지프와 트럭이 포장된 2차선 도로와 길거리를 요란하게 달린다. 반메투옷에서는 엄청난 변화였다. 응오딘지엠 주석이 방문한 1957년

---

* indigenous. 예전에 흔히 쓰이던 '원주민(native people)'이라는 말에는 가치 중립적으로 '그곳에서 태어나고 자란 사람'이라는 뜻도 있다. 즉 미국 백인인 동시에 어느 고장의 '네이티브'라는 표현이 사용 가능한 것이다. 그래서 최근 캐나다와 미국, 호주, 뉴질랜드 등에선 역사적 맥락으로 좀 더 정확히 구분하기 위해 백인들이 이주하기 전, 특정 지역에 원래 거주해 왔던 사람들을 칭할 때 '선주민(indigenous people)'이라는 용어를 널리 쓰는 추세다. 특히 제국주의 역사가 있는 국가에서 '원주민(native people)'이라는 말은 쓰이는 맥락에 따라 차별적 뉘앙스를 풍기기도 한다. 이 책에서는 그 두 가지를 구분하여 쓰고 있다.

만 해도(바와 마가 이사 온 것도 그 무렵이었다) 그곳은 비포장도로밖에 없는 작은 마을에 불과했다. 유명한 것이라고는 커피와 폭포, 라데족을 비롯한 소수 민족 정도였다. 라데족은

맨발로 거리를 활보하거나
거대한 코끼리를 타고 다녔다.

라데족은 이제 에데족이라고 불린다. 너는 미국에서는 소수 인종이지만 베트남에서는 다수 민족인 낀족*이다. 동료 난민이자 낀족 동포인 만화가 티 부이는 우리 민족이 동남아시아의 백인이라고 말한다.

수백 년에 걸친 세계의 식민지화 덕분에 평균적으로
가장 큰 권력과 특권을 차지한 이들을 백인이라고 한다면
적어도 베트남, 캄보디아, 라오스의 프랑스령 인도차이나에서는
너희 민족이 백인이었다.
그들은 호전적인 제국주의자였고
중국에서 남쪽으로 진군하여 참족, 캄보디아인,
그리고 프랑스인들이 몽타냐르족이라고 부르는
다양한 고지대 선주민들의 땅을 점령했다.
너희 민족은 선주민을 '야만족(Mọi)'이라고 불렀다.

* Kinh, 京. 비엣(Việt)족이라고도 하는 베트남인의 다수를 차지하는 종족이다.

식민 지배자였던 그들은 프랑스의 지배를 받으며 프랑스 식민지 관료로 일하게 되었다. 거의 백인이지만 백인이 아닌 자들.

너희 가족의 장대한 난민 서사가 아마도 너처럼 디아스포라 내력이 있는 베트남 영화감독에 의해 저예산 수난극으로 제작된다면, 첫 장면은 1975년 3월의 평화로운 어느 날일 것이다. 젊고 잘생긴 아버지가 사업차 사이공행 비행기에 오른다. 아버지는 사이공에서 집을 사려고 서류 가방에 금과 현금을 챙겨 왔다. 너와 형을 고향 마을이 아닌 사이공의 학교에 보내기 위해서다.

어쩌면 마가 너를 데리고 짙은 주황색 관제탑과 열차 두세 칸 크기의 작은 터미널이 있는 풍즉 공항으로 배웅 나갔을지도 모른다. 바가 너를 꼭 껴안아 주며 작별 인사를 했을지도 모른다. 너는 이제 겨우 네 살로 아직 포옹이 필요한 나이니까. 너는 아버지에게 잘 다녀오시라고 손을 흔들며 붉은 흙이 깔린 활주로를 지나 군용 헬리콥터와 수송기들 위로 솟구치는 비행기를 지켜보았을지 모른다. 그런 다음 공항 서쪽에 있는 아마짱롱 거리의 집으로 돌아왔을 것이다. 너희 집은 가족 사업장 위층에 있다. 바와 마가 소소하게 시작한 가게는 보석과 자동차 부품 판매점으로 발전했다. 그 가게는 원래 마가 천을 판매하고 바가 옷을 지어 주는 원스톱 상점이었는데, 지역에서 유례가 없는 혁신적 사업이었다.

너는 네가 역사의 물결에 휘말리기 직전이라는 걸 모른다. 가까운 곳에서 공산군이 19개 사단을 소집해 남부를 기습 침공한다. 그들의 첫 번째 목적지는 반메투옷이다.

고맙게도 너는 아무것도 기억하지 못한다. 3월 9일 새벽 3시에 시작된 포격도, 풍즉 공항 공습도, 북군과 남군의 총격전도, M16으로 무장하고 미군 헬멧을 쓴 남군의 모습도 기억나지 않는다. 마는 전쟁의 소리에 익숙했을 것이다. 정확히 칠 년 전인 1968년 2월, 구정 대공세로 마을 일부가 불타 버렸으니까.

수십 년 후 나는 캘리포니아 샌게이브리얼 밸리 교외에서 모르는 사람이 주최한 파티에 있다. 호스트가 새해맞이를 한다며 AK-47 소총을 꺼내 땅바닥에 쏘아댄다. 굉음이 울리고 귀가 먹먹해진다. 탄창이 빌 때까지 사수가 총을 갈기는 동안, 땅에 부딪는 총알의 진동이 그대로 전해진다. 거기에 1000을 곱하면 날아다니던 금속의 부피와 속도를, 그리고 어머니가 느꼈을 공포를 짐작할 수 있다. 이십 대인 호스트가 AK-47을 들고 다니며 사람들과 악수하는 동안, 너는 최대한 빨리 파티를 빠져나온다. 네가 떠날 때 호스트가 인상을 찌푸렸다고 친구들이 말하지만 상관없다. 넌 겁쟁이이고 계속 그렇게 살아갈 생각이니까.

올리브색 군복을 입고 헬멧을 쓴 채 탱크 위에 앉은 북군 병사들의 모습이 망각의 바다에서 불쑥 떠오르지만, 아버지와 연락이 되지 않아 불안해하는 어머니의 모습은 기억나지 않는다. 모든 통신망이 끊긴다. 마는 결단을 내린다. 너와 열 살 난 형을 데리고 박꾸이와 함께 피난길에 오른다. (입양된) 열여섯 살 누나는 가산을 지키기 위해 남겨 두고 간다. 어머니는 우리가 고향에 돌아올 거라고 믿는다. 몇 년이고 이어져 온 전쟁이 지금 이렇게 끝날 이유가 없지 않은가.

열여섯 살 때 너는 그레이트 아메리카 놀이공원에서 첫 아르바이트를 시작한 고등학생이다. 주된 관심사는 여자 친구를 사귀는 것이다. (입양된) 열여섯 살 누나의 청춘기는 사뭇 다르다. 누나는 자기를 버리고 떠나는 어머니와 동생들을 지켜본다. 낮이었을까? 아마도 공산군 정찰대를 피하기 위해 어두운 밤에 떠났으리라. 누나는 문을 걸어 잠근다. 심장이 쿵쿵거린다. 홀로 남은 누나가 흐느낀다. 두렵고 막막한 미래를 마주한 아이.

정말로 그랬는지는 알 수 없지만, 달리 어떤 일이 일어날 수 있었겠는가. 네가 누나와 헤어질 때 울었는지 기억나지 않지만, 부디 그랬기를 바란다. 네가 누나를 사랑하고 그리워하리라는 인상을 남겼기를 바란다.

너는 이별의 순간도 (입양된) 누나도 기억하지 못한다.
부모님은 이후로 거의 이십 년 동안 누나를 보지 못할 것이다.
너는 이후로 거의 삼십 년 동안 누나를 보지 못할 것이다.

이것은 전쟁 이야기다.

형은 나무에 매달린 낙하산 부대원의 시체를 기억하지만, 너는 기억하지 못한다. 냐짱까지 184킬로미터를 걸어갔는지, 어머니가 업어 주었는지, 아니면 길을 가득 메우고 있었던 자동차, 트럭, 수레, 오토바이, 자전거를 탔는지도 기억하지 못한다. 어머니는 기억할지도 모르지만, 나는 굳이 그 피난길에 관해 묻지 않았다. 수만 명의 민간인과 도망치는 군인들, 냐짱에서 배를 타려고 필사적으로 몰려든 사람들, 길을 비키라며 민간인에게 총을 쏜 몇몇 군인에 관해서. 그들은 AK-47이 아니라 미국제 M16을 들고 있었다.

형은 마가 너를 업어 달라며 낯선 이들에게 돈을 줬다고 말한다.
아버지는 마가 형의 다리에 금을 싸매 놨다고 말한다.
하지만 사십오 년 후 바는
어머니가 정말로 어떤 일을 겪었는지는 모른다고 말한다.

날씨는 기억나지 않지만 삼사월이었으니 너무 덥지도 습하지도 않고 화창했으리라. 너는 기억하지 못한다. 사이공에서 아버지를 만난 것도, 한 달간 대기한 끝에 공산군의 습격이 시작된 것도, 부모님이 죽도록 겁에 질려 있었다는 것도, 도시를 떠날 길을 찾느라 몇 날 며칠을 전전긍긍한 것도, 도시가 점령(관점에 따라서는 해방일 수도 있다.)되기 전 마지막 날 공항에, 그다음에는 미국 대사관에 잠입하려다가 어찌어찌 군중을 헤치고 부둣가에 배를 타러 온 것도. 아버지가 중간에 가족들을 놓쳤지만 혼자서라도 배를 타기로 결정했고, 어머니 쪽에서도 똑같이 결정했으며, 두 분 모두 운명을 하늘에 맡겼지만 항상 그랬듯 그들 자신의 목숨을 구해 냈다는 것도, 그리고 결국 모두가 더 큰 배에서 재회하여 사흘간 표류한 뒤 그 유명한 '사이공의 함락' 사진에, 사다리를 타고 지붕 위 헬리콥터에 올라탄 그런 난민 대열에 포함되었다는 것도.

너는 그 자리에 있었으니
역사의 증인이 된 걸까?
기억이 나지 않는 데도
역사의 증인이 될 수 있을까?

너는 아기한테 먹이라며 어머니에게 우유를 나눠 준 친절한 남자를 기억한다. 아니면 그냥 어머니에게 전해 들었는지도 모른다. 어쩌면 그 우유가 상했었는지도 모른다. 혹은 우유는 멀쩡했지만 그 맛이 붐비는 배, 공포에 질린 사람들, 난생처음 보는 바다와 연관됐는지도 모른다. 이후로 마는 우유에 설탕을 넣어서라도 너에게 먹이려고 애

쓰지만, 너는 끝까지 우유와 치즈에 대한 혐오를 극복하지 못한다. 바가 바나나에 곁들여 먹는 부드럽고 연한 '래핑 카우' 크림치즈조차도 역하기만 하다. 유제품 알레르기가 아니었다면 네 키는 지금쯤 6피트였을지도 모른다. 난민 경험이 너의 미각과 몸에 새긴 사소한 후유증.

아니면 그냥 유당 불내증 때문일 수도 있다.

푸른 바다가 기억난다. 난민으로 가득한 조각배가 다가오자 네가 타고 있던 배 위의 군인들이 일제 사격을 시작한 것도 기억난다.

형은 그런 일은 없었다고 말한다.

하지만 형이 틀렸다면?

'뉴 라이프'는 이제 세계적으로 500만 명이 넘는 난민 디아스포라의 머릿속에서만 존재하는 나라, 세계인 대부분이 남베트남으로 기억하는 베트남 공화국에서 미국이 자기네 동맹국 국민을 구해 내려고 다급하게 수행한 작전의 이름이다. 300만 명의 베트남인, 수십만 명의 라오스인과 캄보디아인과 므엉족, 5만 8천여 명의 미국인, 5천여 명의 남한인, 그 밖에도 다른 나라 사람들 수백 명이 죽은 전쟁의 마무리에 잘 어울리는 이름이었으리라.

정말 그럴까.
하느님 아래 하나인
낙태 반대 국가
아메리카™는
식민 지배,
집단 학살,
노예제,
전쟁으로
고국의 검은 들판에
피를 물처럼 뿌렸다.

너는 돼지띠로, 응우옌타인비엣으로 태어나 아메리카™에서 비엣 타인 응우옌으로 다시 태어났다. 역사는 제왕절개술로 너를 기억 상실증에 걸린, 뿌리 없는, 새로운 인조 미국인으로 탄생시킨다. 모든 아메리카™ 난민에게 그랬듯이.

감상적인 미사여구와는 달리,
신생아들은 보라색이고 끈적거리며
외부의 빛에 눈을 질끈 감고 괴성을 질러 댄다.
그리고 대체로 못생겼다.
너도 예외는 아니다.

필리핀, 괌, 마지막으로 펜실베이니아의 미군 기지를 전전한 이후에야 네 기억 속의 모래성이 쌓이기 시작한다. 미국은 필리핀과 괌은 물론 태국과 일본의 기지에서 B-52 스트래토포트리스로 베트남, 라오스, 캄보디아에 공습을 감행했다. 현재 네가 세계를 돌아다닐 때 타는 대부분의 여객기와 마찬가지로 보잉사에서 제작한 폭격기다. 하지만 네가 혼란스럽고 멍한 채로 그곳에 들어섰을 때, 기지는 제국주의 프랑스의 식민지였던 국가를 탈출한 난민들에게 '새로운 삶(New Life)'을 선사하기 위해 잠시 죽음의 거래를 멈춘 상태였다. 네가 탈출할 목적지는

아메리카™

(폴란드와 러시아 유대인 이민자의 아들이자
다이아몬드가 본명인
닐 다이아몬드가 부른 같은 제목의 광고 음악으로,
가사를 여기에 그대로 인용할 수는 없는 곡.)

위대한 미국!
놀라운 미국!
제국주의와
식민주의에
근본적으로

반대하는 나라!

필리핀, 괌, 하와이, 푸에르토리코, 사모아, 버진 아일랜드, 13개 식민지, 그리고 현재 미 서부가 된 땅의 4분의 3을 식민화 했을 때를 제외하고. 미국이 프랑스에 1,500만 달러를 주고 828,000평방마일의 땅을 매입한 것은 세계사적으로 네가 주차장에서 어떤 남자로부터 소니 플레이스테이션 신품을 헐값에 산 것과 동등한 일이다. 그 남자는 자동차 트렁크에서 게임기를 꺼내며 완전히 합법적인 물건이라고 말했다.

태평양에 있는 미 제국의 여러 기지에서 13만 명이 (아마도 보잉기를 타고) 임시 거처로 이동했다. 아칸소주의 포트 채피, 플로리다주의 에글린 공군 기지, 캘리포니아주의 캠프 펜들턴, 그리고 펜실베이니아주의 포트 인디언타운 갭. 정부 기구와 자선 단체는 너희를 이런 국내 기지로부터 전국 여기저기로 분산시킨다. 난민이라는 존재에 따르는 충격을 희석하고, 미국이라는 국가가 너희의 이질성과 고통을 더 쉽게 수용할 수 있도록. 라오스에서 온 므엉족 난민들은 쌀쌀한 미네소타와 위스콘신주, 그리고 양지바른 캘리포니아로 간다. 너희 가족은 펜실베이니아에 도착한다. 캘리포니아를 캘리, 로스앤젤레스를 로-스, 시카고를 칙-아-고라고 불렀던 베트남 난민들은 벤저민 프랭클린의 주 이름*을 보고 기나긴 한숨을 내쉬었으리라.

너희 부모님, 요셉과 마리아는 두 번 난민이었다.
성경 속 요셉과 마리아는 한 번 난민이었다.

1975년 초여름, 너를 포함한 베트남과 캄보디아 난민 22,000명이 발음할 수 없는 이름을 지닌 주에 도착한다. 너는 요셉과 마리아가 발견한 마구간 대신 기지의 여러 이층 막사 중 하나에 수용된다. 한참 옛날인 1930년대에 지어진 건물들인데도 '임시(temporary)'를 뜻하는 T가 찍혀 있다.

막사 하나당 군인 60명 또는 피난민 96명이 지낼 수 있는 이층 침대가 있다. 군인 1인당 72평방피트, 난민 1인당 40평방피트다. 사생활 보호를 위한 가림막은 없다. 하나밖에 없는 공용 화장실에는 변기가 일렬로 덩그러니 서 있고, 비좁고 어두운 샤워실에는 창문도 칸막이도 없다. 너는 사십칠 년 후 막사에 돌아가 이런 세부 사항을 확인하지만, 그곳에서의 생활은 전혀 기억나지 않는다. 적어도 코미디언 리처드 프라이어**가 거론한 영어 발음과 어휘 수업 같은 것은.

---

* 벤저민 프랭클린은 펜실베이니아주 필라델피아에서 사업가로 성공하면서 유명해졌고, 평생 그곳에 살았다.
** Richard Pryor. 1940년에 태어난 미국 흑인 코미디언으로, 스탠드업 코미디의

> 베트남 사람들을 전부
> 막사 같은 곳에 집어넣고
> 시험이란 걸 치르게 했지.
> '깜둥이'라고 말하는 법을 배워야
> 좋은 시민이 될 수 있으니까.

너희 민족은 시험을 잘 친다. 너도 이 시험을 통과했는가?

프라이어의 말이 틀린 건 아니지만, 대다수 베트남 난민들은 전부터 흑인과 백인을 구분할 수 있었다. 너의 미국화는 베트남에서 이미 시작되었고, 미국인은 앞서 프랑스인이 그랬듯 인종차별을 포함해 모든 것을 베트남에 수출했다. 그래서 수많은 베트남 사람들이 백인 아버지를 둔 아메라시안이나 유라시아인* 자녀보다 흑인 아버지를 둔 아메라시안이나 유라시아인 자녀를 훨씬 더 경멸하는 것이다.

네가 이미 반쯤 미국인이더라도, 막사를 떠나려면 미국인 후견인이 필요하다. 미국 전역의 가정과 교회가 난민 가족을 받아들인다. 하지만 너희 가족을 전부 받아들이겠다는 사람은 없다. 첫 번째 후견인이 부모님을, 두 번째 후견인이 형을 데려간다. 너를 데려갈 세 번

일인자로 알려졌다.
* amerasian, eurasian. 각각 미국 혹은 유럽인과 아시아인 사이에서 태어난 혼혈을 가리킨다.

째 후견인이 찾아온다. 너는 네 살이다.

네 아픈 곳을 건드려라.
네 스승인 작가 바라티 무커르지는 이렇게 말했다.
뼛속까지 내려가라고.

바로 여기가…… 아픈 곳이다.

기억의 시작

　　니체의 저 유명한 명언이 거듭 인용되는 이유는 그것이 사실이기 때문이다.

　　　　무언가가 기억에 남으려면 낙인으로 새겨져야 한다.
　　　　끊임없이 아픈 상처만이 기억에 남는다.

　　잠깐의 나쁜 기억이 평생의 좋은 기억이나 그저 그런 기억보다 더 깊이 새겨질 수 있다. 우리 눈에 띄는 건 피부가 아니라 흉터다. 부모를 빼앗긴 아픔은 척추 한가운데 낙인처럼 남아서 글쓰기라는 거울 속의 너 자신을 바라볼 때야 비로소 눈에 들어온다.

　　후견인이 처음 너를 데려갔던 때는 기억나지 않지만, 그가 너를 부모님과 만나게 해 준 후 필연적으로 다시 데려갔던 어느 날 밤은 기억난다.

　　　　　　너는 울부짖고 비명을 지른다. 너는 네 살이다.

마가 우는 소리를 들은 것 같다. 하지만 어쩌면 네 희망사항일 뿐인지도 모른다.

기억나는 건 울부짖음뿐이다. 네가 울부짖었던 방인지 집인지 아파트, 너를 그리로 데려갔다가 다시 데려온 후견인은 기억나지 않는다. 너는 물리적 소리이자 감정이다. 너의 영혼이 절규한다. 하지만 뭉크의 유명한 그림과 정반대로, 너는 소리 없는 절규를 보는 게 아니라 광경 없는 소리만 들을 수 있다. 그 소리를 떠올리면 반메투옷, 냐짱, 사이공에서의 여정이 기억나지 않는 데 감사하게 된다. 하지만 만약 기억이 **난다면**…….

……엄청난 글을 쓸 수 있을 것이다!

생각해 보라 —
네가 기억할 수만 있다면
목소리 없는 사람들을 위한 목소리가 될 수 있다.

작가의 딜레마 :
좋은 작가가 될 만큼 상처를 받되
완전히 망가질 정도로 상처 받지는 말아야 한다.
축하합니다!!!
당신은 마법의 균형에 도달했습니다!

너의 첫 번째 후원자는 젊은 한 쌍이다. 여기서 한 쌍이란 여자와 남자를 의미한다. 여자와 남자란 백인 여자와 남자를 의미한다. 이들은 트레일러 혹은 이동식 주택에 살고 있다. 친절한 사람들 같지만 금방 너를 돌려보낸다. 어쩌면 네가 베이비리프트 작전의 고아들만큼 귀엽지 않았는지도 모른다. 물론 사이공에서 추락해 78명이 사망했던 그 수송기에 고아들만 타고 있었던 건 아니다. 하지만 적어도 생존자들은 매우 귀여웠을 것이다. 리처드 프라이어가 말했듯이.

정말 웃겼지. 고아들을 위해 애원하던 사람들 말이야.
[백인 여성을 흉내 내며] *세상에, 우리도 뭐든 해야겠어요.*
어린 고아들이라니, 어쩌면 좋아.
그 여자 때문에 나도 하나 데려올 뻔했어.
미시시피니 조지아니 하는 곳의 백인들이 아기들을 입양했지.
일 년 정도는 별일 없었어. 그러다 인종차별이 드러났지.
[백인 남성 목소리로] *젠장. 대체 뭐야, 마고?*
당신 언제쯤 정신 차릴래?
이놈 좀 봐, 동네에 흔해 빠진 깜둥이들처럼 생겼잖아.
오해하지 마, 난 고아를 좋아해.
하지만 말이야, 입양돼야 할 흑인들도 천만 명은 더 된다고.
[박수]

너는 흑인이 아니어서 받은 인생 최초의 혜택 따윈 전혀 모르고 있다. 낯선 사람들이 기꺼이 받아들여 주다니, 가엾고 운 좋은 아시아 꼬마 녀석! 두 번째 후견 가정에는 어여쁜 금발 백인 아이들이 있다. 그중 적어도 하나는 네 또래다. 이 가족도 친절하지만, 젓가락질을 가르쳐 달라고 해서 본의 아니게 너를 쩔쩔매게 한다. 1970년대 펜실베이니아에서 젓가락이란 꽤나 이국적인 물건이었으리라. 너는 식탁에 앉아 그 집 부모의 상냥하고 기대에 찬 얼굴을 바라본다. 자기네 집에 들어와 부모의 관심을 빼앗고 이상한 막대기로 장난치게 만드는 이 낯선 꼬마는 누구인지 의아해하고 의심스러워하는 아이들을 둘러본다. 이 집 부모가 젓가락이 딸려 오는 중국 음식을 주문한 걸까? 당시에 중국 식당 말고 어디서 젓가락을 구할 수 있었겠는가? 네 살인 네겐 감당하기 힘든 상황이다. 그리고 안타깝게도 너는 젓가락을 쓸 줄 모른다. 똑똑하지도 않은 너는 이미…… (맙소사!) 뿌리를 잃고 있다.

이상하게도
언제 젓가락질을 배웠는지
기억이 나지 않는다.
아마도 나중에 부모님에게 배웠겠지만.
미국인들은 포크질을
언제 배웠는지 기억할까?

그 가족의 집도 기억나지 않는다. 어떤 방에서 잤는지, 다른 애들과 같이 잤는지, 어떤 낯선 음식을 먹었는지. 시리얼? 맥앤드치즈? 감자 샐러드? 캐서롤? 참치 샌드위치? 영어를 한마디도 모르면서 어떻게 의사소통을 했는지도 기억할 수 없다. 입을 열기는 했을까?

       네가 아는 영어가 'GI 넘버원!'과
     '헤이, GI! 빵빵 쏴 볼래?'뿐이었다면
       시트콤 뺨치게 웃겼을 텐데.
       영화에 나오는 악동들처럼.
         방청객 웃음소리 발사!

 귀엽든 아니든, 넌 까다로운 손님이었을 것이다. 겨우 네 살에 부모님과 헤어진 아이.

         감사합니다, 라고 해야지?

 부모님의 후견인이었던 한국전쟁 참전 용사 조지프 H. 윈디시도 잘 기억나지 않는다. 윈디시 씨는 아버지가 직장을 구할 때 추천서도 써 주었다. 아버지는 그 추천서를 액자에 넣어 포도주잔과 크리스털 그릇, 형이 오바마 대통령과 찍은 사진과 함께 거실 장식장에 놔 두었다.(오바마는 사진을 뚫고 나올 듯 카리스마 넘치는 미소를 띠고 있다.) 추천서에서 윈디시 씨는 아버지를 이렇게 소개한다.

신뢰할 수 있고 침착하며
가정적인 남자로,
아내와 두 아이를 성심성의껏 보살펴 왔음.

이 글은 너희에 관한 최초의 영어 설명이며, 바와 마에게는 성경과도 같다.

너는 난민이자 아시아인으로서 소수자이지만, 아버지와 (그리고 너와) 세례명이 같은 윈디시 씨도 평범한 사람은 아니다. 윈디시 씨와 달리 대다수의 미국인은 동남아시아 난민을 받아들이려 하지 않는다. 이들의 공포 중 현실화된 것도 있다. 일부 난민은 범죄를 저지른다. 펜실베이니아에 살던 부모님 지인은 살인죄로 감방에 갔다. 일부 난민은 복지에 의존해 살아간다. 하지만 의사, 변호사, 엔지니어, 군인, 선원이 된 난민도 있다. 어느 난민은 역사상 가장 치명적인 무기 중 하나를 발명하기도 했다.

무시무시한 장치다. 열 압력탄은 엄청난 고열을 발생시키며 동굴을 무너뜨리고 내장을 4분의 1마일까지 날려 버릴 수 있다. 이 폭탄은 구불구불한 동굴을 관통하여 1,100피트 안쪽에 숨은 사람을 가루로 만들고 그 잔해를 불태워 버리도록 설계되었다.

폭격당한 자에서 폭탄 발명가로 — 아메리칸드림™!

배우 티피 헤드런이 캠프 펜들턴에 있던 동료이자 친구인 끼에우 쩐(내 어머니의 전기 영화에서 주역을 맡을 수 있는 또 다른 배우)을 찾아왔다가 난민들이 가여웠던 나머지 자기 손톱 관리사에게 베트남 여성들에게 기술을 가르쳐 달라고 부탁한 이야기도 잊지 말자.

그리하여 거의 오십 년이 지난 지금은
미국 네일숍 인력의 58퍼센트를
베트남 사람들이 차지하고 있다.

너의 실패는 (그리고 성공은) 네가 난민이나 동남아시아 사람이라서가 아니라 인간이기 때문이다. 네 살인 너는 너를 하나의 인간이 아니라 난민, 베트남 사람, 동정 받거나 경멸 받거나 구조되거나 추방되어야 할 희생자로 여기는 사람들이 있다는 걸 모른다. 하지만 이미 최초의 타격은 가해졌다. 너는 부모를 빼앗기면서 자신의 취약함과 부모의 무력함을 깨닫는다. 너는 거의 평생 이 순간을 상처가 아니라 단순한 사실로 기억할 것이다.

하지만 그렇지 않다.

2017년에 아들이 네 살이 되면서 너는 기억을 떠올리기 시작한다.

너는 아들에게 엘리슨이라는 이름을 주었다. 대학 시절 읽고 깊이 감동한 『보이지 않는 인간』의 작가에게 경의를 표하기 위해서다. 소설가 랠프 엘리슨의 중간 이름은 철학자 에머슨에게서 따 온 월도다. 에머슨의 에세이도 네가 대학 시절 읽은 책 중 하나다. 일관성은 소인배들의 도깨비*라는데, 일관성 없는 네 자아는 되새기기를 좋아한다.

랠프 엘리슨의 이름을 따옴으로서 네 아들은 아메리카™가 누구를 포함하고 배제하는지, 누구를 우상화하고 악마화하는지, 누구를 축성하고 희생시키는지에 대해 이의를 제기한 미국인 사상가와 작가의 계보에 위치하게 되었다. 너는 아메리카™만큼이나 이런 작가와 사상가들의 언어도 아들의 고향이라는 걸 아들이 알아 주길 바란다. 엘리슨이 언젠가는 이해하길 바란다. 미국인이 된다는 것은 —

게다가 그는 미국에서 태어나고 자란 미국인이며
원한다면 대통령도 될 수 있다!

— 추모와 살인이라는 이분법의 틈바구니에서 허덕이는 것이며, 아메리카™가 존재하길 멈추는 그날까지 변증법적으로 갈팡질팡하는 것임을. 왜냐면 아메리카™ 자체가 모순이고 앞으로도 모순일 것이기 때문에. 랠프 엘리슨이 그의 화자를 보이지 않는 상태와 지나치

---

* 에머슨의 『월도』에 등장하는 '어리석은 일관성은 소인배들의 도깨비이다'라는 문장에서 온 표현이다.

게 잘 보이는 상태 사이에 갇힌 사람으로 묘사할 때, 너는 그것이 아메리카™에서 너의 실존적 상황, 네 현재와 미래의 묘사이기도 하다는 걸 깨닫는다.

딱하게도 네 아들은 그냥 마인크래프트를 하고 싶을 뿐이다.

엘리슨이 네 살 되던 해, ▮▮▮▮▮가 미국 대통령으로 당선된다. 그는 소위 '미국인 대학살'을 막겠다고 공약하며 다음과 같이 약속한다.

당신은 다시는 무시당하지 않을 것입니다.

이 '당신'에, 유일한 하느님 아래
미미한 존재인 너는 당연히
포함되지 않으며, 아마 네 아들도
포함되지 않을 것이다.

▮▮▮의 나라에서 아시아인인 너는 타자, 아무도 아무것도 아닌 자, 보이지 않다가 이제는 어디서나 보인다며 성토당하는 자다. 하지만 아직까지 ▮▮▮와 그 추종자들이 생각하는 '타자(Others)'의 1순위는 아니다. 곧 네 차례도 오겠지만, 괴롭힘과 선동은 가장 약한 사람들, 아메리카™의 그림자에 가려진 다른 미 대륙 국가들을 떠나 북쪽

으로 오는 미등록 이민자들에게서 시작된다. 이들 역시 눈에 보이지 않다가 이제는 지나치게 잘 보이는 존재가 되었다. ■■는 이런 이민자들을 막기 위해 부모와 아이를 분리하여 수용소에 구금한다.

일부 이민자와 난민, 즉 피부색이 짙은 이민자와 난민에 대한 잔혹 행위는 대통령이 민주당이든 공화당이든 일어나지만, ■■는 관료제의 잔인성을 정치적·연극적 스펙터클로 바꾸는 데 집착한다.

네 살 난 아들을 보면 부모와의 짧은 이별이 영원처럼 느껴졌던 그 나이 때의 네가 생각난다. 수십 년 동안 생각지 않으려 했던 일이 다시 떠오른다. 너를 데려간 건 부모님보다 더 강력한 힘이었다. 네 아버지와 어머니에게 자립할 시간을 주기 위해서였다. 하지만 아이가 이해하는 것은 무력감, 버림받음, 자신의 비명 소리뿐이다.

해결책은 부모가 돌아오는 것이다.

부모는 돌아오지 않는다.

다른 해결책은 감정을 차단하는 것이다.

수용소의 아이들은, 그들과 떨어진 부모들은, 그 경험을 결코 잊지 못하리라. 그들의 이별은 선의에 의한 것이 아니다. 그들의 이별은 낙인과도 같은 것이다.

그들의 이별은 끝나지 않을 수도 있다.

너는 부모님이 너를 강제로 떠나보내야 했을 때 어떤 심정이었을지 결코 짐작할 수 없다. 하지만 아들이 네 살이 되자 마침내 당시의 바와 마를 이해할 수 있다. 그들은 처음 아버지가 되었을 때의 너보다 더 젊다. 그들의 육체는 활기차고 노년은 아득한 미래이지만, 잃어버린 아이는 엄연한 현실이다.

부모님과의 분리가 결국 종료된다. 두 분과의 재회 사진은 존재하지 않는다. 가족사진에는 그 후의 즐거운 시간들만 남아 있다. 펜실베이니아 시절의 한 사진을 보면 반바지와 샌들 차림의 네가 어느 숲속에서 유쾌하게 포즈를 취하고 있다. 너는 패딩 방한복을 입고 어머니와 함께 눈밭에 서 있는 사진을 특히 좋아한다. 1975년 또는 1976년 겨울일 것이다. 열대지방에서 온 부모님의 첫 번째 화이트 크리스마스다. 일 년도 지나지 않아 베트남 주둔 미군 라디오 방송에선 남은 미국인들에게 베트남을 탈출하라는 신호로 노래「화이트 크리스마스」를 송출한다.

이 사진 속의 마는 다른 모든 사진에서처럼 말쑥한 모습으로 환하

게 웃고 있다. 바와 마 뒤에 보이는 집은 그들이 아메리카™에 챙겨 온 금으로 이 나라에서 처음 산 집이다. 그들은 대부분의 재산을 잃었지만 빈털터리로 도착하지는 않았다. 금을 가져왔음에도 그들의 첫 직장은 양로원 세탁소였다. 베트남에서도 부모님은 근검절약하며 자수성가한 사람들이었다. 일을 빨리 못한다고 세탁소에서 잘린 바는 타자기 제조업체인 올리베티에 취직한다. 마는 일이 너무 힘들어서 그만둔다. 어머니의 영어는 아버지보다 서툴다. 어머니는 다른 일자리를 얻지 못한다.

반메투옷에서 응우옌티바이는 평생 일해서 자수성가한 여성이었고 도요타를 몰고 다녔다. 해리스버그에서 바이 티 응우옌의 이름과 삶은 납작하게 뭉개져 버렸다.

전업주부. 일자리도 구하지 못하고 홀로 집에 처박힌.

너와 함께.

마는 아침에 너를 버스 정류장까지 데려다준다. 마의 머리칼은 길고 까맣다. 너는 어머니가 널 사랑한다는 걸 안다. (이름은 잊어버렸지만) 지극히 미국적인 만화 캐릭터가 그려진 양철 도시락 통에 점심을 싸 주시니까. 보냉병에는 우유가 아닌 세븐업이 들어 있는데, 아이들은 그게 탄산음료가 아니라 물이라고 생각해서 널 놀린다. 네가 없는 동안 마가 집에서 뭘 할지 생각해 본 적은 없다. 네게 마는 오직 널 돌보기 위해 존재하는 사람이니까.

너는 네 아이들을 사랑하지만, 수백만 명이 사망한 전염병으로 그들과 몇 달씩 한집에 갇혀 이 글을 쓰면서 당시 어머니의 상황을 이해하게 된다. 어머니에게 일은 삶의 의미다. 일은 신 다음으로 중요하거나, 감히 말하건대 신만큼 중요할 수도 있다.

어느 날, 마가 사라진다.

어머니가 아마도 집 뒤꼍 계단에 아버지와 형과 함께 앉아 있던 기억이 어렴풋이 떠오른다. 무언가가 설명되고 있지만 너는 그것이 앞으로 일어날 일의 전조임을 이해하지 못한다. 전조란 미래에 이르러서야 알아볼 수 있는 것이기에.

어머니가 돌아왔지만
너는 어머니의 귀환을 기억하지 못한다.
어머니는 그저 다시 존재할 뿐이다.

짧거나 혹은 길었던 어머니의 부재에도, 너는 부모님의 고통을 모른 채 해리스버그 생활을 즐긴다. 하루는 바의 직장에서 후원하는 놀이공원에 가서 빙고 게임 하는 법을 배운다. 바 혹은 마가 우승한다. 부모님은 네 형에게 상금을 받아오라고 시킨다. 하지만 빙고 마스터는 형이 너무 늦게 와서(형은 기껏해야 열한 살 혹은 열두 살이었지만 이후로도 평생 부모님의 통역사 노릇을 한다.) 상금을 줄 수 없다고 말한다. 다른 사람이 이미 상금을 받아 갔던 것이다. 방심하면 큰코다친다 — 또 하나의 미국적 교훈.

기쁨보다는 박탈감이
더 쉽게 기억된다.
박탈감은 각인되지만
기쁨은 흐릿해진다.

기뻤던 일을 떠올려 보자. 하지만 톨스토이의 말마따나 모든 행복한 가정은 비슷비슷하기에 글로 쓰거나 읽기에는 불행 쪽이 더욱 흥미롭다. 너의 행복도 지극히 평범하다. 방을 같이 쓰고, 함께 모노폴리 게임을 하고, 동네 불량배들이 핼러윈 사탕을 빼앗아가지 못하게 지켜 주는 형이 있다는 것. 부모님이 아직까지는 과로하지 않아서 너를 데리고 피크닉이나 휴가 여행을 간다는 것. 뉴욕은 더럽고 시끄럽지만, 그래도 자유의 여신상과 엠파이어스테이트 빌딩 꼭대기에서 내려다보는 경치는 아름답다.

그 후로 오랫동안 거실 책장에는 온도계 겸용 미니어처 엠파이어스테이트 빌딩이 장식되어 있다. 그 옆에는 마가 좋아하는 붉은 머리에 푸른 눈, 분홍빛 피부의 인형이 항상 눈을 동그랗게 뜨고 입술을 삐죽 내민 기괴한 얼굴로 서 있다. 부모님이 책꽂이에 둔 장식품은 그게 전부다. 책은 하나도 없다.

이보다 더 슬픈 이야기가 있을까?

이런 이야기는 어떨까. 그보다 몇 년 전의 일이다. 늦여름 혹은 초가을 어느 날, 바와 마는 포트 인디언타운 갭의 난민촌 사무실에 앉아서 아이들과 헤어져야 한다는 소식을 듣는다. 아버지는 마흔두 살, 어머니는 서른여덟 살이다. 그들의 삶과 자녀를 온전히 책임지는 어엿한 어른들이다. 하지만 이제는 아니다. 그들이 난민이기 때문에.

너는 아마 밖에서 뛰어놀고 있을 것이다.
형은 그때가 좋은 시절이었다고 기억한다,
밥을 먹으려면 한 시간씩 줄을 서야 했던 괌에서보다는.
이곳은 배식 줄이 짧다. 막사는 붐비지만 그래도 텐트보다는 낫다.
햇볕이 잘 들어 놀기에 좋고 반딧불이도 많다.
부모들은 다음엔 뭘 해야 할지 고민하느라 바빠서
아이들에게 참견할 겨를이 없다.
아이들을 위한 전원시, 혹은 여름 캠프.

바와 마가 입은 옷은 베트남에서 가져왔거나 아니면 친절한 미국인들이 기부했을 것이다. 누군가(장교나 구호원이나 교회 자원봉사자일 것이다.) 그들에게 앞으로 어떻게 될지 영어로 말해 주고 있다. 어쩌면 부모님은 이미 《덧 라인(Đất Lành)》을 읽고 만약의 사태를 각오했는지도 모른다. 《덧 라인》은 난민 동포들이 영어와 베트남어로 발행하는 등사판 소식지다. 결혼식, 친목회, 운동 경기, 기독교 단체와 서커스단의 방문, 그리고 미국 문화에 관해서도 알려 준다. 예를 들면 다음과 같다.

이제는 막사가 우리의 집이다.

다시 말해 난민들이 자기 집에 들어가려면 허가를 받아야 한다는 뜻이다. 왜냐면

남자에게 집이란 그만의 성이니까.

물론

오늘날 우리는 달리 말할 것이다.
인간에게 집이란 그 혹은 그녀만의 성이라고.

누군가 바와 마에게 가족을 해체하는 게 최선의 선택지라고 말한다. 누군가 그들에게 뭔가 말하고 있다. 아이들을 낯선 사람들에게 넘겨주라고. **쏼라쏼라쏼라.** 마는 영어를 잘 못하지만 바는 영어로 사

업상 대화도 가능하기 때문에 방금 들은 말을 대부분, 어쩌면 완전히 이해할 것이다. 혼란스러운 것은 그가 이해하지 못한 10퍼센트 혹은 20퍼센트의 내용이다. 쏼라쏼라쏼라. 바가 방금 제대로 들었는가? 이 사람이 말한 게 바가 들었다고 생각하는 것과 일치하는가? 바와 마는 고개를 끄덕이며 완전히 이해하진 못했지만 듣고 있다는 신호를 보낸다. 쏼라쏼라쏼라. 어쩌면 난민 동포나 미국에 와 있던 베트남 유학생 자원봉사자가 통역을 해 주었을 수도 있다.

그들이 현실을 온전히 받아들이는 데 몇 분, 어쩌면 몇 시간이 걸린다. 바와 마는 논쟁을 벌일 것이다. 한 명은 동의하고 한 명은 반대할 수도 있다. 아니면 둘 다 반대할 수도 있다. 둘 다 분리에 동의한다는 건 상상할 수 없다. 하지만 결국 그들은 동의한다. 아마도 그들을 도와 준 동정심 많은 사람이 캠프를 떠나려면 지금이 절호의 기회라고 말했을 것이다. 이 기회를 잡지 못하면 언제까지 여기 갇혀 있게 될지 모른다고. 바와 마는 아이들과 함께 캠프에 남을 경우와 아이들을 떠나보낼 경우의 이득과 손실을 비교한다. 아이들이 입을 감정적 피해를 합리화한다. 마는 베트남에 두고 온 어머니와 많은 자매들을 떠올린다. 홀로 남겨둔 네 (입양된) 누나도 떠올린다. 내 (입양된) 딸은 지금 무얼 하고 있을까? 바는 처음 난민이 된 1954년에 남겨두고 떠나온 아버지와 형제자매들을 떠올린다. 그는 이후로 단 한 번도 가족들을 만나지 못했지만 이렇게 잘 자랐다. 그렇지 않은가?

이것은 전쟁 이야기다.

너는 바와 마가 겪은 고통을 상상할 수 있지만 느끼지는 못한다. 네 아들과 헤어지는 일을 상상할 수는 있지만, 그게 어떤 느낌일지 실제로 느낄 수는 없으니까. 감정을 상상하는 것과 느끼는 것의 간극이 바로 공감과 경험의 차이다. 작가와 독자는 공감을 통해 타자에게 다가갈 수 있지만 타자가 될 수는 없다. 아들이 자기 아들을 갖게 되어도 공감을 통해 그 자신의 아버지와 어머니가 될 수는 없다. 너는 바와 마가 내려야 했던 결정을 내릴 필요가 없다. 그리고 어쨌든 너는 이렇게 잘 자랐다. 그렇지 않은가?

어깨뼈 사이에 타자의 낙인이 새겨졌음에도 너는 운 좋은 아이다. 네 몸의 일부와도 같은 부모와 몇 달 만에 다시 만났으니까. 일곱 살 위인 형은 이 년 동안 집에 돌아오지 못했다.

형은 그 때문에
엄마 아빠가
너를 더
사랑한다는 걸
깨달았다고 말한다.

네가 될 수 있는 유일한 모범

형이 한 말은 농담이었다. 너는 그렇게 생각한다. 하지만 많은 농담이 그렇듯 그 농담에도 일말의 진실이 담겨 있을지 모른다.

형도 너처럼 피난민으로서 부모의 고통과 희생을 지켜보며 열심히 살아야겠다고 다짐했다. 형은 너보다 더 일찍 동기를 찾았다. 열 살 때 영어도 못하는 상태로 미국에 온 지 칠 년 만에 새너제이의 똥통 공립 고등학교를 졸업하고 하버드에 진학한다.

그러니 형을 너무 안쓰러워할 필요는 없다.

바와 마는 너를 새너제이 최고의 엘리트 사립 고등학교에 보냈다. 너는 지원한 대학 중 한 곳만 빼고 모든 대학에 불합격하는 걸로 보답한다. 정말 가기 싫었던 대학에 입학한 첫날 밤, 동기들이 한자리에 모여 서로 우울하게 쳐다보며 넌 뭘 잘못해서 여기 왔느냐고 묻는다.

한마디로 너는 망했다.

'망했다'는 건 상대적인 표현이다.

너는 평균 B+를 받았으니까!

B+는 아시아인의 F라고도 한다.

F는 '망했다(fuckup)', A는 '아시아인(Asian)'의 약자다.

모범적 소수자라는 고정관념은 너희 가족과 네가 아는 아시아인들에게도 유효하다. 너 역시 그 기괴함과 부조리함을 조롱하면서도 모범적 소수자답게 행동하곤 한다. 얌전하고 예의 바르고 열심히 공부하고 근면하며 지위를 의식한다.

너는 가끔씩 배를 흔들기도 하지만 대체로 부지런히 노를 젓는다.

학자 에린 쿠에 닌은 모범적 소수자들이 완벽하지 않은 모습이나 행동으로 자신과 부모를 부끄럽게 할까 두려워한다고 말한다. 모범적 소수자들은 감정적 부채와 효도해야 한다는 의무감, 부모의 어마어마한 희생을 헛되게 할지 모른다는 죄책감에 시달리며, 자본주의 기계의 작은 톱니바퀴로서 빠릿빠릿하게 돌아가려고 자신을 채찍질한다. 더 이상은 돌아갈 수 없게 될 때까지.

너 자신의 실패에 대한 공포가 윤활유 구실을 한다. 너는 꿈에 그리던 학교에 가기 위해 최대한 노력하겠다고 다짐한다. 이듬해에 UCLA로 편입하지만 1989년 가을까지만 머물다가 마침내 1990년 봄, 꿈꾸던 캘리포니아 버클리 대학교에 합격한다.

또 하나의 아이러니다! 버클리에서는 공산주의자도 사교적으로 용인되는 편이지만, 스프롤 플라자를 지나는 네게 개종을 권하는 사람들은 복음주의 기독교인일 가능성이 높다.

고등학교 시절 너는 여자 친구인 J와 함께 버클리를 방문했다가 첫눈에 반해 버린다. 텔레그래프 애비뉴, 캠퍼스, 1960년대에 언론 자유 운동이 일어났던 스프롤 플라자까지, 여기가 바로 네가 항상 오고 싶었던 곳이라고 느낀다. 이곳의 공기에는 대마초 냄새 말고도 뭔가 미묘한 매력이 있다.

너는 아직 대마초를 실제로 본 적도 없다. 스프롤 홀 계단에서 검은색 옷과 닥터 마틴 차림으로 담배를 피우며 유색인종 여성과 남성을 위한 미술 잡지를 발행하는 동창생들처럼 반항아나 힙스터가 되는 건 네가 갈 길이 아니다. 너도 고스족이나 모드족이 되고 싶지만 범생이를 벗어날 수 없다. 어둠 속에서 책을 읽어댄 탓에 눈이 나빠져서 초등학교 2학년 때부터 안경을 쓰기 시작했으니까. 너는 여전히 우등생이 아니라 최우등생이 되길 원한다.

너는 형인 아인뚱이 자랑스럽다. 형은 고등학교에서 풋볼 팀 선수이자 교내 신문 편집자였다. 지역 텔레비전 방송국은 그를 찬양했고, 《새너제이 머큐리》 기사는 그를 소개하면서 이런 제목을 달았다.

"난관을 극복해 낸 탁월한 베트남 학생."

몇 년 후 버클리에서 어느 아시아계 미국인 학생이 네게 말한다. "우리 어머니가 그 기사를 보여 주면서 나도 네 형처럼 되어야 한다고 하셨어."

형의 특별한 삶을 다룬 영화는 어디 있는가?
할리우드에서 그런 영화를 만든다 해도
네 형에게 '텅 윈(Tongue Win)' 따위의 이름을 붙이고
그를 아메리칸드림™의 사례로 내세우는
백인 교사의 이야기가 될 것이다.

형이나 너 같은 사람들은
할리우드 영화가 아니라
모범적 소수자에 관한 텔레비전 다큐멘터리에만 등장한다.

남들에게 칭찬받는 건 괜찮지만 스스로 역할 모델을 자처한다면 거만한 놈이 된다. 그리고 너보다 더 유력한 인물이 너를 역할 모델로 내세운다면 모사꾼이라는 말을 듣게 된다.

소위 다수가 아시아계 미국인을 떠받들어 주면, 이 좋은 소수자는 나쁜 소수자들에게 성공하는 요령을 알려 주거나 그들의 실패를 질책한다. 일부 아시아계 미국인들은 위쪽에서 내려다보는 전망을 즐기기도 한다. 너도 그런 사람들을 알고 있다.

열심히 일하세요. 열심히 공부하세요. 여러분 자신만 믿으세요. 복지에 의존하지 마세요. 여러분의 문제로 과거나 사회를 탓하지 마세요. 교사들을 존경하세요. 경찰을 친구로 생각하세요. 법이 여러분 편이라고 믿으세요. 여러분이 합법적으로 여기에 왔다는 걸 강조하세요. 법을 준수하고 친척, 친구, 부모, 조부모나 여러분 자신의 편법에 관해서는 침묵하세요.('편법'이란 점잖은 사람들이 자신의 위법 행위를 가리키는 말입니다.) 너무 큰 소리로 반대하지 마세요. 아니, 그냥 반대를 하지 마세요. 승진에서 제외되더라도 침착하세요. 점잖은 태도를 지키세요. 가만히 있으세요. 고개를 숙이세요. 지도자를 따르세요. 여러분의 우월감, 복종, 억압을 내면화 하세요. 인종차별 때문에 분하고 억울해도 꾹 참으세요. 다수자라는 사람들이 여러분을 소외시키고 무시하도록 내버려 두세요. 분하고 억울한 감정은 다른 소수자들에게, 아내나 남편이나 연인이나 자녀에게 표출하세요. 하지만 백인의 시선이 있는 공공장소에서는 자제하세요. 시인이자 에세이 작가인 캐시 박 홍은 이런 감정을 '사소한 감정(minor feelings)'이라고 부른다.

백인 후견인에게 젓가락을 받았을 때 네가 느낀 당혹감은
사소한 감정일까?

해리스버그에서 백인 아이들이 네 할로윈 사탕을 훔쳐 갔을 때
의 좌절감도 사소한 감정일까?

부모님과 떨어져야 했을 때 네가 토해 낸 비명과 울음도
사소한 감정일까?

바와 마도 강도에게 총을 맞고서
바로 다음 날 일터로 돌아가는데
네가 뭐라고 감정 따위를 느낄 수 있겠는가?

사소한 감정의 연대기에서 또 하나의 기억을 꺼내 보자.

1980년대 초,
열 살 혹은 열한 살이 된 너는
사이곤 머이 근처를 혼자 걷다가

어느 가게 진열창에 붙은
팻말을 발견한다.

또 한 명의 미국인이
베트남 놈들 때문에
장사를 접다

인쇄된 것인가, 손으로 쓴 것인가? 기억나지 않는다.

어떤 가게였는가? 모르겠다.

미국인이란 대체 누구인가. 이런 의문은 떠올리지도 못했다.

네가 방금 본 것을 정확히 설명할 수는 없지만, 이 팻말이 네 부모님 같은 사람들을 가리킨다는 건 알겠다. 어쩌면 감히 베트남어로 가게 이름을 지은 바와 마가 떠올랐을지도 모른다. 이 팻말을 붙인 사람은 네 부모님을 미국인으로 보지 않는다. 그럴 수 있다. 바와 마가 미국인이라고 말할 때도 그들 자신이 아니라 다른 사람들을 가리키는 것이니까.

하지만 바와 마가 위험한가? 휴가도 없이 일하는 바와 마가? 일요일마다 미사에 참석하고 매일 밤 묵주기도를 바치는 바와 마가? 친척들이 한 사람도 굶지 않도록 고향에 돈을 보내는 바와 마가? 백인들이 이런 행동을 하면 영웅적인 인간애의 증거가 된다. 바와 마가 똑같이 행동하면 일부 미국인을 공포와 분노에 빠뜨릴 만큼 광적이고 비인간적인 노동 의지의 증거가 된다.

자본주의와 사회적 신화가
너무 열심히 일하는 사람을
찬양하는 나라에서
어떻게 너무 열심히 일할 수 있단 말인가?

바와 마의 시름을 달래주는 건 전자레인지, 스피커와 카세트데크와 8트랙 플레이어가 내장되고 목재로 마감한 스테레오 세트, 개인 맞춤형 미국화 장치라고 할 수 있는 목재로 마감한 25인치 텔레비전이다. 세련된 초현대식 비디오카세트 레코더도 있다. 과거의 축음기에 상응하는 현대의 최첨단 기기로, 커다란 은색 상자에 작고 검은 상자를 넣으면 영화 한 편을 온전히 감상할 수 있다.

너는 베트남 미용실, 베트남 카페, 베트남 샌드위치 가게, 베트남 식당을 지나 사이곤 머이 근처의 좁고 어둠침침한 베트남 비디오 가게에서 영화를 대여한다. 베트남 출신이 아닌 사람들이 느낄 이질감을 누그러뜨리기 위해 파리 뷰티 살롱, 레자미 카페 같은 프랑스풍 이름을 붙인 가게도 있다.

네 민족은 새너제이 시내를 점령했다.

그리고 더 나은 곳으로 만들었다.

바가 너를 사이곤 머이에서 비디오 가게까지 데려다준다. 콧수염이 듬성한 베트남 동포가 반갑게 맞아 준다. 계산대 뒤쪽 벽에는 영화가 든 검은 상자, 즉 비디오테이프가 가득하다. 너는 서류철로 정리된 영화 목록을 넘기면서 하나를 고른다. 아무것도 모르는 아버지는 네가 고른 영화에 어린이는 보면 안 될 내용이 포함돼 있다는 사실을 모른 채 돈을 지불한다.

이것이 사건의 발단이다.
너를 작가로 만드는 데 기여한 사건이다.

너는 「스타 워즈」를 여남은 번쯤 보고 나서 이소룡이 나오는 「용쟁호투」와 「맹룡과강」을 본다. 이소룡은 놀라운 무술 실력을 보여 주지만 너처럼 주변머리 없고 나약한 범생이의 역할 모델이 되긴 어렵다. 그런 다음 —

— 너는 「지옥의 묵시록」을 본다.

너는 전쟁 영화를 좋아한다. 존 웨인이 일본군과 싸우는 「이오지 마의 모래 언덕」, 오디 머피가 독일군과 싸워 2차 대전 최다 훈장 수여자가 되는 「불타는 전장」도 보았다. 전투, 무기, 제복, 군사 작전, 은어에도 나름대로 박학하지만, 「지옥의 묵시록」에 관해서는 너를 이곳으로 데려온 전쟁을 다뤘다는 것밖에 모른다.

주말이다. 오늘이 일요일이라면 아침엔 바와 마와 함께 성 패트릭 성당의 베트남어 미사에 참석해서 알아들을 수 없는 설교를 들으며 딱딱한 나무 벤치에 지루하게 앉아 있었을 것이다. 미사가 끝나면 바와 마의 차를 타고 북쪽으로 몇 블록을 지나 사이곤 머이로 간다. 부모님은 건너편 윈첼스 도넛 가게에서 쓰라며 몇 달러를 줄 것이고, 《머큐리》 일요판과 네가 혼자 먹을 도넛 열두 개를 구입하고 나면 바가 너를 집까지 태워다 줄 것이다. 너는 주말이면 언제나 그랬듯 홀로 집에 남는다. 신문과 도넛, 책, 냉동실에 가득한 '헝그리 맨' TV 디너*와 나폴리탄** 또는 민트 칩 아이스크림과 함께. 냉동실에 채워진 것은 부모님의 사랑이다. 바는 네가 어떤 음식을 좋아하는 것 같으면 끝도 없이 사 준다. 너는 주말마다 햄버그스테이크와 미트 로프, 감자튀김과 매시드포테이토, 애플파이와 복숭아 코블러, 그리고 상자에서 바로 꺼낸 아이스크림을 번갈아 먹는다. 너는 천국에 있거나 외롭거나 둘 중 하나다. 너는 열한 살이다.

* TV dinner. 전자레인지에 데우면 한 끼 식사가 되는 냉동 인스턴트식품을 가리킨다.
** Neapolitan. 딸기, 바닐라, 초콜릿 세 가지 맛으로 조합된 아이스크림이다.

신문을 1면부터 마지막 면까지 다 읽고, 도넛 몇 개를 먹고, 점심으로 TV 디너를 데운 후 VCR에 비디오테이프를 넣는다. TV 앞 카펫이나 빨간 벨루어 소파에 자리를 잡는다. 거실 창문이 하루 종일 번잡한 도로를 향하고 있지만 집 안은 조용하다. 새너제이 사람들은 좀처럼 경적을 울리지 않는다.

영화가 시작된다. 더 도어스의 「디 엔드」라는 기묘한 노래가 흘러나온다. 나중에 이 밴드의 리드 싱어인 짐 모리슨의 아버지가 '뉴 라이프' 작전을 지휘한 해군 제독이었다는 사실을 알게 된다. 전투기가 정글의 나무 꼭대기 위로 날아간다. 네이팜탄이 불꽃처럼 터진다. 멋지다.

TV 영화 「슬로빅 일병의 처형」에서 본 적이 있는 마틴 신이 윌러드 대위를 연기한다. 그는 침실에서 거의 벌거벗은 채 비틀거리며 서투른 무술을 선보인다. 한 손으로 거울을 부수고 방바닥에 엎드려 피를 흘리며 울부짖는다. 너는 혼란스럽다.

영화는 이상하지만 매혹적이다. 나는 아침에 맡는 네이팜탄 냄새가 좋아! 킬고어 대령이 고함지른다. 그의 헬리콥터 편대가 바그너의 「발키리의 비행」에 맞춰 베트콩 마을을 습격한다. 너는 몇 년 후 백인 우월주의 블록버스터 영화에서 이 노래를 다시 듣게 된다. 흰 두건을 쓴 KKK단이 흑인 남성으로부터 백인 여성을 구하러 말을 타고 달려가는 장면이다.(당대의 「스타 워즈」에 해당하는 이 영화의 원작은 우드로 윌슨 대통령의 친구가 쓴 『클랜스맨』이라는 소설이다. 윌슨은 1915년 백악관에서 이 영화 「국가의 탄생」 상영회를 열었다.) 헬리콥터가 많은 베트남인을 죽이고 베트콩이 몇몇 미국인을 죽이지만, 이것은 전쟁이고 전쟁은 지옥이다. 2차 대전 영화보다 야한 장면과 환각 장면이 좀 더 많을 뿐이다. 2차 대전 영화와 달리 반쯤 벗고 카우보이 혹은 아메리카 원주민으로 분장한 《플레이보이》 누드모델들도 등장해서, 적어도 너와 같은 시청자 집단에게는 재미를 더해 준다. 「지옥의 묵시록」을 반전 영화로 생각하는 사람들도 있지만, 미 해병대는 신병들의 전투 의욕을 고취하기 위해 이 영화를 보여 준다고 한다. 총격전과 섹시한 무기의 스펙터클로 젊은이들을 흥분시키는 전쟁 영화가 반전 서사일 수는 없다.

반전 서사란 무엇인가?
네 (입양된) 누나와 바와 마,
그리고 그들이 원하지도 선택하지도 않은 전쟁에 휘말린
수천 명의 난민과 민간인들의
지리멸렬한 이야기라면 어떨까?

민간인들로 가득 찬 삼판선을 해군 순찰선이 막아 세운다. 해병이 바구니 하나를 열어 보려고 하자 웬 여자가 달려오며 가로막는다. 겁먹고 열 받은 흑인과 백인 청년 해병들이 총을 쏘아대자 베트남인들은 영문 모르고 웅얼거리며 죽어 간다. 해병들이 바구니를 연다. 바구니 안에는 귀여운 강아지가 들어 있다.

강아지 외의 생존자는 반쯤 죽은 여자뿐이다.

순찰선장은 여자를 병원으로 데려가려고 하지만, 그러면 사악한 미군 대령 커츠를 찾아서 끝장내야 하는 윌러드의 임무가 지연될 것이다. 윌러드가 권총을 꺼내 여자의 가슴에 총알을 박아 넣고

그 순간
너는
둘로
쪼개져
버린다.

너는 학살을 저지른
미국인인가?

아니면 학살당한
베트남인인가?

지금까지 이야기는
너의 구원자였다.
이제는 너를 찢어발기는
이야기의 힘과

맞닥뜨릴 때다.

너는 영화의 당혹스러운 마지막 장면까지 시청한다. 캄보디아를 배경으로 말런 브랜도가 원주민이자 야만인이 된 백인 커츠 역을 연기한다. 야만인일지라도 그는 여전히 백인이다. 원주민의 왕이다. 대머리를 문지르며 "공포, 공포……."라고 중얼거리는 그를 윌러드가 마체테로 난도질해 죽인다. 커츠가 죽어 가는 동안 캄보디아 원주민들(영화 촬영지인 필리핀의 이고로트족이 연기했다.)은 물소 한 마리를 잡는다. 불쌍한 물소를 실제로 도살한 것이다! 마체테로 물소의 살덩이를 저며 내는 장면도 시발 존나 진짜다. 이런 영화는 더 이상 안 만들어진다. 진보주의 동물 애호가들을 탓하라.

피투성이가 된 윌러드는 마체테를 들고 커츠의 일기장을 팔에 낀 채 떠난다. 캄보디아인/이고로트족/원주민/야만인 군중은 그에게 길을 비켜 주며 무릎을 꿇는다.

지금 생각해 보면 이는 백인의 판타지다.
백인/아들만이 백인/아버지를 죽일 수 있고
야만인들은 백인/신을 기다린다.

1779년 해변에서 쿡 선장을 죽인
하와이 원주민은

이런 환상을 공유하지 않았다.

너는 수십 년 넘게 그 영화를 다시 보지 않지만 결코 잊지 못할 것이다. 너 자신이 둘로 쪼개진 순간의 충격은 감당하기 어려워 다른 사소한 감정들과 함께 마음속에 봉인해 둔다. 버클리의 '아시아계 미국인 영화' 수업에서 교수가 네게 영향을 준 영화 장면을 이야기해 보라고 요청할 때까지.

아시아계 미국인 학생들로 가득 찬 강의실 앞에 선 너는 그들이라면 네가 느낀 감정을 이해할 거라고 생각한다. 너는 삼판선 학살 장면을 설명하기 시작한다. 떨리는 목소리에 너 스스로도 놀란다.

봉인이 뜯겨 나갔다.
너는 울화와 분노로 전율한다.
이것은 중요한 감정(major feeling)이다.

너의 감정적 반응은 「지옥의 묵시록」이 지닌 힘을, 프랜시스 포드 코폴라 감독의 예술적 비전과 헌신을 증명한다. 이야기는 재미와 기쁨을 주고 긍정적인 자아상을 보여 주기 위해서만 존재하는 게 아니다. 충격과 공포를 안겨 주고 자신을 새로운 시각으로 보게 하는 것도 이야기의 역할이다. 「지옥의 묵시록」은 무시무시한 걸작 영화이지만, 거기서 베트남인, 캄보디아인, 이고로트족은 백인의 스펙터클에 구색을 맞추는 역할일 뿐이다. 이 영화가 윌러드와 커츠의 흉악한 폭력성을, 미군의 아시아 혐오와 인종차별을 비판하는 건 사실이다. 미군 헬리콥터에 수류탄을 던진 베트남 민간인을 격추하면서 사격수는 이렇게 소리친다.

맙소사!
저 야만인 계집!
저 개년 죽여 버릴 거야.

그러나 「지옥의 묵시록」에 영감을 준 조지프 콘래드의 『어둠의 심장』에 대해 치누아 아체베가 논평했듯이, 인종차별을 비판하는 예술 작품도 인종차별적일 수 있다. 백인의 인종주의와 폭력을 전면에 내세우면서도 타자를 묵살하고 왜곡하고 착취하며 지워 버리는, 타자의 관점을 전혀 드러내지 않는 서사는 인종차별적일 수밖에 없다.

익명의 헬리콥터 사수를 연기한 백인 남성 배우는 크레딧에 이름이 오른다. '헌병 하사 2', '부상병', '기관총 사수'를 연기한 배우도 마찬가지다. 반면 수류탄을 던진 젊은 베트남 여성은 죽기 전에 대사도 몇 마디 있었지만 크레딧에 오르지 못한다. 영화 속에서 죽어간 베트남인 수십 명은 모두 필리핀 난민촌에서 지내던 실제 베트남 난민이지만, 이들 역시 크레딧에는 포함되지 않았다.

이 전쟁의 모든 미군 전사자를 추모하는 워싱턴 D. C.의 베트남 참전 용사 기념관에도 베트남, 캄보디아, 라오스, 므엉족의 이름은 보이지 않는다. 백인이 주연이고 흑인이 단역인 미국의 서사에서 동남아시아인은 설사 베트남 참전 용사라도 엑스트라밖에 될 수 없다.

수십 년 후 캘리포니아 가이저빌에 있는 코폴라의 포도주 양조장을 방문하면서, 동남아시아인은 소품에 불과하다는 생각이 더욱 확고해진다. 너는 바(bar)로 다가가서 구비된 포도주를 살펴 보다가 옆에 있는 전시물을 발견한다. 방문객들이 흥겹게 떠들어 대는 동안 유리 진열장 가까이 다가간다. 「지옥의 묵시록」에 사용한 의상, 스틸 사진, 데니스 호퍼가 연기한 사진기자의 카메라가 전시되어 있다. 그리고 인간의 두개골 무더기도 있다.

아마도 영화 속에서 커츠의 본거지에 놓여 있던 두개골들일 것이다. 말하자면 그가 야만적인 원주민들과 한통속이 되었다는 증거였다. 하지만 캄보디아를 배경으로 한 영화 속 두개골 무더기는 크메르 루주가 희생자들을 학살한 곳에 있었던 두개골 무더기를 떠올리게 한다. 그 두개골들은 프놈펜 외곽의 쯔엉엑 킬링필드, 프놈펜 시내의 S-21 감옥, 바탐방의 동굴에서 학살당한 영혼들을 추모하는 기념관과 박물관에 보관돼 있다. 너는 『아무것도 사라지지 않는다 : 베트남과 전쟁의 기억』을 집필하기 위해 그곳을 방문했다. 습한 날씨로 땀을 뻘뻘 흘리며 가이드의 오토바이나 툭툭을 타고 서둘러 호텔 방으로 돌아와서, 저녁 내내 식욕도 술 생각도 잊은 채 고문당하고 살해당한 이들의 운명을 생각하며 보냈다.

코폴라의 포도주 양조장에서는 진짜 (혹은 가짜) 두개골이 방문객들을 지켜보고 있다. 그들은 코폴라의 딸과 아내의 이름을 딴 소피아 브뤼 로제 또는 엘리너 레드 한 잔을 주문한다.

     거참 불편한 것도 많네. 독자가 중얼거린다.
     그냥 오락물이잖아. 그냥 영화일 뿐이라고.

어른이 된 너는 근사한 시내 호텔의 루프톱 바에서 마티니를 손에 들고 로스앤젤레스의 풍경을 내려다본다. 옆 건물 벽에 영화 장면이 영사되고 있다. 너는 자신을 타이른다. 저건 그냥 영화일 뿐이야. 윌러드 대위가 얼굴에 위장 칠을 하고 한손에 마체테를 든 채 진흙탕 속에서 솟아오른다. 윌러드가 커츠를 난도질하는 동안 너는 LA의 사교계 인사들로 둘러싸인 채 마티니를 홀짝인다.

     징징대기는, 독자가 중얼거린다.
     영화가 맘에 안 들면
     제가 직접 찍어 보든가.

너는 작가이지 영화감독이 아니다. 그래서 망할 놈의 『동조자』를 썼다. 이 책에는 재능만큼 자의식도 강하고 코폴라를 미묘하게 닮았지만 어쨌든 코폴라는 아닌 영화감독이 등장한다. 그 영화감독이 누구든 간에 많은 할리우드 인사들이 네 책을 읽었고 아무도 그의 성격 묘사에 이의를 제기하지 않는다. 어쩌면 그는 베트남을 배경으로 또 다른 전쟁 흥행작을 찍은 또 다른 유명한 영화감독일 수도 있다. 너는 그 영화감독을 안다는 친구의 부탁으로 마지못해 퓰리처상 한정판 『동조자』에 사인하고 그를 향한 헌사도 적어 주었지만, 이후 그 사인본이 이베이에서 499달러에 팔리는 꼴을 보게 된다.

네 책 속의 영화감독이 만든 작품은 「지옥의 묵시록」과 미묘하게 닮았지만, 사실은 네가 본 아메리카™식 베트남 전쟁 영화의 총체적 요약본이다. 너는 그런 영화들을 거의 전부 찾아 보았다. 다른 사람들에게 결코 추천하고 싶지 않은 경험이고, 특히 베트남 사람에게는 말할 것도 없다.

너는 이 년 동안 혼자서 낄낄대며 그 소설을 쓴다. 할리우드를 향한 소소한 복수이자, 다소 비극적이지만 네가 보기엔 꽤 재미난 소설이기도 하다. 울고 싶지 않다면, 소위 베트남 전쟁이라는 미국적 판타지의 허황됨과 부조리함을 비웃어 주는 수밖에 없기 때문이다. 하지만 결국 너만 우스운 꼴이 되고 말았다. 아무리 끝내주는 소설이라 해도 읽는 사람은 기껏해야 수만 명이지만, 할리우드 영화나 TV 프로그램은 아무리 형편없어도 수백만 명은 보니까. 웃음거리가 되는 건 항상 베트남인을 포함해 미국적 상상 속의 타자들뿐이다.

아메리카™의 비공식 선전 기관인 할리우드의 마력은 아메리카™뿐 아니라 전 세계에서 너를 비롯한 수백만 명을 어린 시절부터 세뇌한다. 너는 TV를 켜거나 영화관에 갈 때마다 최면에 걸린다. 엄밀히 말해 최면에 걸렸다는 사실을 인식하지도 못한다. 돌이켜 보면 「지옥의 묵시록」을 보고 나서 몇 년 후 부모님의 요구대로 예수회에서 운영하는 남학교 입시 준비반에 등록했을 때도 최면이 작용한 셈이다. 교수진은 거의 모두 백인 남성이고 흑인 교사와 아시아인 교사가 한 명씩 있다. 다행히도 네 담임 선생님은 그중 몇 안 되는 여성이자 페미니스트로, 네게 앨리스 워커의 『컬러 퍼플』과 실비아 플라스의 『벨 자』를 읽게 한다. 남학생 300명 중 대다수가 백인이다. 흑인과 라틴계도 몇 명 있지만 가장 큰 소수 집단은 아시아인이다. 300명 중에 30명이다. 너희는 자신이 백인 학생들과 다르다는 걸 느낀다. 점심시간마다 본능적으로 교정 한구석에 모여드는 너희 대부분은 스스로 이렇게 자칭한다.

아시아인 침략자들

너는 이미 너무 많이 비웃음을 당했기에 스스로를 비웃는다. 세인트 패트릭에서는 동급생이 너더러 전쟁 중에 AK-47을 들고 다녔냐고 묻는다. 다른 동급생은 양손을 맞잡고 고개를 숙여 보이며 "이 개자식아!"라고 인사한다.

너는 지금까지도 그들의 이름과 얼굴을 기억한다.

고등학생이 될 무렵 너는 2차 대전 영화 속 일본인과 베트남 전쟁 영화 속 동남아시아인이 그리 다르지 않다는 걸 깨닫는다. 하지만 아시아인 침략자들은 그 사실을 대놓고 지적하지 못한다. 영화 「티파니에서 아침을」에서 덧니에 눈이 찢어지고 영어가 어눌한 일본인 집주인을 연기한 미키 루니가 거슬려도, 그런 감정은 혼자 알아서 삭여야 한다. 네가 좋아하는 오드리 헵번도 이런 광대 짓을 묵인했다는 사실이 실망스럽다. 너는 고전 하이틴 영화 「아직은 사랑을 몰라요」에 등장하는 유학생 롱덕동(Long Duk Dong)이라는 이름이 얼마나 엉터리인지 혼자서 생각해 본다. 라디오 방송을 오염시키는 칭챙총 농담에 움찔한다.

방송만이 아니다. 너는 바와 마에게 가끔씩 받는 지폐와 동전을 긁어 모아 집 건너편 세븐일레븐에서 만화책을 산다. 스파이더맨, 캡틴 아메리카, 지아이 조, 록 상사를 처음으로 접한다. 푸 만추와 폭군 밍, 용감한 블랙호크 전투기 편대의 뻐드렁니 중국인 요리사 찹찹도 발견한다. 싸구려 전쟁 만화책에서 일본군은 '반자이!'를 외치고, 중공군은 한국전에서 인해전술을 펼치며, 동남아인은 M16 소총을 맞고, 로켓포에 날아가고, 네이팜탄에 불타고, 공중에서 격추당해 사라진다.

너와 네가 아는
다른 모든 아시아인들의 피부는
결코 노랗지 않지만,
너는 자신이 '황색 위험(Yellow Peril)'임을
깨닫기 시작한다.

몇 년 후 너는 대학 신입생이 된다. 1989년이다. 그 뉴스를 어떻게 접했는지는 잊어버렸지만 아마도 신문이나 TV에서 보았을 것이다. 새너제이에서 멀지 않은 캘리포니아주 스톡턴의 클리블랜드 초등학교에서 한 백인 남성이 AK-47을 105발 난사했다. 학생 5명이 사망하고 30명이 다쳤다.(1979년 샌디에이고의 다른 클리블랜드 초등학교에서 16세 여성이 교장과 관리인을 살해한 다른 총격 사건과 헷갈리면 안 된다.) 당시만 해도 아메리카™에서 교내 총기 난사는 드물었다. 사건 이후 전국에서 일어난 항의는 총격범의 AK-47에 집중된다. 사망한 아이들이 캄보디아와 베트남에서 왔으며, 그들이 여기에 온 건 아메리카™가 거기에 갔었기 때문이라는 사실은 거의 언급되지 않는다.

라타난 오르, 9세

오은 림, 8세

람 춘, 8세

소킴 안, 6세

투이 짠, 6세

스물네 살인 총격범과 같은 학교에 다녔던 지인들은

그가 베트남인 이민자들을 증오했다고 말한다.

그가 다녔던 학교는 동남아시아계 학생이 70퍼센트를 차지했고, 그는 베트남인들이 일자리를 빼앗아간다고 생각했다.

소위 토종 미국인의 일자리를.

그의 유언은 다음과 같았다.

망할 힌두교도와 보트 피플이 모든 걸 빼앗아 갔어.

그의 희생자 중 베트남인은 단 한 명뿐이었다.

너희는 다 비슷하게 생겼으니까.

그 아이들이 죽지 않았다면 사십 대가 되었을 것이다. 적어도 그중 일부는, 어쩌면 그들 모두가, 총격당한 나이 또래의 자녀를 둔 부모가 되었으리라.

이젠 이들의 이름은 물론 총기 난사 자체도 거의 잊혔겠지만, 빈센트 친의 이름은 아직도 기억하는 사람들이 있을 것이다. 중국계 미국인인 친은 1982년 디트로이트에서 두 백인 자동차 정비공에게 일본인으로 오해받고 구타당해 숨졌다.

그 남자들은 감방에 가지 않았다.

1982년에 너는 빈센트 친 사건은 몰랐지만, 실속 있고 믿음직스러운 일본 자동차들이 덩치만 크고 연비가 나빠 못 미더운 미국 자동차들과 경쟁하고 있다는 건 잘 알았다. 부모님은 포드 그라나다에서 올즈모빌 커틀라스에 이르기까지 묵직한 미국 자동차를 애용해 왔지만, 너는 바와 마가 그보다도 민첩한 혼다나 도요타를 샀으면 좋겠다고 생각한다.

TV 뉴스는 일본이 미국 내 일자리를 위협하고 있다는 점을 강조한다. 자동차 정비공 살인자들이 야구 방망이라는 수단을 통해 전달했던 중요한 감정이다.

하지만 아시아인 침략자들은 아무 말도 하지 못한다. 전쟁 영화는 지어낸 이야기일 뿐이다. 농담은 농담일 뿐이다. 농담도 못 받아 주나? 미국인들은 화를 낼 권리가 있다. 그들은 일자리를 잃지 않았나?

대체 뭐가 그리 불만인가?
    우리가 너희 대신 전쟁을 치르지 않았나?
        모든 난민을 맞아 들이지 않았나?
            우리가 너희를 공산주의에서 구해 내고
                기회를 주지 않았던가?

아메리칸드림™을 좇을 기회를.

너희는…… 감사할 줄 알아야 한다.

식민 지배자와 피지배자

얌전히 있어라.
공손하게 굴어라.
누가 말을 걸 때만 대답해라.
너는 베트남에서 보낸 어린 시절과 난민 시절에 이렇게 배웠다.

하지만 너는 인성에 문제가 있다.

                                                    너는 속물이다.

네가 이 사실을 깨달은 건 고등학생 시절 여름에 그레이트 아메리카 테마파크에서 여자 친구 J를 만나면서다. 쌍둥이인 J와 여동생이 네가 담당한 놀이기구 랍스터에 타고 안전 바를 내려 주는 널 바라보며 미소 짓는다. 그레이트 아메리카에서 네가 일하는 구역은 양키 하버라고 불린다. 삼각모, 목에 프릴이 달린 흰색 폴리에스테르 긴팔 셔츠, 검은색 나팔바지를 착용한 채로 랍스터라는 놀이기구에서 일하면서 멋져 보이기는 어렵지만, 그래도 노력은 한다. 실제로 제법 성공한 셈이다. 열여섯 살 인생의 가장 중요한 목표인 여자 친구를 얻는 데 성공했으니 말이다.

필리핀에서 태어난 J는 열 살에 아메리카™로 이민 왔다. 너와 열여섯 살 동갑이고 너만큼이나 미국화되었다. 제시카 헤게던의 희곡 『개 잡아먹는 사람들』 속 대사처럼 필리핀은 스페인 수녀원에서 사백 년을, 그리고 할리우드에서 오십 년을 보냈으니까. 마크 트웨인은 미국이 필리핀에 할리우드를 들여온 전쟁, 필리핀의 민주화와 기독교화라는 명분으로 미군이 필리핀인 수십만을 죽인 전쟁에 관한 시를 썼다. 「공화국 전투 찬가」* 곡조에 맞춘 이 시는 21세기 아메리카™의 '영원한 전쟁'에도 그대로 적용될 내용이다.

내 눈은 뽑혀 나온 검들의 난교를 보았다.
그는 이방인의 부가 보관된 창고를 뒤진다.
그는 치명적인 번개를 내리쳐 비애와 죽음을 득점했다.
그의 욕망은 멈추지 않는다.

네가 J를 만날 당시 필리핀은 더 이상 미국의 공식 식민지가 아니

---

* The Battle Hymn of the Republic. 미국 여성 작가인 줄리아 워드 하우가 「존 브라운의 시신」이라는 노래의 가사를 다듬어, 남북전쟁 당시 북군에서 널리 불린 전투곡. '영광 영광 할렐루야'라는 후렴으로 유명하며, 마크 트웨인 외에도 2차 대전 때의 공수부대 등에서 개사하여 불렀다.

지만, 미군은 여전히 수빅만 해군 기지와 클라크 공군 기지를 유지하고 있다. 스페인식 성을 가진 J는 역사적으로 스페인 식민지였던 캘리포니아에 도착했을 때 예전부터 알았던 고향에 온 것처럼 느꼈으리라.

동남아시아에서 식민 지배를 받은 두 아이는 양키 하버에서 만나자마자 서로에게 끌린다. 미국 혁명과 독립을 상징하는 의상을 차려입은 너는 평생 이만큼 애국심을 느껴 본 적이 없다. 너를 비롯한 십대 직원들은 비교적 안전한 랍스터, 지면을 거의 벗어나지 않는 회전 바구니, 긴 열차로 트랙을 360도 돌거나 역주행하여 탑승자를 두 번씩 거꾸로 매달리게 하는 거대한 기계인 타이달 웨이브를 담당한다. 이 작업의 보수는 최저임금인 시간당 3.35달러다.

너보다 노련한 열일곱 살 빨간 머리 동료는 근무 시간에 안전 바를 내리지 않고 아무런 고정 장치 없이 양손을 높이 치켜든 채 타이달 웨이브를 탄다. 비명을 지르지도 떨어지지도 않고 무사히 돌아온 그는 어깨를 으쓱하며 원심력 덕분이라고 말한다.

너는 난생처음으로 육체적 용기를 과시하기로, 혹은 바보짓을 저지르기로 한다. 동료의 행동을 따라한 것이다. 360도로 빠르게 돌고 역주행하면서 즐거운 비명을 지르고, 살아남았다는 짜릿함에 몇 번이나 거듭하여 목숨을 내건다. 놀이공원이 문을 닫은 어느 날 밤 너와 동료들은 레볼루션에 올라탄다. 빙글빙글 돌아가다가 거꾸로 뒤집혀 탑승자를 수십 초간 공중에 매달리게 하는 놀이기구다. 너는 어깨 안전벨트만 착용하고 무릎 안전벨트는 착용하지 않아서 다리가 귀까지 내려온 채 거꾸로 매달려 깔깔 웃어 댄다.

어느 멋없는 꼰대가 너와 동료들을 경영진에 신고한 게 분명하다. 너는 레볼루션에서의 행동을 사유로 그레이트 아메리카에서 즉시 해고된다.

여름이 이렇게 재미없이 끝나 버리다니.

그래도 네겐 J가 있다. 너는 J에게 연애편지와 지나치게 낭만적인 시를 써 보낸다. 밤중에 집을 슬쩍 빠져나가 J의 졸업파티와 네 졸업파티에 참석한다. 네 부모님은 J에 관해 전혀 모른다. 고등학생 때는 데이트 금지이고, 그 이후에도 가톨릭교도 베트남 여성하고만 데이트할 수 있다고 말씀하셨으니까. 말도 안 되는 얘기다. J는 가톨릭교도지만 그것만으론 충분치 않다. 그래도 부모님 마음을 아프게 하고 싶진 않다. 게다가 그분들이 무섭기도 하다. 그래서 너는 바와 마에게 J 이야기를 하지 않는다. 부모님에게 이렇게 큰 비밀을 갖기는 처음이다.

너는 네 소망과 부모님의 소망을 일치시킬 방법을 찾지 못한다. 하지만 그것이 너를 J의 집에서 BART* 역까지 태워다 준 그 애 어머니에게 감사 인사를 하지 않은 이유가 될 수는 없다. C 부인은 그 첫 만남부터 너를 싫어하고, 감사할 줄도 모르는 걸 보니 인성에 근본적 문제가 있을 거라고 계속 의심한다. 그분 생각이 옳을 수도 있다.

너는 거만하고 건방지고 남들을 섣불리 판단하지만, 그래도 J는 너를 용서하고 너의 가장 좋은 면을 봐 준다. 천성적으로 배은망덕한 너는 나이 든 동포들이 백인의 비위를 맞추려 할 때 언짢아진다. 아마 너 자신도 백인에게 공손하기 때문일 것이다. 너희 민족은 반드시 필요한 경우가 아니면 좀처럼 서로 비위를 맞추지 않는다. 그러나 백인들 앞에서는 너희가 미국인이 아니라는 것을, 영어가 서툴다는 것을, 미국인들이 잊고 싶은 전쟁을 상기시키는 존재라는 것을, 남의 나라에서 살아가는 손님이라는 것을 만회하고 싶어 한다. 베트남에 가서 싸운 미국인(270만 명)보다 미국에 와서 사는 너희(220만 명)가 더 적은 데도.

하지만 너희 민족이 모든 미국인의 비위를 맞추려 하는 건 아니다. 난민 동포가

멕시코 놈들

---

* Bay Area Rapid Transit. 샌프란시스코 광역도시권인 베이 에이리어를 운행하는 철도를 가리킨다.

이라고 무시하며 경멸조로 말하는 것을 얼마나 많이 들었는가. 하지만 그들이

흑인 놈들

이라고 말하는 일은 드물다. 새너제이에는 흑인보다 베트남인들이 멕시코 놈이라고 부르는 라틴계가 훨씬 많으니까. 베트남인 대다수는 라틴계 사람들의 국적을 구분하지 못하지만, 많은 라틴계 사람들이 중국인 비슷하게 생긴 아시아인을 무조건 '치노'라고 부르는 것도 사실이다.

그래도 너는 별로 신경 쓰지 않는다.
라틴계 사람들이 너를 치노라고 부르긴 해도
신체적 또는 언어적으로 너를 폭행하거나
너에 관해 인종차별적인 영화를 만들진 않았으니까.

네가 새너제이에서 배운 교훈은 다음과 같다. 베트남인은 미국인이 아니다. 미국인이란 기본적으로 백인이다. 흑인과 라틴계는 미국인이지만 베트남인은 그들을 흑인 놈들, 멕시코 놈들이라고 부른다. 베트남인은 백인 뒤에서는 욕하지만 앞에서는 정중하게 대한다.

흑백 이분법에 집착하는 아메리카™ 사회에서

너는 흑인인가, 백인인가, 혹은 둘 다 아닌가?

모범적 소수 민족은 이 나라와 전 세계의 인종 위계에서 자신의 위치를 이해한다. 적어도 식민 지배자의 관점에서는 그렇다. 백인이 최상위고 그다음은 아시아인, 그다음은 라틴계다. 피부색이 밝을수록 위고 어두울수록 아래다. 최하위가 흑인인지 아메리카 원주민인지는 논란의 여지가 있다. 모범적 소수 민족은 스스로 흑인이 아니라는 데 감사하며, 원주민이 아니라는 사실에 대해서는 거의 생각조차 하지 않는다. 너희는 모범적 소수 민족의 새로운 모델이다. 1975년 리처드 프라이어가 너희를 그 자리에 올려놓는다.

> 백인들도 우리한테 진저리가 나서 새로운 흑인들을 데려왔지.
> 베트남 놈들 말이야. [웃음, 박수] 그래, 데려와 봐,
> 전부 데려와 보라고. 깜둥이들은 신경 안 써,
> 어차피 우리한테 묻지도 않았지만.
> 우리가 개들한테 일자리를 내 줘야 하는데도 말이야.

아메리카™는 항상 새로운 타자를 필요로 한다. 최저가에 노동력을 제공하고, 인종차별을 흡수하고, 충분히 노력하지 않거나 미국이라는 합창단에서 열심히 노래하지 않는 기존의 타자를 욕해 줄 존재를. 프라이어의 언어가 여전히 충격을 주고 말할 수 없는 것들을 건드린다면, 그것은 그가 미국인의 삶에 내재된 근본적이고 외설적인 폭

력과 살인을 묘사할 때 정중한 혹은 검열된 언어에 따르기를 거부하기 때문이리라. 미국에서 살아가려면 항상 타자의 죽음과 그 기억을 떠나 보내야 한다.

하지만 프라이어는 다른 여러 미국인들과 마찬가지로 라오스에 관해서는 모르거나 잊어버렸다. 미국과 동맹을 맺은 므엉족*은 아이와 어른 남성 수만 명이, 어쩌면 4분의 1이 전사했다. 미국은 므엉족의 희생에 그들 대부분을 저버리는 걸로 보답했다.

아메리카™에 무사히 도착한 므엉족들은 감사하다고 느낄까? 므엉족의 죽음과 생존자들이 감사할 것이라는 미국의 기대 중 어느 쪽이 더 외설적일까?

모범적 소수 민족은 성공함으로서 감사를 표현하기도 한다. 그들은 의사, 변호사, 엔지니어가 되어 아메리칸드림™을 증명한다. 그렇다면 경찰은 어떤가?

---

* Mường. 베트남 북부의 소수 민족으로, 인종적으로는 베트남의 다수 민족인 낀족과 가깝지만 자신들만의 자치 구역에서 살았으며, 훗날 북베트남 공산 정권에 맞서서 미군의 손을 잡았다. 공산주의에 대한 므엉족의 반감은 프랑스 식민 지배하에 생겨났다.

경찰관 투 타오는 므엉족 난민의 아들이다. 미니애폴리스의 동료 경찰관인 데릭 쇼빈이 무릎으로 조지 플로이드의 목을 눌러 살해한 9분 29초 동안 그는 뒤돌아서서 망을 본다.

숨을 못 쉬겠어, 플로이드가 말한다.

조지 플로이드가 살해되기 전에도
타네히시 코츠는 이런 글을 썼다.

경찰은 미국이라는 국가의 위력과
미국 역사가 부여하는 영향력을 과시한다.
그들이 매년 훼손하는 신체 중
놀랍도록 많은 수가 흑인일 것이다.

그리고

미국에서는
흑인의 신체를 파괴하는 것이
전통이자 유산이다.

투 타오는 그 유산에 따른 권리를 행사했다. 투 타오의 얼굴이 너를 괴롭힌다. 너와 닮았으면서도 닮지 않은 얼굴. 조지 플로이드의 얼굴이 너와 닮았으면서도 닮지 않았듯이. 아메리카™는 너와 투 타오 가 아시아인, 동남아인, 또는 아시아계 미국인으로서 비슷하게 생겼 다고 말한다. 하지만 그것이 너와 투 타오가 닮았다는 뜻인가?

아시아계 미국인은 2,200만 명이 넘고 미국 인구의 6퍼센트에 이 르지만, 동양의 나라들만큼이나 제각각 다양하다. 너는 학계에 입문 한다. 투 타오는 경찰에 지원한다. 너는 식민 지배자들의 나라에서 왔 고 투 타오는 나라 없는 민족 출신이다. 미국에서 2015년 국민 전체 의 빈곤율은 15.1퍼센트이며 그중 흑인의 빈곤율은 24.1퍼센트다. 므 엉족의 빈곤율은 28.3퍼센트다. 흑인을 대체할 동남아시아 이민자가 있다면 바로 미국의 전쟁과 미국의 복지에 종속된 므엉족일 것이다.

프란츠 파농이 『검은 피부, 하얀 가면』에서
프랑스의 식민 지배에 관해 쓴 내용을 떠올려 보라.

인도차이나 사람들이 반란을 일으킨 것은
그들의 고유문화를 발견했기 때문이 아니다.
한 마디로 여러 면에서
숨 쉬기가 불가능해졌기 때문이다.

조지 플로이드가 살해당했을 때 소셜 미디어에서는
숨 쉬기가 불가능하다는 파농의 표현을 인용한 이들이 있었지만,

그들도 인도차이나 사람들에 관한 부분은 누락시켰다.
파농의 요점은 식민 치하에서는 그 누구도 숨 쉬지 못한다는 것이다. 우리가 이를 깨달아야 다 함께 숨 쉬기 위해 싸울 수 있다.

미니애폴리스에서 투 타오는 리처드 프라이어가 생각 없이 내뱉은 조롱을 들었을까? 캘리포니아에서 들리는 것과 비슷한 인종차별적인 농담을 들었을까? 2006년 열아홉 살 므엉족계 미국인 퐁 리가 총 여덟 발(그중 네 발은 등 뒤에서 쏜 것이었다.)을 맞은 사건을 그는 어떻게 생각할까? 백인으로만 구성된 배심원단은 미니애폴리스 경찰관 제이슨 앤더슨의 살인 혐의에 무죄를 선고했다.

너희 가족은 노동자 계층과 중산층 백인 미국인들 동네에 정착했다. 므엉족은 대체로 타자를 대면할 준비가 되지 않은 빈곤층 흑인 동네에 정착한다. 가난한 사람들이 강제로 한곳에 살게 되면 충돌이 발생하기도 한다. 하지만 앤더슨이 퐁 리를 살해한 이후 흑인 운동가들이 집결한다. 리의 여동생 슈아는 이렇게 말한다.

> 그들은 우리를 위해 가장 크게 목소리를 냈습니다.
> 나타나 달라고 요청받지 않았음에도
> 그냥 나타났습니다.

투 타오가 나타나서 뒤돌아선다.

시인 마이 더 방*은 이렇게 썼다.

네가 하지 않은 일을 감당하며 살아가라.
살아가되 뒤에 남아 있으라.

그리고

누군가의 목에 완력을 가하는 데
한몫 끼어 가담한다는 것은…….

그리고

결코 온전히 받아들여지지 못하고
항상 졸(卒)로 남는다는 것은.

투 타오는 그와 마찬가지로 므엉족이자 미국인인 시인이 그에 관해 말한 내용을 이해할까?

아메리칸드림은 우리를 구원하지 못한다.

---

* Mai Der Vang. 므엉족계 미국 여성 시인으로, 퓰리처 상 시 부문을 수상했다.

아메리카™에서 이런 말은 신성 모독이다. 이민자 난민은 항상 아메리칸드림™을 간구해야 하고 항상 감사해야 한다.

이 나라에 있게 돼서 다행이야
(이 부분은 큰 소리로 말할 것)
흑인이 아니라서, 원주민이 아니라서 다행이야
(이 부분은 혼잣말로 하거나 아예 말하지 말 것).

어린 시절 네가 아메리카 원주민에 관해 아는 건 추수감사절 시기마다 학교에서 배우는 청교도 선조들과 인디언 이야기뿐이었다. 어른이 된 너는 《뉴욕 타임스》 기고문에서 추수감사절을 훈훈한 가족 명절인 동시에 집단 학살을 기념하는 행사로 묘사한다.

이런,
백인들의 추수감사절은
건드리면 안 된다.
위대한 백인 미국인 남성 소설가
F. 스콧 피츠제럴드도
네가 하려고 했던 것과
비슷한 얘길 했지만 말이다.

사람들이 너를 '베트남계' 미국인 작가로 칭하는 이상,

너도 피츠제럴드를 위대한 '백인' 미국인
남성 소설가라고 부를 것이다.
형용사는 모두에게 적용되거나
누구에게도 적용되지 않는 것이어야 한다.

피츠제럴드는 최고의 지성을 판단하는 기준이 두 가지 상충되는 관점을 동시에 고려하면서도 흔들리지 않을 수 있는 능력이라고 말한다. 다시 말해 추수감사절은 즐거운 가족 모임인 동시에 집단 학살에 대한 묵인일 수 있다. 정중한 침묵.

일부 독자는 용납하지 못한다.
어떻게 감히 추수감사절을 정치화할 수 있어!
우리는 청교도들을 도와 준
원주민에게 감사하는 것뿐인데!

하지만 정말로 감사하고 싶다면
원주민에게 땅을 돌려 주면 어떨까?
배상금과 토지세를 지불하면 어떨까?
진실과 화해에 동참하면 어떨까?
아니면 단순히 역사를 기억하면 어떨까?

토미 오렌지의 소설 『데어 데어』의 다음 문장처럼.

1621년, 식민지 주민들은 얼마 전 그들에게 토지를 넘긴 왐파노아그 부족의 추장 마사소이트를 잔치에 초대했다. 마사소이트는 부하 90명과 함께 왔다. 우리는 이를 기념하여 지금도 11월에 다 함께 식사를 한다. 국가적 기념행사다. 하지만 그 식사는 추수가 아니라 토지 거래를 축하하는 행사였다. 이 년 뒤에 또 잔치가 열렸다. 영원한 우정을 표하기 위해서였다. 그날 밤 원주민 200명이 정체불명의 독극물로 사망했다.

희한하게도 추수감사절이 집단 학살과 연관되었음을 부정하는 미국인들은 그다음 날이 되어도 역시나 집단 학살에 관해 이야기하거나 아이들에게 사실을 가르쳐야 한다고 말하지 않는다.

기억하는 것은 우리가 할 수 있는 최소한의 일이다. 하지만 대량 학살을 기억하기란 힘겨운 일이다. 그리고 기억해서는 안 될 뭔가를 기억하는 일은 배은망덕하게 여겨지기도 한다.

베트남인을 포함한 다른 여러 민족과 마찬가지로, 미국인들도 두 가지 상충되는 관점보다는 하나의 신화를 선호한다. 그들은 미국에 온 사람들이 환영에 대한 감사의 표시로 신화를 받아들이고 기억해야 할 것과 잊어야 할 것을 배우기를 기대한다. 하지만 선물을 주는 행위의 너그러움도 감사를 기대하면 의미를 잃는다. 난민 작가 다이나 나예리는 이렇게 썼다.

> 감사는 난민의 내면에 존재하는 사실이기에 강요할 이유가 없다. (…)
> 나의 감사는 개인적이고 거대하지만 (…) 오직 나 자신의 것이다. 더 이상은 내가 구조된 것과 아무 상관없는 시민들을 달래기 위해 감사를 표할 이유가 없다.

자기네 국가의 위대함과 너그러움에 감사를 기대하는 시민 중 일부는 그 국가의 악행에 대해서도 모종의 무지 또는 망각을 기대할 것이다. 배은망덕한 아이인 너는 집단 학살에 관해 전혀 모른다. 미국인들이 엄청나게 사랑하고 세계적으로 유명한 서부 영화들에서 존 웨인이 인디언을 무더기로 죽이는 장면을 보긴 했지만. 프랑스어로 글을 쓴 튀니지 출신 작가 알베르 멤미는 1957년 발표한 고전 『식민 지배자와 피지배자』에 이렇게 적었다.

> 저 유명한 서부의 대서사시는
> 조직적 학살과 매우 흡사하다.

집단 학살은 영화적 오락과 순진무구한 민담으로 둔갑했다. 전 세계 어린이들이 카우보이와 인디언 놀이를 한다는 건 식민 지배 프로파간다가 거둔 가장 큰 승리 중 하나다. 어린 시절 너는 존 웨인과 백인 정착민에 자신을 동일시한다. 독립 선언문에서 원주민(Native People)이라고 부르는 무자비한 인디언 야만족을 죽이는 것이 집단 학살일 수는 없기에.

하지만 식민 지배자와 피지배자라는
아메리카™의 이분법에 따르면
너는 난민인가,
식민 지배자인가,
아니면 피지배자인가?

어쩌면 너는 둘 다일지도 모른다. 이분법이 부적당한 경우도 있다. 베트남에서 너는 식민 지배자인 동시에 피지배자이기도 했다. 1954년 베트남이 분단되자 바와 마를 포함한 베트남 가톨릭교도 80만 명이 CIA의 격려와 베트남 가톨릭 사제들의 인솔하에 미국과 프랑스 선박에 실려 북쪽에서 남쪽으로 이동한다. 남쪽에 온 이들은 베트남 가톨릭교도 대통령 응오딘지엠의 권력 기반을 형성한다. 미국은 지엠을 후원하고 이주 비용을 지원한다.

바와 마의 미국화는 이때 시작된 걸까? 너의 미국화는 중부 고원 지대의 반메투옷에서 태어날 때부터였을까? 원래 그곳에는 몽타냐르족*이 살고 있었다. 너는 고국에서 식민 지배자였기에 다른 식민 지배 국가에 의해 구출될 수 있었던 걸까?

너는 감사해야 하는가?

마는 반메투옷과 그 주변에 몽타냐르족이 살았다고 얘기한 적이 있다. 정말 안타까웠다고. 그들은 너무나도 가난했다고.

가끔씩 부모님에게 반메투옷 생활에 대해 묻긴 했지만, 어쩌다 몽타냐르족 땅에 정착하게 되었는지 물은 적은 없었다. 네가 마침내 이 질문을 던졌을 때 바는 여든여덟 살이다. 그는 이렇게 말한다. 달랏에서 땅뙈기를 받아 농사를 지으려 했지만, 결국 땅을 팔고 반메투옷 시내로 이사해 가게를 열었다고.

식민지화는 항상 땅의 문제다.

지엠 정권은 네가 태어난 중부 고원 지대를 인구가 부족하고 몽타냐르족만 사는 곳으로 여긴다. 프랑스가 인도차이나를 문명화하려고 했을 때처럼, 베트남 가톨릭교도들을 고원 지대에 정착시키면 원

---

* Montagnard. 프랑스 식민 지배자들이 베트남 북부 신간 지역에 사는 소수 민족인 므엉족을 부르는 단어로, '산에 사는 사람들'이라는 뜻이다.

주민을 문명화하는 데 도움이 될 것이다.

    하지만 문명화를 원하지 않는 몽타냐르족도 있다. 이들은 1957년 몽타냐르족(데가르족이라고도 한다)의 4대 부족인 바나르, 자라이, 라데, 카호의 이름을 따서 바자라카(BAJARAKA)를 결성한다. 바자라카는 데가르족 분리 독립 국가를 세우려고 한다. 지엠 정권이 데가르족의 동화(공산주의 정부가 1975년 이후로 지속해 온 정책)라고 부르는 것을 바자라카는

                      집단 학살 프로그램이라고 부른다.

너희 민족이 집단 학살을 저질렀다니 이상한 이야기다.
너희 민족은 스스로를
중국, 프랑스, 일본, 미국 또는
동족에 의한 피해자로 여긴다.
결코 가해자가 아니다.
하지만 바자라카는 이렇게 주장한다.

                지엠은 군대와 탱크로 바자라카를 짓밟고
       그들 민족을 학살했으며 지도자들을 모조리 투옥했다. (…)
           미국 정부는 우리 민족과 베트남인 사이에
              무슨 일이 벌어지는지 알았지만

지엠 정부가 우리 민족과 마을, 문화, 전통 생활 방식을
파괴하지 못하게 막을 생각이 없었다.

식민 지배 위에 세워진 아메리카™는
프랑스와 베트남의 식민 지배를 지원했다.
너는 식민 지배자가 되길 선택하지 않았지만
놀랍게도 그들의 일부가 되었다.

그[지엠]는 우리의 비옥한 농토를 박탈하고 (…)
우리 민족을 바위투성이 땅에 밀어 넣었다.
지엠이 우리 땅에 정착시킨 베트남 난민은
우리의 가재도구와 가축과 농토를 빼앗아 갔다. (…)
그들은 우리가 프랑스에 오염된 민족이라 말했고
그래서 우리를 고문하고 투옥하고 살해했다.

그리고 그 살해를

사고라고 불렀다.

반메투옷이 북군에 점령당한 1975년 3월,
《뉴욕 타임스》는 몽타냐르족의 관점을 지지하며
너희 민족을

외부에서 온 이방인,
간계와 인맥과 때로는 부정직함으로 번성한 자들,
순박한 몽타냐르족을 포위하여 희생시킨 사람들로 묘사했다.

너는 지엠을 영웅시한 베트남인 집단의 일원이다. 아버지뻘이던 한참 손위의 사촌 매형은 1980년대 새너제이의 자기 집 식당에 지엠의 초상화를 걸어 놓았다. 사촌 매형에게 지엠은 (존 F. 케네디가 승인한 1963년의 쿠데타로 인해) 부하들에게 암살당한 순교자이기도 했다.

만약 네가 부온마투옷에 돌아간다면 방탕한 아들이 될까, 아니면 식민 지배자가 될까? 너 자신을 식민 지배자로 칭한다면 식민 지배자 동포들은 너를 배은망덕하다고 하지 않을까?

어쩌면 투 타오의 얼굴이 너를 괴롭히는 건
네가 인정하고 싶은 만큼보다 더 그와 닮았기 때문일지도 모른다.

네가 중부 고원 지대의 역사에 등을 돌린 건
피지배자는 결코 잊지 못하고
잊을 엄두도 못 내는 것을
외면하려 하는 식민 지배자의 속성 때문인지도 모른다.

너와 같은 식민 지배자들은

식민지화가 정말로 성공하더라도
자신이 식민 지배자라는 사실조차 깨닫지 못한다.

그저 감사해야
한다는 것만 알 뿐이다.

백인과 그 밖의 구원자들

미국인들과 함께 싸운 몽타냐르족은 육군 특수부대에서 훈련받았다. 「지옥의 묵시록」에 이어 너는 TV에서 방영한 존 웨인의 1968년 출연작 「그린 베레」를 본다. 몽타냐르족 중에도 「그린 베레」를 본 사람들이 있을지 모른다. 미군 고문들이 그들에게 할리우드 영화를 보여 줬다고 하니 말이다. 미군에겐 안타깝게도 몽타냐르족은 카우보이와 인디언 이야기가 나오면 인디언을 응원했다.

「그린 베레」는 미국 서부극을 베트남에 이식한 영화다. 웨인은 JFK가 베트남에 파견한 그린 베레 대령을 연기한다. 그의 목적은 자유를 사랑하는 선량한 베트남인(바로 너)을 공산주의에 경도된 사악한 베트남인(이 또한 너)으로부터 구하는 것이다. 케네디는 상원의원 시절 인도차이나에 관해 이렇게 말한 적이 있다.

이들은 우리의 후예입니다. (…)
이들이 공산주의, 정치적 무정부 상태, 빈곤 등
생존을 위협하는 난관의 희생양이 된다면

미국은 마땅히 책임을 져야 할 것이며 아시아에서 우리의 위신은 역대 최저로 떨어질 것입니다.

너와 같은 인도차이나 난민이 존 F. 케네디 대통령 도서관 및 박물관에서 연설할 날이 오리라고 JFK 자신은 예측할 수 있었을까? 너는 JFK의 수많은 후예 중 하나로서 그를 명예롭게 할 만반의 준비를 갖추고 그 인상적인 강당에 서서 속삭인다.

안녕, 아빠. 나 왔어요.

결국 너는 「그린 베레」가 히틀러 치하의 독일이나 할리우드에서만 제작할 수 있는 화려하고도 잔혹한 프로파간다 영화임을 깨닫는다. 미국의 고전적 프로파간다 장르인 서부극과 2차 대전 영화에서, 영웅적인 백인 남성은 인디언, 일본인, 독일인이 구현하는 정체불명의 악이나 위험을 정복하기 위해 폭력을 동원한다. 선량한 인디언, 일본인, 독일인은 미국인 백인 남성을 돕거나, 그러지 않는 경우 (때로는 심지어 주인공을 돕더라도) 품위 있게 죽어가는 특혜를 누린다.

마지막 장면에서 존 웨인은 임무를 완수하고 돌아온다. 임무 수행 중 부하 한 사람이 죽었다. 정정당당하게 싸우지 않는 베트콩 야만인들이 고안한 끔찍한 부비트랩에 걸린 것이다. 고인에게는 입양한 베트남인 아들이 있다. 웨인이 양아버지의 죽음을 알리자 또다시 홀로 남은 소년은 울음을 터뜨린다. 웨인은 소년의 머리에 녹색 베레모를 씌워 준다. 그리고 소년과 함께 석양 속으로 걸어가면서 이 모든 게 널 위해서라고 말한다. 태양이 남중국해로 저물어 간다. 사실 남중국해는 베트남 동쪽에 있지만, 미국인들은 콜럼버스가 바하마를 인도로 착각한 이후로 항상 지리에 서툴렀다. 동쪽 바다에서 해가 떠오르면서 새벽이 찾아오는 장면이 더 어울렸겠지만, 할리우드는 베트남 사람들에게 자국에 관한 의견을 구하지 않는다.

소년은 이후로 다시는 등장하지 않는다. 영화에서 소년의 이름은…… 햄 청크(Ham Chunk)다.

햄 청크를 연기한 크레이그 주는 베트남인이 아니지만 너처럼 돼지띠로 태어났다.
주는 텔레비전 영화에 몇 번 출연한 후 마흔여섯 살에 암으로 죽었다.

존 웨인은 마이크 커비 대령을 연기한다. 야만인을 물리치고 백인 동포와 선량한 원주민을 구하는 백인 구원자에게 어울리는 미국식 이름이다. 베트남에 온 미군은 그들의 발사 기지 외부를 '인디언 나라'라고 불렀다. 미국인 식민 지배자의 상상 속에선 모든 원주민이 인디언이다. 1869년 인디언에게 포위된 필립 셰리던 장군은 "좋은 인디언은 죽은 인디언뿐이다"라고 말했다. 너는 좋은 인디언과 백인들을 포위한 나쁜 인디언 역할을 동시에 맡는다. 한 세기 후 미군 병사들은 "좋은 국*은 죽은 국뿐이다"라고 말한다.

훗날 대통령이 된 시어도어 루스벨트는 1886년에 좀 더 관대한 말을 남긴다. "나는 죽은 인디언만이 좋은 인디언이라고 믿진 않지만, 십중팔구는 그렇다고 생각한다."

일부 베트남인들이 백인들에게
자신이 좋은 10퍼센트임을
증명받고 싶어 하는 것도 당연하다.

그런데 국(gook)의 첫 글자는 대문자로 써야 할까?
정말 몰라서 묻는 말이다.**

어떤 한국인들은 미군에게 처음으로 국이라고 불린 것이 자기네라고 주장한다. 자기네가 아메리카™를 '아름다운 나라'라는 뜻의 미국이라고 불렀기 때문이라고. 미군 병사들도 한국인들이 스스로 국이라고 칭하는 것을 들었다. 이후 미국은 한국군 30만 명을 고용해

---

*　gook. 아시아인을 경멸하며 부르는 영어 단어이다.
**　gook이 특정 민족만을 가리키는 고유명사인가, 아니면 모든 동양의 '야만인'을 가리키는 일반명사인가라는 의미이다.

베트남에서 수많은 국을 죽이게 했다. 소설가 한강은 『소년이 온다』에서 이 사실뿐 아니라 한국군이 자국의 광주에서 저지른 민간인 학살에 관해서도 썼다.

> 베트남전에 파견됐던 어느 한국군 소대에 대한 이야기도 들었습니다. 그들은 시골 마을회관에 여자들과 아이들, 노인들을 모아놓고 모두 불태워 죽였다지요. 그런 일들을 전시에 행한 뒤 포상을 받은 사람들이 있었고, 그들 중 일부가 그 기억을 지니고 우리들을 죽이러 온 겁니다. 제주도에서, 관동과 난징에서, 보스니아에서, 모든 신대륙에서 그렇게 했던 것처럼, 유전자에 새겨진 듯 동일한 잔인성으로.

한국인들은 일본인들이 그들에게 저지른 일을 반복한다. 일본인들은 백인 식민 지배자들이 비백인 국가에 행한 일을 모방한다. 이런 비인간성은 매우 인간적인 특성이다. 대영제국이 시크교도와 구르카족을 무장시키고 프랑스가 모로코인과 세네갈인을 인도차이나에 파병한 후 시크교도, 구르카족, 모로코인, 세네갈인은 식민 지배자들과 함께 피지배자 동료들에 맞서 싸웠다.

반메투옷에서는 바와 마의 집에서 방을 빌려 살았던 한국 군인들도 있었다. 너는 그들을 기억하지 못한다. 어쩌면 네가 태어나기 전의 일이었는지도 모른다. 하지만 형은 이렇게 말한다.

난 백인 군인들보다
그쪽이 훨씬 더 무서웠어.
무시무시한 놈들이라고 악명이 높았거든.

한국군의 잔혹성은 한국전쟁에서 입증된 바 있다. 그들은 실제 적군뿐 아니라 적군으로 의심되는 동포도 학살했다. 이 학살을 주도한 이승만을 시인 최돈미는 "미국이 뒷배를 봐준 집단 학살의 천사"라고 불렀다. 그렇다면 광주에서 자국 민간인 학살을 명령한 군부 독재자는 누구였을까? 베트남 전쟁 참전 용사였다.

자기혐오는 피지배자를
지배자보다 더 비열하고 잔인하게 만든다.

자기혐오는 그 자신을 닮은
모든 사람을 향해 표출되게 마련이다.

또 다른 이론에 따르면, 국은 미군이 필리핀인을 부르던 명칭 '구구(goo-goo)'의 변형이다. 필리핀에서 반군과 맞서 싸운 미군 상당수는 미 서부에서 선주민과의 전쟁에 참전했던 고참병이었다. 서부는 태평양을 넘어 더욱 먼 서쪽으로 이동했다. 그리고 마침내 한국과 베트남에서 동양은 서양이 되었다. 그 누가 "동양은 동양이고 서양은 서양이라 절대 서로 만날 수 없다"고 했던가?*

미국을 받아들인 필리핀 사람들은 미국 통치 사십 년 동안 엉클 샘의 작은 갈색 형제가 되었다. '모범적 소수 민족'은 선량한 원주민이자 조력자인 작은 갈색 형제의 또 다른 이름일 뿐이다. 모범적 소수 민족의 역할은 백인에게 구원받고, 백인에게 교육받고, 백인이 그의 책무를 다할 수 있게 거드는 것 —

그리고 피치 못할 상황이라면
(그런 일은 없어야겠지만)
가능성이 극히 희박한
최악의 상황이 닥치면
다음과 같은 세부 조항이 적용된다.

—— 백인 남자(또는 백인 여자)를 위해 죽는 것.

선량하고 모범적인 갈색 형제자매들, 네 베트남 난민 동포들은

---

* 러디어드 키플링의 1889년 시 「동양과 서양의 노래(The Ballad of East and West)」에 등장하는 구절이다.

그리고 어쩌면 너 자신도

제 처지를 잘 안다. 너희는 미국인에게 화낼 엄두를 못 낸다. 미국인들과 한참 떨어진 곳에서 베트남어로 그들이 우리를 저버렸다고 수군댈 때를 제외하고는. 그러니 아프가니스탄 미국 전쟁이 끝나고 마침내 몇몇 베트남 참전 용사들이 영어로 말하기 시작한 것은, 혹은 그들의 목소리가 들리게 된 것은 놀라운 일이다. 사이공 함락과 카불 함락이 완전히 같은 건 아니지만, 참전 용사들은 그 유사성을 분명히 알아본다. 전직 중령인 욱 반 응우옌은 이렇게 말한다.

결국 우리는 배신당했다고 느꼈다.

그가 말하는 것은 1975년에 미국이 남베트남의 방어를 돕지 않았다는 사실이다. 또 다른 참전 용사인 전 해병대 2등 중사 리카이빈은 이렇게 말한다.

나는 이제 미국 시민이다. (…)
그렇지만 우리는 약속을 지켜야 한다.
베트남에서 그 약속은 지켜지지 않았다.

그럼에도 미국의 배신에 대한 비판은 여전히 소극적이다. 너희가 서로를 향해 느끼는 분노와는 다르다. 너희는 서로에게 울화를 터뜨린다. 고향에서는 너희 민족의 절반이 다른 절반과 싸웠지만, 적어도 너희 중 일부는 백인과도 싸웠다. 난로와 해묵은 상처가 남은 고향. 네가 찾아오기를 기대하지 않으면서도 무조건 초대하고, 정말로 찾아가면 차와 파란색 깡통에 담긴 덴마크 버터 쿠키라도 내놓는 고향.

고향은 사람들이 네 이름을 어떻게 부르는지 아는 곳이다.
고향은 사람들이 웃으면서 너를 상처 입히는 곳이다.
고향은 주제넘게 굴었다간 큰코다치는 곳이다.
고향은 내전이 일어나는 곳이다.
고향은 혁명이 일어나는 곳이다.

1980년대 새너제이에서 가장 두려운 범죄는 가택 침입이다. 베트남 갱단이 돈과 금을 숨겨둔 베트남 동포들의 집을 습격한다.

북쪽이 남쪽을 침략하는 것을 뭐라고 불러야 할까? 그것은 누구의 고향인가?

부모님은 모르는 베트남 사람에겐 절대로 문을 열어 주지 말라고 경고한다. 하지만 너는 베트남 갱단이 아기를 담뱃불로 지진다는 이야기를 들어도 무섭지 않다. 부모님이 이미 한 번 너를 구해 줬으니까.

너는 그분들이 또다시 너를 구해 줄 거라고 확신한다.

2부

기억 얼룩은 희끄무레하고 형태 없는 시트에 달라붙어 점점 더 짙어져가고, 구멍은 점점 더 커지다가 경계에 동화되어 그 형태를 잃고 만다. 모든 기억이 그렇다. 전체를 차지해 버린다.

―차학경, 『딕테』

뒤섞인 감정들

너는 첫머리에 독자를 안내할 가계도가 필요한 대작을 싫어한다. 비슷한 목적의 지도가 나오는 책도 싫어한다. 그래도 『반지의 제왕』이나 윌리엄 포크너의 소설 같은 책은 예외다. 중간계와 요크나파토파는 정말로 지도가 필요한 가상의 세계니까.

하지만 음산하고 인구 과잉이고 푹푹 찌는 제2세계와 제3세계 변두리에서 온 이민자나 난민에게는 지도가 필요하다. 그러니까

아시아

아프리카
라틴 아메리카

혹은 한 마디로

세계의 대부분

(에서 온 난민과 국외 이주자들)

── 이들에게는 (세계적으로 소수자인) 서양인 독자를 안내할 가계도와 지도가 필요하다. 세계적으로 다수자인 네가 외국인이라는 전제하에.

외국인이라니, 누구에게?

그런데 네 가계도는 단 한 번도 만나 본 적 없는 조부모님까지만 추적 가능하다. 너는 다른 미국인들과 같은 특권과 사치를 원한다. 자신의 기원에 무지한 채 새롭게 시작할 수 있는 백지 상태를 원한다. 베트남 동포들에겐 뿌리 없는 사람이라고 불릴 수도 있지만, 네 살 때 떠난 나라에 뿌리가 있어 봤자 뭐 하겠는가? 암묵적으로 백인의 나라인 아메리카™에서 백인은 뿌리가 없다는 게 흠이 되지 않는다. 자신의 뿌리가 아메리카™에 있다고 생각하는 사람들에게 가계도는 선택 사항이지만, 그들이 보기에 너의 뿌리는 다른 곳에 있어야 마땅하다.

하지만 너의 뿌리인 베트남 민족, 고국과 너의 관계는 복잡하다. 너는 성인이 되어 박사 학위를 받은 뒤 영국에서 학술 행사에 참석했다가 또래 베트남 학자를 만난 적이 있다. 너는 잡담 삼아 너도 베트남 사람이라고 말한다.

아니라고 상대가 대답한다.

너는 말문이 턱 막혀서 무슨 뜻으로 한 말이냐고 묻지 못한다. 너는 네가 베트남 사람이라고 거짓말을 한 것인가? 너는 베트남 혈통의 미국 국민이 아닌가? 혹은 이름만 베트남 사람일 뿐 정신은 그렇지 않은 것인가?

이를 베트남어로는 멋 곡(Mất gốc)이라고 한다.
영어로는 백인화된(Whitewashed),
껍질만 노랗고 속은 흰 바나나.

너는 네 뿌리에 매달린다. 비록 그것이 바나나 나무처럼 얕게 자란 뿌리일지라도. 부모님이 말하기를 네 외조부모와 친조부모는 하띤(Hà Tĩnh) 지역 출신이며, 네 부모님은 득토(Đức Thọ) 지역의 응이어옌(Nghĩa Yên) 마을에서 태어났다고 한다. 네 혈통은 영원하고 순수하며 진정성 있는 것처럼 보인다. 어릴 때 바가 얼마나 자주 말해주었는지 생각해 보면 더욱 그렇다.

넌 100퍼센트 베트남 사람이야.

이상하네, 넌 중국인처럼 보이는데, 라고 말하는 중국인들도 있다.

하띤은 천 년 동안 베트남을 점령했던 중국과 남쪽으로 겨우 850킬로미터 떨어져 있다. 따라서 그곳의 베트남인들은 분명히 중국인과 통혼했을 것이다.

대학 시절, 네 가족을 아는 친구가
네가 입양되었다는
소문을 들었다고 말한다.
친구는 네 코를 보며 말한다.
그니까. 네 코 좀 봐.
너 혹시 성형수술 했어?

너는 웃지만, 친구가 가고 나서 네 코를 확인해 본다. 잘은 모르지만 모든 베트남인의 코는 아니라도 네가 아는 베트남인들의 코와는 비슷해 보인다. 부모님에게 그 이야기를 하니 아버지는 화를 내며 DNA 검사를 하자고 말한다. 넌 내 아들이야!

하지만 너는 바의 제안을 받아들이지 않는다.

나중에 형이 말한다.
넌 입양아가 아니야. 어떻게 아느냐고?
(…)
엄마는 널 버리지 않았잖아.

너는 또다시 말문이 턱 막힌다.

아마도 형의 말이 옳을 테니까.

네 (입양된) 누나 찌뚜옛은 세계에서 다섯 번째로 가난하지만 세계에서 다섯 번째로 거대한 군사력을 지닌 나라에 홀로 남겨졌다. 1980년대 초 백과사전에서 읽은 내용에 따르면 그렇다. 친척들은 굶주리고 있을 것이다. 네 집에서는 저녁 식사 때마다 음식이 넘쳐나고, 바와 마는 네가 아직 베트남에 있다면 군대에 징집될 거라고 말한다. 캄보디아에서 복무하면 지뢰를 밟고 죽을 수도 있어! 우리가 누리는 행운에 감사해라.

캄보디아에서 무슨 일이 일어나고 있는지 너는 전혀 모른다.
너는 아무 말도 하지 않는다.
바와 마에게 할 말은 거의 없고 하느님에게는 할 말이 전혀 없다.
애들은 말대꾸할 게 아니라 순종해야 한다.

베트남을 떠난 지 십구 년 만에 바와 마가 고향을 방문한다. 너는 초청받지 못했지만 상관없다. 너는 미국에서의 삶과 베트남계 미국인이라는 정체성에 집중하고 있다. 그로부터 팔 년 후, 떠난 지 이십칠 년 만에 고향에 갈 때도 어디까지나 관광객으로서였다. 감정적으로 힘들까 봐 친척들은 만나지 않는다. 너는 글을 쓸 때를 제외하면 정서적 문제를 다루는 데 서툴다. 실제 사람들을 대할 때는 매끄럽고 곧고 혼잡하지 않은 도로와 같은 감정을 선호한다. 너의 수많은 친척들을 실제로 만나기 전에 정찰 여행을 통해 고국의 풍경, 날씨, 사람들, 관습을 확인해 두는 편이 좋을 것이다.

너는 네가 태어난 나라로 돌아가는 것이 온전함으로, 어머니의 자궁과 같은 진정한 고향으로 귀환하는 일이라고 생각하지 않는다. 떤선녓 공항에 내릴 때 감동에 겨워 무릎 꿇고 땅에 입 맞추고 싶어질 거라고 생각하지도 않는다.

> 너는 온전함도
> 진정성도 믿지 않는다.
> 그런 것은 결핍과 비진정성의
> 반대를 필요로 하니까.

뿌리 없고 백인화 되었다고 여겨지는 너는 모든 사람의 마음속 깊은 곳에 어떤 식으로든 결핍이 자리하고 있지 않은지 의심한다. 진정성이 없다고 남들을 비난하는 사람일수록 더더욱 그렇다.

> 불쌍한 녀석! 동양과 서양 사이에서 찢긴 네가
> 문화적 충돌을 극복하고
> 혼란에 빠진 자아를 융합하여

네 안의 구멍에서 온전함을 끄집어낼 수만 있다면!

바로 여기서 소위 소수자가 자신을 소외시키는 정체성 위기의 진부한 묘사가 시작된다. 분열된 자아가 문제라면 해결책도 개인적인 것이어야 한다. 문화적 화해가 필요하다. 다음 중에서 선택해 보자.

A) 백인과 결혼하기
B) 백인이 되려고 노력하기
C) 퓨전 요리 개발하기
D) 동서양 조상의 땅에서 치유를 구하기

이런 해결책은 두 세계를 잇는 다리가 되고자 하는 사람에겐 효과적일 수도 있다. 하지만 정체성 위기가 집단 전체에 대대로 이어지는 건 동양과 서양 사이에서의 분열이 본능적이라서가 아니라, 서양을 동양으로 이끈 식민지화와 정복이 아직도 끝나지 않은 지역들이 있어서다. 설사 식민지화가 끝났더라도 그 여파는 여전히 남아 있다. 특권과 권력의 유혹, 사람들을 가진 자와 못 가진 자로 나누는 방식, 거부하는 사람도 있지만 그보다 훨씬 많은 사람들이 받아들이는 분열을 통해.

너는 미국의 개인주의와 베트남의 집단주의가
네 안에서 전쟁을 벌이고 있기 때문에

정체성 위기를 겪는 게 아니다.

너를 괴롭히는 것은 정치적 위기다. 프랑스가 베트남을 무참하게 식민지화 한 이후 아메리카™, 중국, 소련이 각기 다양한 독립국의 비전을 지닌 베트남 사람들의 내전에 가담하여 너를 비롯한 수백만 명을 디아스포라로 내몰았기 때문이다. 너는 거기서부터 자신을 재구성해야 한다.

개인적인 것이 정치적인 것이긴 하지만, 너의 정치적 위기는 새로운 퓨전 음식이나 다문화 축제, 더욱 진정한 베트남인이나 미국인이 되려는 노력만으로 해결될 수 없다.

식민지화에 대한 해결책은 탈식민지다.

너는 최저가 항공편을 제공하여 빈 자리가 없는 중화항공의 야간 비행기를 타고 공식적으로 자치 독립국이 된 고국에 도착한다. 2002년이다. 미국과 베트남이 국교를 회복한 지 팔 년밖에 지나지 않았다. 미국은 무려 십구 년간 봉쇄와 제재로 베트남과의 전투를 이어 갔다. 떤선녓 공항 활주로에는 아직도 전투기를 보호하는 데 쓰였던 콘크리트 옹벽이 남아 있지만, 미국 전투기들은 이미 오래전에 떠나갔거나 승전국인 베트남에 압류되었다. 공항은 타일 바닥, 플라스틱 좌석, 수많은 창문과 에어컨을 갖춘 상당히 현대적인 공간이다. 비행기에서 내린 승객들이 서둘러 입국 심사장으로 향한다. 연두색 셔츠와 크고 둥근 모자 차림의 공항 직원 중엔 여권에 미국 달러를 끼워 건네면 더 빨리 통과시켜 주는 이들도 있다고 한다. 네가 그러지 않자 직원은 네가 이 나라에서 태어났는지 형식적인 질문을 던진다. 그는 너처럼 해외에서 돌아온 베트남인을 수백 명도 더 보았으리라.

처음 공항을 나선 순간, 그리고 이후로 십이 년간 입국할 때마다, 평생 에어컨에 길들여진 너는 이곳의 더위와 습도에 충격을 받는다. 공항 밖에 서서 가족이나 친구를 기다리는 여러 현지인들 중 그 누구도 기온에 개의치 않는 것 같다. 정장과 긴팔 셔츠, 그 밖에도 갖가지 옷을 껴입었을 프랑스인들이 대체 어떻게 이 나라를 식민 지배 했는지 모르겠다. 티셔츠와 반바지, 발가락이 나오는 샌들 차림으로 몇 시간만 나갔다 와도 땀투성이가 되니, 샤워를 하루에 두세 번씩 해야 한다. 이십칠 년 전에는 이런 기후에 익숙했을 네 몸도 이젠 네 마음만큼이나 변했다. 아무리 자주 찾아와도 더위에 몸이 적응하지 못하는 건 에어컨 없이 살 수 없는 너 자신 탓인지도 모른다.

너는 택시 기사와 요금을 협상하여 사이공 시내로 이동한다. 합리적인 금액 같지만 확신할 수는 없다. 이후 몇 주간의 여정과 재방문을 통해 외국인에게는 더 높은 요금이 부과되기 쉽다는 걸 알게 된다. 사람들은 네가 말하지 않아도 현지인이 아니라 외국인임을 간파하곤 한다. 키가 너무 커서, 피부가 너무 하얘서, 옷차림이 특이해서, 억양은 그럴듯하지만 어휘가 빈약해서. 흥정을 해야 하는 상황은 가급적 피하려고 한다. 망고나 리치 값을 가지고 노점상과 옥신각신하기는 어렵다. 노점상은 십중팔구 여성이고 아무리 더운 날에도 머리부터 발끝까지 가리는 긴팔 옷에 삿갓을 뒤집어쓰고 있다. 흥정을 피할 수 없을 때는 호구 잡히지 않을 정도로만 대충대충 한다.

마는 흥정의 달인이다. 매일 손님과 흥정을 하면서 머릿속으로 빠르게 셈을 할 줄 안다. 너는 어째서 이런 생존 기술을 물려받지 못했을까? 어깨에 멜대를 지고 온종일 걸어 다니는 이곳의 노점상 여성들처럼 마도 고단한 삶을 살았다. 어린 시절 저녁 식사 중에 마가 드물게 옛날 얘기를 꺼낸 적이 있다. 처음 남쪽으로 내려왔을 때는 돈을 벌기 위해 물소 똥을 주워야 했다고.

애한테 뭐 하러 그런 얘길 해?
바가 투덜거린다.

왜 안 돼? 마는 유능하고 자수성가한 타고난 사업가다. 가난한 시골에서 태어나 초등학교도 중퇴한 자신이 이렇게 성공했다는 게 자랑스러울 것이다.

하여간 그런 얘긴 하지 마, 바는 이런 말로 마와 너의 입을 막는다. 마가 교육을 받지 못한 건 부끄러운 일이지만, 너는 그것이 마나 가족 때문이 아니라 마가 자란 사회 탓이라고 믿는다.

　남쪽에서 마는 십 대 청소년이자 새댁이었고, 대대로 살아온 북쪽 마을을 난생처음 떠나온 난민이다. 마는 외가 식구들과 동행했지만, 바는 온 가족을 고향에 두고 홀로 떠나왔다. 같은 나이에 너는 바이런, 셸리, 셰익스피어의 시구가 아름답다는 이유만으로 그들의 시를 외우는 대학생이다. 부모님이 주는 돈으로 공부하며 작가가 되기를 꿈꾼다. 아마도 그래서 흥정할 줄을 모르는 것이리라.

　멍청이로 보이지 않으려면 쎄옴* 운전사들과도 흥정을 해야 한다. 길모퉁이마다 볕에 그을고 너덜너덜한 셔츠와 바지에 발가락이 드러나는 샌들을 신은 남성들이 좁다란 오토바이 좌석에 앉아서 대기하고 있다. 오토바이 택시 요금은 설사 다소 바가지를 쓰더라도 단돈 몇 달러에 지나지 않는다. 베트남은 네가 지금껏 방문한 나라 중 가장 물가가 저렴하다. 식당에서 외식하는 데 몇 달러, 온수와 에어컨이

---

*　xe ôm. 베트남의 가장 대중적인 교통수단인 오토바이 택시를 가리킨다.

있는 편안한 호텔 방에 묵는 데 30달러다. 이런 소규모 가족 경영 호텔의 유일한 단점은 밤에는 현관문이 잠기기 때문에 늦게 들어오면 로비에서 자는 야간 근무자를 깨워야 한다는 것이다.

너는 고급 호텔에 머물거나 고급 레스토랑에서 식사할 생각이 없다. 가장 매운 맛과 가장 토속적인 음식이 있는 식당을 찾는 데 자부심을 느낀다. 눅눅한 식당의 작은 파란색 또는 빨간색 플라스틱 걸상에 앉기를 감수하면 미국의 리틀 사이공 뺨치거나 더 나은 식사를 할 수 있다. 베트남 사람들이 왜 이렇게 작은 걸상과 무릎 높이 테이블을 선호하는지는 알 길이 없다.

저녁 식사 후에는 미국의 댄스 히트곡이 쾅쾅대며 흘러나오는 '아포칼립스 나우', '하트 오브 다크니스'*와 같은 이름의 나이트클럽들을 방문한다. 이런 클럽에 자주 다니면서 정부가 사회악이라고 부르는 활동에 참여하거나 적어도 관찰하다 보니, 클럽마다 불시 단속을 나오는 연두색 옷의 경관을 목격하게 된다. '아포칼립스 나우'를 찾아온 경관들이 댄스 플로어에서 보이는 사무실로 들어서자 음악이 멈추고 조명이 밝아진다. 한동안 시간이 지나고 경관들이 도로 나오는데, 그중 하나는 서류 가방을 들고 있다. 다시 조명이 어두워지고 블랙 아이드 피스의 음악이 흐른다. '하트 오브 다크니스'에서는 경찰

---

* 영화 「지옥의 묵시록」과 그 원작인 소설 『암흑의 심연』의 영어 제목들이다.

이 신분증 없는 현지 여성들을 모두 체포하여 호송차로 연행한다. 경찰은 이들 모두가 성노동자라고 여기지만 그렇지는 않다. 이 불운한 여성들 중 하나는 네가 방을 빌린 현지 가정의 다른 방에 묵고 있다. 집주인 아주머니는 자정을 훨씬 넘겨서야 경찰서에서 그 여성을 데리고 돌아온다.

네가 언젠가 사이공에서 은퇴하게 된다면 바를 열고 양면 간판을 내걸 것이다. 낮에는 '조용한 미국인*', 밤에는 '추한 미국인**'이라는 상호를 쓸 것이다. 둘 다 문학적 암시이지만, 어느 쪽이든 미군 폭탄이 남긴 구덩이를 뜻하는 '크레이터스(Craters)'보다는 나을 것이다. 그것은 라오스 단지 평원 근처의 폰사반에서 네가 실제로 본 바 이름이다. 들어가 보니 손님은 평복 차림의 젊은 미국인 남성들뿐이었다. 라오스 주민 대상으로 의료 지원을 나온 공군 자원봉사자들이다. 네가 공항에서 만난 어느 공군은 라오스 저지대 대부분을 초토화시킨 미국의 폭격 작전에 관해 들어 본 적도 없다고 했다.

이 작전은 '시크릿 워(secret war)'라고 불렸다. 네가 이 작전에 관해 알기 한참 전에

---

* The Quiet American. 영국 소설가 그레이엄 그린이 1955년에 발표한, 베트남을 배경으로 하는 소설이다.
** The Ugly American. 미국 소설가 유진 버딕과 윌리엄 레더가 1958년에 발표한 정치 소설로, 동남아시아에서 미국 외교부가 저지른 실책을 담았다.

재미나게 읽은
1980년대 중반 마블 코믹스의
『시크릿 워』시리즈와 혼동해선 안 된다.

    연둣빛 논이 펼쳐진 베트남 시골은 한가롭고 폭탄의 자취라곤 보이지 않지만, 미국의 불발탄은 라오스와 캄보디아는 물론 이곳 시골에서도 수천 명을 죽이고 불구로 만드는 위험 요소다. 전쟁으로 무너진 후에 황궁* 벽에는 아직도 총알 구멍이 남아 있고, 흐엉강 강가에는 장엄한 황실 묘가 늘어서 있다. 너는 하루 종일 땀을 흘리며 묘역을 둘러본 후 샤워를 하고 선선한 저녁을 즐기러 나간다. 다른 관광객들과 함께 배를 타고 음악가와 가수들의 세레나데를 들으며 검은 강물 위에 떠 있는 종이 등불을 감상한다. 호이안의 새빌로**에선 24시간 내에 값싼 맞춤 정장을 지어 주는 양장점에서 너무 많은 돈을 쓴다. 맞춤 정장 바지는 일 년도 안 되어 올이 나간다.

    너는 호이안을 떠나 외국인 관광객들만 가득한 야간 버스를 타고 낭만적인 황톳빛 저택들이 있는 하노이로 간다. 골목과 상점이 밀집된 구시가지가 매력적이며, 하노이 문묘는 문학을 아는 남성만이 이 나라를 다스리는 관료가 될 수 있었던 옛 시대를 떠올리게 한다.

---

*   順化皇城, Hoàng thành Huế. 1802년부터 1945년까지 베트남을 다스린 응우옌 왕조의 황궁이다.
** Savile Row, 맞춤 양복점들로 유명한 런던의 거리 이름이다.

하롱베이에서 하룻밤을 보내면 낭만적인 정크선의 독실을 빌릴 수 있다. 하롱베이는 1992년 제작된 프랑스의 대작 로맨스 영화 「인도차이나」의 무대이기도 하다. 우아한 카트린 드뇌브가 쪼그리고 앉은 베트남 노예들, 아니, 노동자들을 내려다보며 서 있다. 프랑스에 저항하는 혁명이 일어났음에도 땀 한 방울 흘리지 않는 모습이다. 1992년은 네가 처음으로 베트남에 돌아가 봐야겠다고 생각한 해이기도 하다.(실제로 간 것은 십 년 뒤였지만.) 「인도차이나」와 같은 해에 마르그리트 뒤라스의 소설을 영화화한 「연인」도 개봉했다. 더욱 이국적인 1920년대를 배경으로 하는 이 영화는 낭만과 회한, 우울과 안개로 가득한 프랑스 식민 지배하의 베트남 이미지를 대중화하는 데 한몫했다.

머리칼을 완벽하게 올백으로 넘긴 연상의 부유한 중국인 남성이 열정적인 프랑스 백인 소녀를 유혹한다. 백인처럼 보이지만 알고 보니 베트남 피가 섞인 영국 배우 제인 마치가 소녀를 연기하고, 양가휘는 크레딧에 따르면 다음과 같은 역할을 맡았다.

중국인

뒤라스가 "그는 자신이 중국 사람이라고 말한다(Il dit qu'il est chinois)"고 쓰긴 했지만, 이는 엄밀히 중국인(chinaman)과는 다르다. 게다가 뒤라스는 그를 "우아한 남자(l'homme élégant)"라고 칭하기도 했는데, 중국인보다 훨씬 낫게 들리는 명칭이다.

 하지만 뒤라스가 중국인 연인을 야윈 편이고 그렇게 매력적이진 않다고 묘사한 반면, 제작자는 영화적 허용을 통해 남주인공을 섹시하고 당당한 체격의 양가휘(왕가위 영화의 주연이자 섹시하고 네 아버지 역에도 잘 어울릴 양조위와 혼동하지 말 것)로 변신시켰다. 영화는 우리가 사람, 사물, 장소를 바라보는 방식을 변화시킨다. 베트남에서도 영화를 만들지만 외국에서는 보려는 사람이 드물다. 20세기 말에 미국인과 프랑스인은 영화를 활용해 베트남의 국제적 이미지를 형성한다. 비극적이고 잔혹한 미국 전쟁과 관능적이고 우아한 프랑스 식민지라는 두 가지 영화적 환상 사이에서 나부끼는 베트남의 이미지는 관광객들을 끌어당기며, 너도 예외는 아니다.

 베트남 사람들은 외국인들의 이런 환상에 크게 개의치 않는다. 하지만 관광업이나 역사 박물관의 추모 사업에 종사하는 사람이라면 얘기가 다르다. 이들은 영웅적인 공산당이 프랑스와 미국으로부터 조국을 구해 내고 산업을 통해 경제적 번영으로 이끌었다는 서사를 고집한다.

이 이야기도 상당 부분
진실이기는 하지만,
베트남 정부는 그 이상의 뉘앙스나

다른 이야기를 허용하지 않는다.

네가 보기에 베트남 공산주의의 문제는 그것이 사실 공산주의가 아니라는 점이다. 생산 수단이 인민의 소유가 아니라면 마땅히 그들에게 주어져야 한다. 골치 아픈 아이러니는 베트남에서 공산주의로 간주되는 것이 사실은 일당 독재 자본주의라는 점이다. 프롤레타리아트와 농민은 이곳에서도 아메리카™와 다를 바 없이 무력하다.

베트남 공산주의의 또 다른 미심쩍은 부분은 그것이 정치적으로 상충하는 과거와 현재에 대해 단 하나의 해석만 허용하는 근본주의라는 점이다. 너의 진정한 고향은 언어와 글쓰기이므로, 베트남 정부가 작가에게 자유를 허용하지 않는다면 이 나라를 고향으로 여기기는 불가능하다.

1980년대에 잠깐 그런 때가 있었다. 베트남 정부가 작가들에게 전쟁 중 일어난 일과 그 여파에 관해 진실을, 또는 적어도 진실 중 하나를 담은 책을 내도록 허용했던 때가.

당대 최고의 단편소설 작가로 널리 알려진 응우옌후이티엡은 전후의 절망과 사리사욕을 위해 분투하는 인물들을 통렬하게 그려 낸 『장군의 퇴역과 그 밖의 이야기』를 출간했다.

전쟁 참전 용사이자 전 공산당원인 즈엉투흐엉은 1950년대의 비참한 토지 개혁과 동유럽에 초청 노동자로 파견된 베트남인들 이야기를 다룬 『눈먼 자들의 낙원』과 베트남 전쟁을 다룬 소설 중 두 번째로 손꼽힐 『이름 없는 소설』을 썼다.

네 생각에 이 전쟁을 다룬 최고의 소설은 역시 북군으로 참전하여 간신히 살아남은 바오닌의 『전쟁의 슬픔』이다. 전쟁 문학의 고전인 이 소설은 이상과 환멸, 공포와 후회를 다루며 정신적 상처의 기억을 중심으로 시간과 서사가 되접어 꺾이는데, 너는 훗날 『동조자』에서 이 기법을 차용한다.

괴짜 반골 작가인 응우옌후이티엡은 죽을 때까지 산발적으로 작품을 발표한다. 공산당의 부패를 적나라하게 비판한 즈엉투흐엉은 가택연금에 처해지고 금서 처분을 받은 끝에 파리로 망명한다. 영웅적이고 고귀한 참전 용사의 신화를 파괴한 바오닌은 삼십이 년이 지나서야 두 번째 책을 출간했지만, 영어 번역서만 나왔고 베트남어로는 출간되지 못했다.

오늘날에도 경찰과 정부의 폭력을 폭로하거나 더 많은 자유를 요구하는 작가들이 정부에 의해 투옥된다.

네가 베트남에 살면서 글을 쓴다면 감방에 갇힐 위험을 감수하고 신념에 따르거나, 아니면 침묵해야 할 것이다.

너는 자신이 용감하다는
착각 따윈 하지 않는다.

첫 베트남 귀환 여행의 마지막 날, 너는 사이공 시내의 카페에 앉아 아직은 베트남에서 출간될 수 없을 책을 위한 여행 기록을 남긴다. 택시를 타고 공항으로 가기 위해 장맛비가 멈추기를 기다리는 중이다. 파란색, 노란색, 초록색 야광 비옷을 입은 오토바이 운전자들이 물보라를 가르며 지나간다. 그레이엄 그린이 각본을 쓰고 왕가위가 각색한 영화의 한 장면 같다. 반바지와 티셔츠가 흠씬 젖어 추레한 미국인, 즉 너만 빼면.

고국 방문 기념사진 속의
네 모습은 멋스럽지 못하다.
온통 축축하기만 하다.

공항에서 너는 입국 때의 과정을 거꾸로 밟는다. 더위와 습기, 소란과 교통 체증을 떠나 에어컨이 빵빵하게 가동되고 질서 정연한 터미널로 돌아온다. 현지에서만 구할 수 있는 베트남 사진과 미술 서적을 구입해서 입국 때보다 짐이 늘었고, 초과 수하물 요금을 지불하기 위해 체크인 카운터에서 별도의 데스크까지 짐을 들고 가야 한다. 간신히 출발 시간에 맞춰 탑승구에 도착한 너는 마침내 에어컨이 나오는 비행기 좌석에서 편히 쉬며 더위를 식힐 수 있다는 사실에 안도한다. 진홍색 아오자이를 입은 날씬하고 나긋나긋한 말투의 승무원들은 현대와 전통이 조화를 이루는 베트남의 이상적인 모습을 구현한다. 보잉기가 이륙한다. 창밖을 내다보자 조각보처럼 구획된 논밭이 한 덩어리의 눈부신 녹색으로 흐려져 간다.

  그리고

    어느새

      너는

        또다시

         이곳에 돌아오고 싶다는 생각뿐이다.

그래서…… 진짜 고향이 어디라고요?

네 고향으로 돌아가고 싶다는 마음은 충분히 순수한 것이지만, 2020년에 글로벌 팬데믹이 시작되면서 출신지와 소속의 관념이 복잡해졌다. 전염병은 개인의 신체뿐 아니라 병이 번진 각 국가의 정치적 통일체까지 감염시킨다. 정치적 통일체는 경련하고 몸부림치며 기억해 낸다.

서양의 정치적 통일체는
아시아인의 침략에 대한 공포를 일깨운다.

아메리카™에서 아시아인의 악마화는 전염병을 '중국 바이러스'라고 부르는 ■■■ 대통령으로부터 시작된다.

■■■는 아메리카™의 시초부터 도사려 왔던 유해하고 무지한 백인 민족주의의 슈퍼 전파자 역할을 즐긴다. 백인 민족주의는 열 받고 겁먹은 백인 남성들의 손에 들린 총을 통해 계속 살인을 저지른다. 노예 해방론 학자 루스 윌슨 길모어는 인종주의를 다음과 같이

정의한다.

때 이른 죽음에 대한 집단적으로 차별화된 취약성을
국가가 승인하거나 초법적으로
조장하고 착취하는 것

이런 상태는 전쟁과 제재, 경찰의 폭력과 감금, 착취와 차별, 거시적 및 미시적 공격, 그리고 전염병을 비롯한 질병의 희생자가 되는 것으로 확인된다.

백인 민족주의는 미국의 지배적인 정체성이며 수세기에 걸쳐 지속되어 왔지만, 백인이 모든 것을 지배할 때 (백인) 민족주의는 ( ) 민족주의로 변질된다. 이 ( ) 민족주의는

인종적 타자를
악마화할
뿐 아니라
여성을
종속시키고
성을 규제하며
퀴어를
정죄하기 때문에

유색인종,
페미니스트,
퀴어와
싸우게 되는데

그런 상황에서 본색을 드러내어
정치적 통일체를
선동하고, 눈에 띄게
노골적으로
백인화 된다.

■■■의 추종자 중에 여성, 라틴계, 아시아인, 심지어 일부 흑인도 있다는 사실은 여성과 비백인이 백인 이성애자 남성성에 동조하여 더 피부색이 짙고, 더 여성화되고, 더 쉽게 낙인찍히는 이들을 지목함으로써 스스로를 백인 민족주의로부터 보호하는 동시에 백인(남성)의 몫 일부를 얻으려 할 수 있다는 의미다.

강자의 편에 서서 약자를 바이러스 위협의 표적으로 삼는 것은 인간적인, 지극히 인간적인 행동이다. ■■■는 멕시코인을 마약 거래상이자 강간범으로 매도하며 대선 캠페인을 시작했고, 그다음에는 무슬림이 테러와 외래 종교를 들여온다고 비난했으며, 이제는 전염병을 빌미로 중국인을 공격하고 있다.

서양은 오랫동안 중국인을 전염병의 근원으로 여기며 두려워해 왔다. 19세기에 미국 여러 지역에서는 차이나타운을 질병의 온상 취급하며 불태웠다. 새너제이의 차이나타운은 1887년에 소각되었다. 현재 그 자리에는 너도 묵은 적 있는 고급스러운 페어먼트 호텔이 서 있다. 1980년대에 재개발된 다운타운의 새로운 랜드마크가 된 이 호텔은 사이곤 머이에서 몇 블록 떨어져 있었다. 너는 고등학생 때 교내 신문에 이 건물을 다룬 기사를 썼다.

네 글에 차이나타운은 언급되지 않았다.
아시아인 침략자인 네가
차이나타운이 있었다는 사실도 몰랐기 때문이다.

호텔 건설업자이자 역사에 무지한 ▇▇는 중국 바이러스를 쿵 플루(Kung Flu)라고 부른다.

세인트 패트릭의 몇몇 동급생들은
"너 성이 남(Nam)이야?"라고 묻는 게
재밌다고 생각한다.
트럼프의 조롱도 같은 맥락이다.

중국 바이러스 혹은 쿵 플루는 중국인을 겨냥한 조롱이지만, 어떤 사람들에게 아시아인은 다 똑같아 보인다. 아메리카™, 캐나다, 호주,

독일, 프랑스 등 전 세계에서 반아시아 폭력이 급증한다.

아시아계 프랑스인들은 #나는바이러스가아니다(JeNeSuisPasUnVirus)라고 선언한다.

아메리카™에서는 한 여성이 자기 집 현관에서 염산을 맞는다. 아버지와 아들이 칼에 맞아 크게 다친다. 많은 사람들이 '중국 바이러스' 또는 '짱깨 바이러스'라고 불리거나 중국으로 돌아가라는 말을 듣는다. 아시아인이라는 이유로 침을 맞은 사람들은 집을 나설 엄두를 내질 못한다.

우리에게 코로나 바이러스는 없다고
캐시 박 홍은 적었다.
우리가 코로나 바이러스다.

일부 아시아계 미국인들은 코로나 바이러스 취급을 받고 경악한다. 너희 중 일부는 자신이 바이러스 단계를 넘어섰다고 생각했다. 아시아인 침략 이후 거의 삼십 년 만에 출신 고등학교로 초청받아 학생 1,600명 앞에서 강연하면서, 너는 너와 같은 아이들이 얼마나 많은지 깨닫는다. 모범적 소수 민족, 바람직한 동급생, 호감 가는 이웃, 위협적이지 않은 유색인종.

정말 그런가?

고등학생 시절 백인 동급생이 네게 말한다. 자기가 사는 새너제이 남서쪽 교외 새러토가에서는 1980년대에 아시아인들이 들어오자 백인들이 떠나기 시작했다고.

강연이 끝난 후 너는 몇몇 아시아계 미국인 학생과 대화한다. 그들은 스스로 이방인이라 느끼며, 무슬림이거나 피부색이 짙을수록 (혹은 그렇게 간주될수록) 더욱 그랬다. 네가 청소년이었을 때 너를 이방인으로 만드는 요소를 부끄러워하거나 심지어 창피해하게 된 것과 똑같다. 네 식생활, 말투, 옷차림, 냄새, 그리고

네 부모님도.

하지만 이런 것들은 사소한 감정(minor feeling)이었다. 반아시아 정서가 중요한 감정(major feeling)의 저수지로 남아 있을 때 사소한 감정의 무게는 얼마나 가볍겠는가?

반아시아 인종주의는 아시아인이 비아시아 국가에서 몇 세대를 살았든 간에 아시아에 속한다고 규정한다. 너는 아시아인 침략자로 취급받지만 막상 이곳엔 아시아인이 그리 많지 않다. 사람들이 '중국 바이러스' '쿵 플루' 운운하거나 '어디서 왔어요?' 같은 진부한 질문

을 자제할 정도로는 말이다.

어디서 왔어요?

비아시아 국가에서
아시아계에게
이렇게 묻는 것은
무고한 질문이 아니라
좋게 보더라도 무지한 질문이고,
최악의 경우 악의적인 질문이다.

하지만 정말로 어디서 왔느냐고요?

백인이 지배하는 나라에서
이런 질문을 받은
백인이 존재할까?

억양이 독특한 백인이라면 그럴 수도 있다. 하지만 아시아계는 심지어 영어, 프랑스어, 독일어를 유창하게 구사해도 이런 질문을 받곤 한다. 상대가 외국인이라고 가정하는 것은 상대를 비난하기 위한 첫 단계다.

비아시아 국가의 사회적 병폐를 아시아인 탓으로 돌리는 것은 19세기까지 거슬러 올라간다. 적어도 아메리카 대륙에서는 그렇다. 대륙 횡단 철도 건설이 끝나면서 중국인 노동자의 효용성이 떨어지자 정치인, 언론인, 실업계 거물들은 중국인들을 악마화했다. 그들과의 경쟁에서 위협을 느낀 백인 노동자들을 달래기 위해서였다.

1911년 멕시코 토레온에서 현지 폭도들이
멕시코인 300여 명을 살해한다.
피해자 대부분이 중국계고 일부는 일본계다.

아메리카™의 백인 폭도들도 중국계 이민자들을 린치하고 많은 지역에서 몰아낸다. 1871년 로스앤젤레스 시내, 지금 네가 사는 집과 멀지 않은 곳에서 수백 명의 군중이 중국인 아이와 어른 남성 18명을 살해한다. 1875년 미국 의회는 중국인 여성의 입국을 막기 위한 페이지법(The Page Act)을 통과시킨다. 반중 감정이 절정에 달한 1882년에는 미국 최초의 인종차별 이민법인 중국인 배제법이 통과된다. 중국인은 미국 역사 최초의 불법 혹은 미등록 이민자가 된다.

법 자체가 부당할 때
불법이란 무슨 의미일까?

미국 역사 내내 똑같은 악순환이 반복된다. 대규모 산업이 값싼 아시아 노동력에 의존하고, 백인 노동자 계급이 위협당하고, 인종차별을 선동하는 정치인과 언론이 그들의 두려움을 부추겨 아시아인의 재난을 초래한다.

중국인 노동자를 대체한
일본인이 눈에 거슬려서
일본인 이민도 중단시킨
1907년의 신사협정

일본인을 대체한
필리핀 노동자를 겨냥하여
20세기 초에 만연한 구타와
'개와 필리핀 사람 출입 금지' 간판

일본계 미국인의 재산을 백인 이웃들이
어처구니없이 낮은 가격에
매입(강탈)할 수 있게 한
1942년부터 1945년까지의
일본계 미국인 구류

텍사스의 베트남인
어부들을 노린

1980년대 KKK단의 공격

흑인과 갈색인 동네에서
주류 판매점과 기타 상점을 운영한
한국 지식인 이민자들이
1992년 LA 폭동 당시
경찰서가 코리아타운을 봉쇄하고
불타도록 방치했을 때 느낀
사회적 굴욕 —

폭동은 존재를 인정받지 못하는 자들의 언어라고 마틴 루서 킹 주니어는 말했다.

미국인들은 그들의 아메리칸드림™을 실현하기 위해 중국을 비롯한 아시아 국가에서 생산되는 값싼 상품에 의존하면서도, 한편으로 자기네 일자리가 사라지는 것을 중국인이나 중국인을 닮은 사람들 탓으로 돌린다.

        또 하나의 미국인이
        _____ 때문에
        사업을 접다

공포에 빠진 미국인들과 그들을 겁주려는 사람들은 항상 이런 이야기를 들먹여 왔다. 하지만 그들은 기본적인 사실을 잘못 이해하고 있다.

아메리카™는
다른 사업을 몰아내는
사업을 바탕으로 세워졌다.

바와 마는 이런 자본주의적 생애 주기에 익숙하다. 1970년대와 1980년대에 황폐해진 새너제이 시내에서 새로운 사업을 시작하려는 사람은 바와 마 같은 이들 말고는 없었다. 일자리를 다른 나라로 옮기고, 노동자를 희생시켜 이윤을 극대화하고, 노동 인력에 전혀 신경 쓰지 않는 기업과 경제 특권층을 지목하기보다는 이민자나 외국이나 정치인을 비난하는 게 훨씬 쉽다.

자본주의를 비판하기보다는
인종차별주의자가 되는 게
훨씬 쉽다.

너무 많은 아시아계 미국인들이 스스로를 증명하는 데서 해결책을 찾으려 한다. 네가 미국인임을 증명하라. 네 인간성을 증명하라. 성조기로 몸을 감싸고, 위기에 처한 백인 이웃과 동료 시민에게 기부하고, 이 나라의 전쟁에 나가서 싸우다 죽어라. 가족이 강제수용소에 수감된 동안에도 2차 대전에 나간 일본계 미국인 군인들처럼.

용기와 훈장, 피와 죽음, 이 모두가 증명할 필요가 없는 것을 증명하기 위한 것이다. 언론인들에게, 킥킥거리고 비웃고 깔깔대고 콧방귀 뀌고 코웃음 치며 이렇게 말하는 수백만 명의 사람들에게, 어른들의 말을 따라하는 그들의 아이들에게 —

왜놈

쪽발이

짱깨

개 먹는 놈

뱁새눈

쿵 플루

중국 바이러스

너 쿵푸 할 줄 알아?

근본 없는 망할 동양인

네 고향으로 돌아가

UCLA, 아시아인들 속에서 길 잃은 백인들의 대학(University of Caucasians Lost among Asians)

영어 진짜 잘하네

나 오래오래 사랑해(Me love you long time)

싫으면 나가든가

칭챙총

되놈

국

떠내려가다

너는 이런 비속어를 텔레비전, 라디오, 동급생들의 일상적인 인종차별에서 배우기도 한다. 하지만 공공 도서관의 책에서도 배울 수 있다. 웨스트 샌카를로스가에는 마틴 루서 킹 주니어의 이름을 딴 거대한 흰색 정육면체 형태의 도서관이 있다. 바는 토요일 아침마다 너를 도서관 앞에 내려 주고, 너는 다른 독서광들과 함께 도서관 문이 열리기를 기다린다. 바와 마는 도서관이 어떤 곳인지 잘 모르지만 그럼에도 네게는 안전한 장소라고 생각할 것이다. 너는 형과 네가 가져다 놓은 교과서와 도서관 책 말고는 책이랄 게 없는 가정에서 자랐다. 부모님이 독실한 신앙인임에도 무슨 언어 판이든 성서조차 한 권 없다. 베트남어 신문과 잡지, 교회 소식지만 있을 뿐이다. 너는 가끔씩 거실에 들어갔다가 돋보기를 끼고 신문과 잡지를 읽는 어머니와 마주친다. 어머니는 베트남어만 읽는다. 천천히 큰 소리로.

책을 읽는 네 모습을 바와 마는 어떻게 생각할까.

너는 매주 배낭 가득 책을 빌려 와서 한 권 한 권 열심히 읽어 치운다. 영어에 능숙해질수록 바와 마로부터는 멀어진다. 수십 년 후에야 너 자신이 그러길 원했을지도 모른다는 생각이 든다. 너는 바와 마와 더 가까워지고 싶지만 그들은 일하느라 너무 바쁘고 네게 할 말도 거의 없다. 그들은 너를 도서관의 보살핌에 맡기지만 도서관이 널 빼앗아 가리라는 걸 깨닫지 못한다. 그들이 눈치 챌 때쯤 넌 이미 문학의, 책의, 영어의 포로가 되었다.

네 입에 어색한 베트남어로는 아무것도 읽을 수 없다. 물론 읽지도 않을 것이다.

베트남어는 네 모국어이지만
너는 어머니와 거의 대화하지 않는다.
베트남어는 네 제1언어이지만
너는 기억이 생기기 전에 떠났다.
영어는 제2언어이지만
너는 이미 그것을 원어민처럼 구사한다.

현실 세계가 집, 학교, 교회, 사이곤 머이로 한정된다면, 도서관은 그 자체로 무한한 세계다. 너는 세계의 이쪽에서 저쪽으로 횡단하여 난민이 된다. 영어 속에서, 이야기가 제공하는 끝없는 여정에서 너의 자리를 찾는다. 창문에 쇠창살이 쳐진 집으로부터의 자유. 책 사이에는 국경선이 없고, 호기심 많은 어린아이가 위험한 단어를 건드렸다가 다치지 않도록 막아 줄 경비병도 없다.

너는 미국인 저격수 맥 볼란이 등장하는 『집행자』 시리즈를 평생 잊지 못한다. 볼란이 베트남에서 복무하는 중에 그의 십 대 여동생이 마피아에 의해 매춘으로 내몰리고, 결국 아버지는 온 가족을 죽이고 자살한다. 볼란은 복수하기 위해 돌아와 마피아를 감시하는 한편, 마피아를 위해 일하는 여성과 관계를 맺는다. 스타카토처럼 탁탁 끊기는 단문에서 빠르게 딸각이는 타자기 자판 소리가 들릴 듯하다.

너는 잠시 독서를 멈추고
자기 방에서 쉬고 있는 고등학생 형에게 간다.
반쯤 벗은 빨간 머리 여자의 목에 칼을 댄 마피아와
두 사람에게 소총을 겨눈 볼란이 표지에 그려진
문고판 단행본을 흔들며
매춘부(prostitute)가 뭐냐고 묻는다.
신교도(protestant) 같은 거야?

형은 한참 동안
아무 말도 없이
자기가 읽던 책만 쳐다 본다.

그러다 마침내
사전을 찾아보라고 대꾸한다.

도서관에서 너는 영어에 입양된다.
마음속에서는 이미 모국어로 느껴진다.
너는 이미 집이 있음에도
도서관에서 집을 찾는다.

알렉스 포트노이도 자기 집에서 불편함을 느낀다. 그는 필립 로스의 1969년 소설 『포트노이의 불평』의 주인공이다. 아마 너도 로스의 명성을 알고 있었을 것이다. 십 대 초에 재미로 《새너제이 머큐리》 서평란을 읽었고, 형에게 물려받은 윌리엄 로즈 베넷의 『독서가를 위한 백과사전』도 재미있게 읽었으니까. 너는 더 많은 재미를 원하면서도, 그것 대신 문학사와 중요하다고 여겨지는 것에 대한 감각을 키웠다. 로스는 중요하고 위대한 미국 소설가이며, 실제로 『위대한 미국 소설가』라는 제목의 책을 쓰기도 했다.

자국명이 들어간 책 제목에
이토록 민감한 나라가 지구상에 또 있을까?
로스도 『미국의 목가』를 썼고,
그 밖에도 『아메리칸 갓』, 『아메리칸 사이코』,
『아메리칸 워』, 『아메리칸 타블로이드』, 『아메리칸 스파이』,

『아메리칸 러스트』,『아메리칸 선』등 끝이 없다.
『퍼플 아메리카』,『아메리카나』,『베트남메리카』,
『아메리카(Amerika)』같은 변화형도 있다.
너도 언젠가는『아메리칸 아메리카』라는 제목의
그렇게 위대하진 않은 미국 소설을 쓰게 될지 모른다.

너는 로스의 첫 장편소설『굿바이 콜럼버스』를 몇 페이지 읽고, 리처드 벤저민과 알리 맥그로가 출연한 영화도 텔레비전으로 대충 본다. 이십오 년 전에 로스가 묘사한 유대인의 세계는 네가 아는 베트남인의 세계와 공명한다. 미국화 했지만 백인들의 규범에서 인종적 차이를 느끼고, 부모와 공동체의 기이함을 인식하며, 입 밖에 꺼내기 어려운 역사가 자신의 가정에 드리운 그림자를 직관적으로 이해하는 어린아이의 눈으로 본 세계.

로스의 책에 등장하는 유대인은 (네 기억에 따르면) 백인 앵글로색슨 신교도의 기준으로는 약간 시끄럽고 다소 무례하다.

네가 아는 백인들은 가톨릭교도이지만
뉴스, TV, 영화는 네게
앵글로색슨 신교도의 이상을 심어 준다.

로스의 유대인들은 사회적으로 출세하고 교외로 이사하기를 지향하면서도 뿌리를 잃고 백인 사회에 온전히 동화될까 봐 불안해한다. 그들의 자녀 세대는 더욱 그렇다. 베트남 출신 난민들과 비슷한 상황이다.

하지만 솔직히 네가 수십 년 뒤에도 기억하는 내용은 사춘기인 알렉스 포트노이가 집 냉장고에서 꺼낸 간 덩어리로 자위를 하고 더럽혀진 고기를 그날 저녁 가족들이 먹을 수 있게 도로 넣어 두었다는 것뿐이다.

역겨워!
누가 저녁 식사로 간을 먹는대?

네 가족도 먹는다! 하지만 너는 아직 자위를 해 본 적이 없기에 그 장면이 웃기면서도 기괴하고 혼란스럽다. 초등학교 6학년 교실 책장에 있는 주디 블룸의 책을 읽을 때도 똑같은 당황스러움이 너를 사로잡는다. 네가 기억하는 내용은 사춘기 남자아이가 '발기'하고서 제풀에 당황했다는 것뿐이다. 너는 발기가 뭔지 전혀 모른다. 5학년 때 동급생 여자아이가 말한 '자지'라는 단어도 너는 들어 본 적이 없다. 베트남 가톨릭교도 가정에서 자란 네게 성이나 그와 관련된 생물학 용어는 입에 담을 수 없는 말이다.

네가 아직 사춘기에 이르기 전의 어느 날이다. 세인트 패트릭 동급생 둘과 함께 걸어서 하교하는데, 그중 하나가 제 아버지가 모아 둔 《플레이보이》와 《펜트하우스》를 보여 주겠다고 한다. 너로서는 난생처음 보는 물건이다. 잡지 속 사진들과 센터폴드*를 살피던 세 아이는 혼란스러워진다. 한 사진에는 벌거벗은 쌍둥이가 서로의 해부학 구조를 비교한다는 설명이 붙어 있다. '해부학'은 음란한 단어인가? 얼마 지나지 않아 물개에 관한 동화책에서 '해부학'이라는 단어를 보게 되자 더욱 혼란스럽다. 차마 그 단어를 사전에서 찾아 볼 수도 없다.

도서관에서는 《플레이보이》나 《펜트하우스》를 찾을 수 없지만, 그 책들도 이야기와 상상력의 넓은 무지개 어딘가에 존재한다. 무지개의 한쪽 끝은 하늘에 닿아 있고, 다른 한쪽 끝은 진흙투성이 땅에 처박혀 있다. 『포트노이의 불평』은 정제된 예술 작품이지만, 그 책의 에너지는 외설물을, 그 놀라운 언어와 세계를 탐구하고자 하는 로스의 의지에서 온 것이다. 네 기억과 사타구니 속에서 불타는 외설스러움이 책에서 배운 또 다른 놀라운 단어들을 써 보도록 종용한다.

너는 미국 해병의 인상적인 전쟁 회고록 『애도의 영광』을 통해 또 다른 단어를 알게 된다. 전쟁 서가를 둘러보다가 우연히 발견한 책이다. 에스컬레이터로 도서관 2층에 올라가면 전쟁 서가가 있다. 이 구

---

* centerfold. 잡지 페이지 중에 접혀 있으며 길게 펼쳐 볼 수 있는 화보, 도색 잡지의 경우 대체로 여성의 나체 사진이 실린다.

역에서 어린 아이는 너뿐이다. 해병이 베트남 매춘부와 성관계를 가진 후 자신의 정자를 여자의 배꼽에 쏜다. '정자'가 뭐지? 남자는 정자를 여자 배꼽에 쏴야 하나? 여자가 배꼽을 통해 임신할 수 있나? 수십 년 후 너는 그 책을 찾아 문제의 단락을 다시 읽다가 해병이 절정에 이르기 직전의 내용이 네 기억에서 지워졌음을 깨닫는다.

    나는 바닥에 손을 뻗어 장전된 45구경을 집어 들었다.
                공이치기를 뒤로 젖히고
        벌어진 총구를 여자의 관자놀이에 겨눴다.

바와 마에게는 네가 이 책을 읽는 게 더 충격적일까, 네가 위대한 아메리카에서 생명에 위태로운 짓을 한다는 게 더 충격적일까? 이런 책을 읽는 건 가톨릭교도로서 네 생명을 위태롭게 하는 짓이니까. 너의 순결이 침해당하고 너의 정신이 오염된다. 섹스는 혼란스럽다. 전쟁은 혼란스럽다. 베트남도 혼란스럽다. 문제는 미국인들이 베트남이라는 단어를 하나의 국가가 아니라 전쟁이라는 의미로 쓴다는 것이다. 미국식 속기법이자 전 세계가 공유하는 기준이다.

        몇 년 후인 1998년, 아메리카™의 정관(精管)이자
        무기력한 백인들 또는 그에 동일시 하는
        정치적 통일체를 위한 인간 비아그라인
            미래의 대통령 ■■■는

자신의 과도한 성생활을 이렇게 설명한다. "그건 베트남입니다. 아주 위험하니까 아주아주 조심해야죠."

열네 살 때 너는 버스로 도시의 저쪽 끝까지 가서 몇몇 친구(사실 네겐 그들 외에 다른 친구가 없다)를 만난다. 1985년경 극장 개봉한 세계적인 블록버스터 「람보: 퍼스트 블러드 2」를 관람하기 위해서다. 언제나 반쯤 벌거벗고 있는 실베스터 스탤론이 미국인 참전 용사 람보를 연기한다. 그는 베트남 공산주의자에게 포로로 잡힌 미군을 구출하러 돌아온다. 미국인들의 상상 속에 아무런 근거도 없이 영원한 신화로 남아 있는 이야기다. 코(Co)라는 이름의 아름다운 베트남 혼혈 여성이 람보를 돕는다.

코(원래 Cô라고 써야 한다)는 '이모' 또는 '아주머니'를 뜻한다. 중국계인 줄리아 닉슨이 코를 연기한다.

람보를 사랑한 코는 사악한 공산주의자 장교가 매복하고 있다가 쏜 총에 맞아 람보 대신 죽는다. 람보는 분노로 절규하며 AK-47 소총으로 장교의 분대를 전멸시킨다.

너는 이에 관해 따지고 들지 않는다.
동양인 동료와 연인은 항상
백인 구원자를 위해 죽게 마련이니까.

백인 구원자가 베트남 빨갱이들을 쓸어 버리는 내용이 아시아인 침략자인 네겐 살짝 불편하게 느껴지지만, 그래도 너는 영화를 즐긴다. 성인이 되어 영화를 다시 보니, 정글 한가운데서도 아오자이를 입고, 찐득한 습기에도 완벽한 분장과 머리 모양을 하고, 촉촉한 립스틱을 반짝이며 살짝 특이한 억양의 영어로 유언을 남기는 여배우가 새삼 눈에 밟힌다.

람… 보… 당신… 날… 잊지… 않을 거죠?

코는 람보의 품속에서 눈을 감는다. 고개를 뒤로 젖히고 입을 벌리며 몸서리치는 신음 소리를 낸다. 두 사람의 포즈는 죽음보다도 오르가슴의 순간에 가까워 보인다.

이 영화는 태국 난민촌의 므엉족 난민들을 위해서도 상영된다. 어느 (전) 난민은 네게 보낸 편지에 부모님이 지금까지도 계속 이 영화를 본다고 쓴다. 왜냐면

등장인물들이 우리와 얼굴이 닮았기 때문이죠.

성인이 되고 보니 「람보」가 우리에게 백인 구원자에 대한 사랑을 주입하는 데 일조했다고 말할 수 있겠네요.

이것은 장거리 미국화다. 너의 미국화는 근거리에서 개인적으로 이루어진다. 1989년에 큰이모의 손주인 십 대 청소년들이 베트남에서 아메리카™로 이민을 온다. 너는 억지로 들어간 남부 캘리포니아의 대학교에 다니며 형이 물려준 뷰익 스카이라크 쿠페를 몬다. 걔들 좀 데리고 놀러 나가 줄래? 마가 네게 부탁한다.

아이들의 영어는 네 베트남어만큼 서툴다. 하지만 영화관에선 많은 말이 필요하지 않다. 너는 그들의 미국 영화관 첫 경험을 위해 브라이언 드 팔마의 「전쟁의 사상자들」을 선택한다.

마이클 J. 폭스가 연기하는 군인은 이상주의적 인물이지만 젊은 베트남 여성을 집단 강간 살해하는 숀 펜의 부대를 막진 못한다. 여성은 강간당하고 칼에 찔려 강이 내려다보이는 선로 위에 버려지지만 아직 죽지 않았다. 그는 일어나 황망하게 비틀거리며 선로를 따라 걸어온다. 자신을 내버린 군인들을 향해, 자신이 흘린 피가 흥건한 옷을 입은 채로. 쏴! 펜이 소리친다. 쏴 버려! 병사들은 잠시 망설이지만 순순히 따른다. 카메라가 M60 기관총과 두 대의 M16 자동소총, 권총의 십자 포화에 휩싸인 여성의 얼굴과 몸에 초점을 맞춘다. 총탄 여러 발을 맞은 여성의 몸이 움찔거린다. 여성은 비명을 지르다가 슬로모션으로 선로에서 떨어진다. 폭스가 선로에서 내려다보자 온몸이 부러져 강가 바위 턱에 떨어진 여성의 시신이 보인다. 팔다리가 비정상적인 각도로 꺾이고 얼굴은 피로 얼룩져 있다.

강간 살해당하고,
욕망당하고 대상화되며,
노예인 동시에 부역자이고,
침묵당하고 비명 지르는,
서양의 상상 속
아시아 여성의 운명은
바로 네 운명이기도 하다.

이 강간 살인 장면은 1966년에 일어난 스물한 살 판티마오의 죽음을 바탕으로 한다. 판티마오를 연기한 투이 투 래는 너와 마찬가지로 캘리포니아 버클리 대학교를 졸업했다. 트위티 버드라는 별명이 있고 키가 5피트 6인치인 투이 투 래는 이후로 어떤 영화에도 출연하지 않았다. 판티마오의 정확한 표기법은 Phan Thị Mạo 또는 Phan Thị Māo이겠지만 베트남어 인터넷에서는 그에 관한 정보를 찾을 수 없다.

판티마오를 강간 살해한 백인 및 라틴계 군인들은 스무 살에서 스물두 살로, 네 강의를 듣는 대학생들 또래다. 그중 일부는 베트남 전쟁의 기억에 관한 수업에 군복 차림으로 들어온다. 이라크나 아프가니스탄에서 참전하고 돌아왔거나 육군, 해군, 공군, 해병대 장교가 되려고 준비 중인 학생들이다. 너는 그들이 네 수업에서 무엇을 기억할지 궁금하다.

판티마오 강간 살인범들이 받은 징역형은 최장 팔 년이며, 그중 사년만 살면 가석방 자격이 주어진다.

영화가 끝나도 너와 네 사촌들은 그에 관해 아무 말도 하지 않는다. 아메리카™에 온 걸 환영한다.

판티마오가 죽는 장면은 수십 년이 지나도록 네 머릿속에 남는다. 「지옥의 묵시록」에서 가족이 학살당하는 장면, 「플래툰」에서 어머니의 머리에 총을 쏘는 미군 하사관, 「디어 헌터」에서 로버트 드니로와 크리스토퍼 워큰을 저주와 욕설로 위협하며 러시안 룰렛을 강요하는 사악한 베트콩 고문 기술자들과 함께. 네가 난민 시절을 잊으려고 애썼지만 실패했듯이, 아메리카™도 너와 함께한 전쟁을 잊으려고 애썼지만 실패했다. 하지만 잊지 않았어도 너는 완전히 기억해 내지 못했다. 그리고 너와 베트남 사람들, 특히 베트남 그 자체를 상징하는

베트남 여성에게는, 너희 모두가

보이지 않으면서 너무 잘 보여야

서양의 상상 속 풍경과 화면에 존재할 수 있다면,

너희는 잊히거나 혹은 기억되는 게 아니라
잊히는 동시에 기억된다.
보이면서 오해당하고, 보이면서 왜곡되고,
보이지만 바로 잊히고, 보이지만 보이지 않으며,
떠올려지는 한편 떠내려간다.

너는 떠내려간다.

하지만 ─
네가 떠내려간
타자인 것처럼
너 역시 타자를 떠내려 보낸다.

네가 열두 살 혹은 열세 살 때 단짝 친구인 추이가 너를 자기 친구 집에 데려간다. 네 또래거나 몇 살 더 많은 그 친구는 가톨릭 학교에 다니는 너와 추이가 애타게 찾아 헤매던 포르노 잡지를 갖고 있다. 너는 《펜트하우스》와 《플레이보이》를 뚫어져라 들여다본다. 살을 훤히 드러낸 여성들의 나체는 기묘하고 뜨겁고 압도적이며 거부할 수 없는 감각을 안겨 준다. 여성 일반은 적어도 남성의 눈에는 제대로 보이지 않지만, 나체의 여성은 육체 또는 특정 부위로서 그들의 눈에 너무도 잘 보인다.

너는 더 많은 것을 배우고 싶다.

친구가 잠을 자는 차고의 삐걱거리는 침대 밑에는 《위(Oui)》, 《셰리》, 《제네시스》, 《허슬러》 여러 권이 숨겨져 있다. 하지만 그 잡지들을 보려면 먼저 테스트에 통과해야 한다.

야, 추이가 히죽거리며 말한다. 아니면 그의 친구인지도 모른다.
너 아직 체리 안 터뜨렸냐?

넌 체리가 무엇인지, 체리를 터뜨린다는 게 무슨 뜻인지 전혀 알지 못한다.

정답은 다음과 같았으리라. "그래서 넌 터뜨렸냐?"
아니면 "내가 니 엄마 체리를 터뜨리긴 했지."

하지만 또래 압력에 처한 너는 머릿속이 하얘진다. '응'이라고 하든

'아니'라고 하든 정답은 아닐 것이다. 네가 망설이다가 '응'이라고 대답했는지 '아니'라고 대답했는지는 기억나지 않지만, 두 친구 다 깔깔 웃어댄다.

베트남에서 미군 병사들이
미국에서 새로 온
보충병을 부르는 별명은
'좆같은 신참'
또는

체리였다.

너는 이렇게 소위 남성성이라는 것을 독학한다.

미국의 문제

미국에서 이민자란 좆같은 남성, 여성, 또는 논바이너리 신참을 말한다. 배에서 또는 보잉기에서 막 내린 '좆같은 신참'은 과거의 다른 이민자들과 마찬가지로 혹독하게 미국 생활을 배워 가며 언젠가 그들을 미국인으로 거듭나게 해 줄 길고 아찔한 환영식을 치른다. 이런 이민자는 미국 신화의 일부다. 이민자는 미국을 위대하게 만든다!

예외가 있다면 미국이 비백인 이민자에게 문을 닫는 경우다. 백인이라는 것 자체가 끊임없이 변화하는 범주이긴 하지만. 19세기 미국에 처음으로 중국인들이 이민을 왔을 때, 그들은 미국인들의 상상 속에서 골치 아픈 중국인 문제가 되었다.

문젯거리가 되는 건 어떤 기분일까? 그리고 중국인 문제라는 건 정확히 무엇일까?

그것이 무엇이든, 정답은 아일랜드인이다. 그들은 19세기에 백인이 아니었고 심지어 흑인에 가깝다고 조롱당한 적도 있지만, 지금은 백인이다. 대륙 횡단 철도 동쪽 구간을 건설한 아일랜드인은 대륙 횡단 철도 서쪽 구간을 건설한 중국인과 다른 존재가 되는 것으로 백인으로의 첫 걸음을 내딛는다. 중국인 배제법 이후 아일랜드인은 흑인이 아니라는 점에서 또다시 더욱 백인다운 존재가 된다. 그리고 마침내 존 F. 케네디가 아일랜드인을 영구적인 백인으로 만든다. (버락 오바마조차 흑인을 위해 이런 업적을 달성하진 못했다.) 성 패트릭의 날은 아일랜드인이 술주정뱅이라는 고정관념을 통해서나마 여타 미국인들이 아일랜드인과 동일시하게 해 준다.

설날은 어떤가? 주로 아시아인들의 기념일인 이 날은 사자춤, 폭죽, 월병이 어우러진 이국적인 광경이 연출된다. 별로 인기가 없다.

백인 이민자에 대한 미국의 편애는 적어도 건국의 아버지 벤저민 프랭클린이 이렇게 말한 1751년까지 거슬러 올라간다.

순수한 백인은 전 세계를 통틀어도 상대적으로 매우 적습니다. 아프리카인은 모두 흑인이거나 갈색이며, 아시아인은 대체로 황갈색이고, 아메리카인은 (새로운 이민자들을 제외하고) 전부 황갈색입니다. 유럽에서도 스페인, 이탈리아, 프랑스, 러시아, 스웨덴 사람들은 전반적으로 피부색이 가무잡잡하며, 독일인도 마찬가지입니다. 지구상의 주요 백인 집단을 이루는 것은 영국인과 색슨족뿐입니다. 나는 이들이 더 많아졌으면 좋겠습니다. 우리는 미국에서 숲을 제거하고 지구를 갈고닦아 서반구를 화성인이나 금성인들이 보기에 더욱 눈부시게 만드는 중입니다. 왜 지구인의 피부색이 우월한 존재들에게 어두워 보여야 합니까? 왜 아프리카의 자손들이 미국에 정착하고 번식하게 해야 합니까? 흑인과 갈색인을 배제하고 호감 가는 백인과 홍인을 증식시킬 가능성도 똑같이 있는데 말입니다. 하지만 내가 내 민족의 피부색에 편파적인지도 모릅니다. 그런 종류의 편파성은 인류에게 자연스러운 것이니까요.

호감 가는 홍인이라는 말은 '고귀한 야만인'을 떠올리게 한다. 백인과 맞서 싸웠기 때문에 그저 노예로서 경멸받는 대신 존중받을 만한 적으로서 경외받는 존재. 호감 가는 백인의 범위는 시간이 지나면서 스페인, 이탈리아, 프랑스, 러시아, 스웨덴은 물론 그리스인과 폴란드인, 때로는 유대인까지 아우르게 되었다.(공고한 반유대주의 때문에 항상 그런 것은 아니지만.)

이 사람들조차도 이제는 백인에 포함된다.

> 영국인이 세운 펜실베이니아가 왜 이방인의 거주지가 되어야 합니까? 그들은 (…) 우리의 언어와 관습을 결코 받아들이지 않을 겁니다. 그들이 우리와 같은 피부색을 가질 수 없듯이 말입니다.

그가 말하는 이방인이란 누구인가? 독일인이다. 오, 그 끔찍하고 가무잡잡한 독일인들!

벤저민 영감님은 바와 마와 너 같은 황갈색 이방인이 그의 소중한 백인 펜실베이니아에 온 걸 어떻게 생각했을까? 그가 연설한 지 265년 후에는 가무잡잡한 독일 이민자의 후손이 미국 45대 대통령이 될 거라고 상상할 수 있었을까?

하지만 이제 백인이 된 ■■■와 그 동류들은 건국의 아버지의 전통을 이어가고 있다. 그들의 백인다움이 구별될 수 있도록 비백인, 특히 흑인이 협조해야 한다는 생각 말이다.

그들의 국경.

그들의 국가.

그들의 자아.

흑인이 된다는 것(흑인이란 동양인과 같이 상대적인 개념이다.)은 그가 정치적 통일체의 구성원인지 지속적으로 의구심이 제기된다는 것이다. 예를 들어 1924년에는 모든 비백인(이 말이 무슨 뜻이든 간에)이 미국에 입국할 수 없었다. 필리핀인만 제외였다. 그들은 미국을 비롯한 아메리카™의 모든 식민지로 자유로이 옮겨갈 수 있었다. 미국이 필리핀을 식민지화하는 데 반대하는 미국인들도 있었다. 필리핀인의 자유를 믿었기 때문이 아니라 유색인들의 이민을 두려워했기 때문이다. 필리핀이 독립 국가가 된 1946년 이후로 필리핀인은 정치적 통일체에서 쫓겨났고, 미국에 마음대로 올 수 없는 외국인이 되었다.

미국은 1965년에야 필리핀에 다시 문을 열었지만, 2017년부터는 ■■■가 또다시 문을 닫으려 한다. 그가 말하는 '미국을 다시 위대하게 만들자'란 아메리카™를 다시 백인의 나라로 만들겠다는 뜻이다. 노예제 시대로 돌아가자는 건 아무리 ■■■라도 차마 입 밖에 못 낼 말이겠지만, 19세기 후반인 1882년경으로만 거슬러 올라가도 충분하다. 짐 크로 법(Jim Crow Laws) 치하에서 흑인이 린치를 당하고, 멕시코 땅이 점령되고 멕시코인이 정복당하며, 원주민 부족들이 백인에 패배하여 보호구역으로 보내지던 시대. 중국인은 배제되고 법정에서 증언할 수도 없었기에 그들을 살해한 사람은 처벌받지 않았다. 아메리카™의 총기 보급률과 총기 소유 및 사용 권리에 대한

거의 종교적인 신념을 고려할 때 그때로 돌아가는 게 불가능한 일도
아니다.

무장 정당방위의 정신은 국경까지 확장되었고, 일부 미국인들은
이민자에게 아무런 악감정도 없다고 말한다. 그들은 단지 합법적인
이민자를 원할 뿐이다.

합법적인 이민자를 줄이려면
법을 바꾸면 된다.
잠재 이민자와 현재의 이민자를
점점 더 많이 불법으로 만들면 된다.
먼저 미등록 이민자를 공격하라. 다른 아메리카 대륙에서
북쪽으로 밀려오는 갈색 덩어리를.

수만 명의 미등록 아일랜드인과 캐나다인은 전혀 문제될 게 없다.
미국에 있는 (백인) 캐나다인이 진짜 고향이 어디냐는 질문을 받은
적이 있을까?

███는 미국 남쪽 국경을 가로지르는 만리장성을 세우자고 주장
한다. 마치 국경을 봉쇄하면 미국인들이 상상하는 탐욕스러운 타자
를 차단할 수 있다는 듯이. 하지만 북쪽 국경에 대해서는 아무 말도
하지 않는다. 강제수용소. 실종된 아이들. 죽은 아이들. 현실의 디스

토피아는 백인이 재난의 주된 희생자인 영화 속 디스토피아와는 다르다.

국경을 폐쇄하고 미국인 양부모가 시민권 신청을 잊은 아시아인 입양아를 추적하라. 어릴 때 미국에 와서 시민권을 획득하지 못하고 범죄를 저지른 난민을 찾아내 베트남과 캄보디아로 추방하라. 아메리카™가 그들의 고향에서 부추긴 전쟁에 대한, 그들의 부모에 대한 미국의 범죄를 무시하라. 그런 전쟁으로 난민이 된 아이들에 대해 아무 책임도 없는 것처럼 행동하라.

가족 파괴는 19세기 후반 중국 여성의 입국을 거부한 이래로 항상 미국 이민법의 일부였다. 중국 남성 이민자는 아내를 찾지 못하고, 가족을 이루지 못하고, 아이를 낳지 못했다.

>집단 내에서의 출산을 막는
>조치를 취하는 것도
>집단 학살의 일환이다.

이 모두가 합법적이다. 한편 ▇▇▇는 가족의 재회도 막으려고 한다. 이민자가 그와 닮은 사람들을 너무 많이 데려와 위대한 미국을 침략해서는 안 된다.

난민도 더는 안 된다. 1975년 전쟁이 끝난 후 미국은 죄책감 때문에 베트남, 라오스, 캄보디아 난민 수십만 명을 받아들였다. 공산주의 국가인 쿠바에서도 난민을 받아들였다. 하지만 아이티는 예외였다. 아이티인은 흑인이기 때문이다. ■■■는 난민 허가를 연간 수천 명까지 줄였다.

스스로 이민자 혹은 난민이라 칭하고, 이민자나 난민에게 문을 열어 주는 것은 '위대한 미국'에 저항하는 행위다. 모두를 환영함으로써 활력을 되찾는 이민자의 미국을 찬양하는 행위다.

하지만 위대한 미국을 믿든 이민자의 미국을 믿든, 이는 결국 미국 예외주의에 해당한다. 미국이라는 나라가 다른 모든 나라보다 우월하다는 신념이다. 위대한 미국은 미국 예외주의의 추한 미국인 버전이다. 이민자의 미국은 미국 예외주의의 조용한 미국인 버전이다.

바로 이것이 미국의 문제다.
아메리카™의 진짜 얼굴은
추한 미국인과
조용한 미국인 중 어느 쪽인가?

조용한 미국인은 추한 미국인보다 고상하고 점잖고 섬세하며 문화적 다양성과 다문화주의를 높이 평가하지만, 여전히 CIA와 특수

작전과 드론 미사일 배치를 지지한다. 유감스럽지만 소수의 무고한 사람들이 격추당하는 부수적 피해가 있더라도 미국의 이익은 집행되어야 하니까.

그 소수의 무고한 사람들이
실제로는 수백, 수천, 수만 명이라 해도,
그걸 우리가 어떻게 알겠는가?
사망자 수를 모르는 것이
미국인인 우리에게는 유리하다.
그래도 자국민 사망자 수만은 정확히 알아야 한다.

조용한 미국인은 무고한 사람들을 죽이는 절차적 과실에 찬성하지 않지만, 딱히 그에 반대하는 목소리를 내지도 않는다. 조용한 미국인이 반드시 백인인 건 아니다. 조용한 미국인은 이민자일 수도 있다. 유색인종일 수도 있다. 여성일 수도 있다. 퀴어나 트랜스젠더일수도 있다. 또는 설사 반어법이라 해도 자신이 사람을 죽이는 데 정말 능숙하다고 공언하는

미국의 흑인 혼혈 대통령일 수도 있다.

아니면 조용한 미국인은 바로 너일 수도 있다.

미국의 주요 재단이 미국의 주요 신문 지면에 너를 '위대한 이민자'로 소개한다. 이는 너의 큰 약점인 허영심을 자극한다.

왠지 마음이 불편하다.
얼른 검색해 보니 역시 그렇다.
헨리 키신저*도
위대한 이민자로 칭해졌다.

젠장.

이민자의 미국이 위대한 미국보다는 낫지만, 위대한 이민자는 키신저가 찬성한 것을 아메리카™가 실행할 수 있게 하는 알리바이이기도 하다. 칠레에서 민주적으로 선출된 아옌데 정권의 전복. 캄보디아와 라오스의 융단 폭격. 인도네시아 수하르토 정권의 공산주의자 또는 중국인 근절 정책 지원. 누가 그 차이를 구분할 수 있을까? 수십만 명이 살해당했다.

전범은 유죄 판결을 받지 않더라도,
위대한 이민자가 되더라도,
절대 추방당하지 않더라도,

---

* 미국의 전 국무장관으로, 베트남 전쟁을 부추기거나 칠레 피노체트 정권을 지원하는 등 냉전 시대 여러 정치적 범죄를 저질렀음에도 노벨 평화상을 받았다.

심지어 노벨 평화상을 수상하더라도
여전히 전범이다.
폭격은 아메리카™를 위대하게 만들지만
드론 공격은 아메리카™를 더욱 위대하게 만들기 때문이다.

좋은 놈, 나쁜 놈, 추한 놈

남들이 너를 이민자로 부르더라도 너 자신은 이민자라고 말하지 마라.

네가 난민이라고 말하라.

터무니없는 소리처럼 들릴 것이다. 너는 오래전에 난민에서 부르주아지로, 난민촌에서 클럽으로 이동했다. 몇 년 전 『동조자』가 대박을 터뜨린 이후로 너는 그때껏 존재조차 몰랐던 클럽들에 초청받았다.

어쩌면 너는 자만에 빠지다 못해
착각에 빠졌는지도 모른다.
그런데 난민은 어떻게 생겼을까?
그리고 부르주아지는?

네가 스스로 난민이라고 말하는 이유는 현재 그렇거나 과거에 그랬기 때문이다. 이민자들은 언제 떠날지, 어디로 갈지 선택할 수 있다. 난민은 갈 수 있는 곳이라면 어디로든 도망간다. 다만 언제 도망을 멈춰야 할지 모를 뿐이다. 네가 (전) 난민이라고 불리게 되더라도 그 단어에는 항상 괄호가 붙을 것이다.

지금도 너는 바와 마가 겪은 일을 두려워한다. 항상 바쁘게 움직이고 열심히 일하며 만족을 모른다. 다음번 재난에서 살아남을 수 있도록 충분히 대비하는 것만이 유일한 보험이다. 지하실에는 총만 빼고 네게 필요한 모든 것이 갖춰져 있다.

그러니 아직은 네가 미국인이라고 말하지 마라.

네가 이민자가 아닌 난민이라고 말하라. 네 최초의 뚜렷한 기억은, 네가 어디에 누구와 함께 있는지 정확히 알았던 첫 기억은 난민촌에서 바와 마와 생이별 했을 때니까.

너무 많은 난민들이 스스로 이민자라고 말하니, 너는 자신을 난민이라고 말하라.

할리우드에서
난민 경험에 관한 대작 영화를 만든다면
너는 다음 배역에 캐스팅될 것이다.
A) 지저분한 난민

B) 애원하는 난민
C) 절규하는 난민
D) 감사하는 난민

2017년 프랑스에서 너를 인터뷰한 기자들이 알려 준 것처럼, 유럽에서는 스스로 난민이라고 하는 쪽이 더 유리할 수도 있다. 그들은 유럽인들이 이주자보다 난민에 더 관용적이라고 말한다. 경제적 이유 때문에 대규모로 유입되는 이민자 혹은 이주 노동자와 달리, 난민은 비교적 수가 적고 정치적 이유로 들어오니까. 하지만 불과 삼 년 후인 2020년 가을, 파리 경찰은 레퓌블리크 광장의 난민 야영지를 폭력적으로 해체한다. 너는 탈색한 금발 머리의 배낭 여행자로서 파리에 처음 갔을 때 그 광장의 호스텔에 머물렀다. 모두가 너를 일본인으로 착각한다. 곤니치와라는 말을 평생 그렇게 많이 들어 본 적이 없다. 일본인에게는 모두가 친절하다. 그들은 너무 많이 오긴 해도 돈을 가진 관광객이니까.

난민들은 가진 것도 없이 와서 머물겠다고 협박한다.
난민이 너무 많으면 불쾌감이나
더 심각한 문제를 유발할 수 있다.

이런 반(反)난민 정서 속에서 난민을 옹호해야 한다고 생각한 너는 아이다호주 보이시의 난민 고등학생을 위한 프로그램에서 강연한다. 학생들은 이집트, 미얀마, 르완다, 캄보디아 등 다양한 나라에서 탈출한 경위를 소설이나 에세이, 시로 썼다. 그들의 사연을 읽다 보니 문득 이런 이야기가 떠오른다.

칵테일파티에서 대화를 끝내는
가장 좋은 방법은
네가 난민이라고 말하는 것이다.

난민의 경험은 평생 도망칠 필요가 없었던 사람들을 불안하고 불편하게 한다. 너는 그들을 탓하지 못한다. 너도 감정적으로 복잡한 상황에 처했을 때 무슨 말을 해야 할지 모르니까.

학생들에게 간단한 질문부터 던져 본다. 여러분 중 몇 명이 난민인가요? 두세 명이 손을 든다. 여러분 중 이민자는 몇 명인가요?

모두가 손을 든다.

이 학생들은 이미 메시지를 흡수했다. 아메리카™는 이민자의 나라이지 난민의 나라가 아니다.

네 베트남 동포들은 베트남어로는 자신이 난민이라고 하지만, 영어로는 이민자라고 하는 경우가 많다. 그중 일부는 1975년 루이지애

나로 이주했다가 삼십 년 후 허리케인 카트리나를 만난다. 수만 명의 뉴올리언스 주민들이 집을 잃는다. 일부는 밀려드는 홍수를 피하다가 옥상에 고립되고, 일부는 풋볼 경기장에 수용된 채 살아남으려고 발버둥 친다. 몇몇 기자들이 이재민들에 대해 난민이라는 표현을 쓰자 조지 W. 부시 대통령은 분노한다.

지금 우리가 말하는 사람들은 난민이 아니라
미국인입니다, 라고 그가 말한다.

이재민 중 상당수가 흑인이다.
민권 운동 지도자인 제시 잭슨도
아마 역사상 처음으로 조지 부시에게 동의한다.

미국 시민을 난민이라고 부르는 것은 인종차별입니다. (…)
그들을 난민으로 여기는 것은
그들이 미국인이 아니라고 여긴다는 것입니다.

너는 어리둥절하다.
인종적으로 분열된 아메리카™가
난민 때문에 비로소 하나로 결합된 듯하다.

난민은 아메리칸드림™에 대한 저주이기 때문이다. 흑인들이 오랫동안 노예제와 짐 크로 법으로부터 도망치며 난민으로 살아왔다는 사실은 잠시 잊자. 미국을 세운 청교도 이민자들이 종교적·정치적 난민이었을 뿐 아니라 원조 보트 피플이었다는 사실도 잊자! 하지만 미국인의 상상 속에서 아메리카™는 난민에 의해 건국된 적이 없으며, 난민을 양산하는 데 실패했거나 억압적인 국가가 될 수도 없다.

다른 나라들, 대체로 아시아, 아프리카, 라틴아메리카 등 소위 제3세계의 비백인 국가가 난민을 쏟아 내는 것은 대부분 망하거나 와해되어 자국민을 지켜 줄 수 없어서다.

아메리카™는 망하거나 와해될 수 없다.

아메리카™는 위대한 나라이기에 난민을 받아들일 수 있다. 그런데 미국인을 난민이라고 부르면 미국에서도 난민이 발생할 수 있다는 충격적인 진실이 드러난다. 이 난민들은 미국 내에서만 이동하기 때문에 유엔의 공식 분류에 따르면 실향민이라고 할 수 있다. 그러나 그들이 난민처럼 보이고 난민과 같은 냄새가 난다면 사실상 난민이라고 해야 한다. 그리고 기후 난민이 전혀 발생하지 않을 만큼 위대한 나라는 없다.

새로운 관점을 촉구하는 언어 사용은 (일부 사람들에게는) 불편할 수 있지만 중요한 일이다. 너는 어느 대학을 방문하여 일본계 미국인이 강제수용소에 수감되었다고 말했다가 청중석의 분노한 (백인 남성) 해병대 참전 용사에게 욕을 먹은 적이 있다. 하지만 '강제수용소'는 나치에 의해 오염되기 전에는 프랭클린 델러노 루스벨트 대통령도 사용한 용어다. 시인 에메 세제르의 주장에 따르면 히틀러의 강제수용소는

> 그때까지만 해도 알제리의 아랍인, 인도의 쿨리, 아프리카의 흑인들에게만 적용되던 식민주의 절차를 유럽에 적용한 것이다.

'수용소'가 '강제수용소'의 완곡 표현이라면 아메리카™라는 말도 완곡 표현일 것이다.

미국 대통령이 완곡 표현을 사용하는 건 놀라운 일이 아니다. 하지만 마틴 루서 킹 주니어가 대선 출마를 고려했을 때 함께했으며 네게도 버클리에서의 연설로 영감을 준 전국무지개연합의 지도자 제시 잭슨이라면 아메리카™가 신화임을, 노예제와 그 여파를 은폐하는 영업용 문구에 불과함을 모를 리가 없다. 하지만 흑인들은 그동안 완전히 동등한 미국인이 되려고 힘들게 싸워 왔다. 이는 경우에 따라서 아메리카™를 지지하고 난민과의 연결을 거부하는 것을 의미할 수 있다.

난민도 다르지 않다. 사람들은 아메리카™를 거부하거나 비판하기 위해 싸우지 않는다.(너 같은 배은망덕한 사람만 제외하고.) 난민은 자신이 이민자라고 주장한다. 그쪽이 더 미국인들에게 이해받기 쉬운 유형이기 때문이다. 미국 및 유럽 독자를 위해 자신의 이민자 서사시를 쓰려는 사람들을 위한 단계별 요령을 적어 보겠다.

1단계

구세계에서의 힘든 삶 : 가난, 전쟁, 가부장제, 동성애 혐오, 종교적 박해, 독재 정권 등. 이런 혼란을 야기하는 데 아메리카™가 관여했더라도 그 사실을 언급하거나 조롱하지 않는다. 다른 나라들은 더 상황이 나쁘다고 말하지도 않는다.

2단계

신세계에서의 온갖 난관 : 언어 장벽, 문화 차이, 인종차별, 경멸뿐 아니라 경제적 바닥이나 그 근처에서 시작해야 한다는 것. 여기서 바닥 근처란 (눈에 보일 수도 있는) 다수의 흑인과 (대체로 언급조차 되지 않는) 원주민 위를 말한다. 미국의 인종주의와 자본주의에 대한 온건한 비판은 탈식민주의나 마르크스주의를 드러내지 않고 4단계(아래 참조)를 달성하는 한 허용되며, 심지어 환영받을 수도 있다.

3단계

세대 갈등 : 부모는 미국화된 자녀를 이해하지 못하고, 미국에서 태어나거나 자란 자녀는 구세계 출신인 부모를 이해하지 못한다. 세대 갈등을 아메리카™가 종종 부추겨 온 식민지화와 수백만 명의 저항에 따른 직접적 결과가 아니라, 개인적 차이, 가족 갈등, 문화 충돌의 결과로 설명한다.

4단계

화해 : 조부모님이 아메리칸드림™을 이루지 못했다면 부모님이, 부모님이 이루지 못했다면 여러분이 이뤄야 한다. 자비 출판도서, 자기 계발서, 전문 작가가 아닌 일반인의 회고록이라면 화해를 직설적으로 서술한다. 국뽕도 허용된다. 문학상 수상을 바라는 작가라면 회한과 우울함이 섞인 미묘한 분위기를 연출한다. 이런 경우엔 국뽕은 자제하는 게 좋다.

5단계

여러분의 민족은 정치적 정체성으로서 인종, 문화, 또는 집단의 유산을 버리고 개인이 되기 위한 투쟁의 배경일 뿐임을 명심한다. (다만 그 유산을 문화적 정체성으로서 유지하는 것은 허용된다.) 여러분의 유일한 정치적 정체성은 미국인이며, 이는 역설적이지만 집단의 일원이 아니라 개인이 된다는 것을 의미한다.

가산점 조항

개인으로서 민족의 대변자처럼 행동한다. 그들의 무절제함을 사과한다. 아메리카™ 또는 서양 전반과의 극복 불가능한 차이에 대해 사과한다. 명시적이든 암묵적이든 독자가 백인이라고 가정한다. 책 제목에 음식 이름을 넣거나 지나치게 영적인, 혹은 자연적인 이미지를 사용한다. 음식을 문화 차이와 문화적 동화의 은유로서 멋대로 활용한다. 예를 들어 다음과 같이 쓸 수 있다.

> 아이오와에서 옥수수를 먹으며 자란 내 약혼자에게 우리 어머니의 맛있는 포를 한 그릇 먹였다. 포는 모든 베트남인이 좋아하는 소고기 국수다.

베트남 독자에겐 포에 관해 설명할 필요가 없다는 사실은 무시한다. 위대한 백인 미국 남성 소설가 F. 스콧 피츠제럴드가 『위대한 개츠비』 초고에 이렇게 쓴 적이 있는지 의구심을 갖지 않는다.

> 나는 데이지에게 맛있는 샌드위치를 건넸다. 빵 두 조각 사이에 맛난 식재료를 끼운 음식 말이다.

피츠제럴드와 달리, 여러분은 자신의 민족이나 이 세상 전체를 위해 글을 쓰는 게 아니라는 사실을 잊지 말자.

구세계가 그렇게 나쁘진 않거나 세대 갈등이 너무 심하진 않다는 등의 변형도 허용될 수 있다. 그러나 지나친 변형은 미국인들을 당혹스럽게 할 수 있으며 4단계와 5단계에서는 더욱 그렇다. 이 두 단계는 잘못된 것들이 모두 바로잡히고 개인이 긍정되는 할리우드 엔딩의 핵심 요소다. 이런 미국식 해피엔딩은 모든 결점과 난관에도 불구하고 아메리카™가

지구상에서 가장 위대한 나라

임을 강조한다. 막이 내린다.

이민자 또는 그 자녀가 미국인이 되었다.

끝.

과연 그럴까?

너는 『동조자』를 쓰면서 이런 이민자 서사시의 정반대를 지향한다. 너는 바와 마가 조성해 준 특권의 오아시스에서 이 년 동안 글을 쓴다. 부모님은 대학까지 네 학비를 대 주고, 널 먹이고 입히고 보험을 들어 주고, (네겐 다소 미심쩍지만 어쨌든 정의감과 인상적인 기호학

을 가르쳐 준) 가톨릭교라는 도덕적 기반을 제공하고, 타인(즉 너)을 위해 끊임없이 노력하고 희생하며 모범을 보이고, 네 자아와 자존심을 지키고 키워 주며, 선셋 대로 동쪽 끝이 내려다보이는 네 집의 계약금도 상당 부분 대신 내주었다. 언젠가는 F. 스콧 피츠제럴드의 증손녀가 구매할지도 모를 집이다.

네가 반(反)이민자 서사시를 쓸 수 있는 물질적 조건 자체가 이민자 서사시의 일부다. 네 집필실이 된 남는 침실에 별 장식은 없더라도, 휑한 벽을 마주 보고 글을 써야 하더라도, 어쨌든 네겐 남는 침실이 있다. 버지니아 울프가 작가에게 필요하다고 했던 그 유명한 자기만의 방을 갖고 있는 것이다. 하지만 명심하라.

그 영국 작가가
자기만의 방을 얻은 건
영국 식민지였던 인도 뭄바이의 친척 아주머니에게
연수 500파운드의 유산을 물려받았기 때문이다.

그런데 너는 방뿐 아니라 집 한 채를 갖고 있다. 이 무슨 모순인가! 그리고 모순은 소설을 시작하기에 좋은 소재다. 너는 이처럼 미묘한 행복 속에 살면서도 이민자 서사시의 가산점과 미묘한 해피엔딩을 거부한다. 네 소설의 주인공은 공산주의에 실망하지만(허용됨) 아메리카™에 매우 비판적이며(당혹스러움), 결말에서 아메리카™로 달려와 맥도널드 해피밀을 먹지 않는다. 자유를 사랑하지만 소외되고 과체중과 중년의 위기를 겪는 개인으로 변신하지도 않는다. 그랬더라면 뉴욕의 문학 편집자들이 이 책의 당혹스러운 측면을 더 관대하게 받아들였을지도 모른다. 하지만 그중 한 명이 말했듯이 그들은

> 작가의 목소리에
> 온전히 몰입하기가
> 너무 어렵다고 느꼈다.

그래서 편집자 열네 명 중 열세 명이 네 소설을 거절했을까? 네 목소리가 너무 이질적인가? 너무 기이한가? 영어로 발언하는 너의 목소리 자체가 이상한 것일까? 심지어 『동조자』가 출판된 후에도 어느 백인 미국인 편집자는 혹시 네 소설이 영어로 번역된 것이냐고 묻는다.

네가 확실히 아는 것은 열네 번째 편집자이자 이 소설을 사 준 피터 블랙스톡이 미국인이 아니라 영국인이고, 어머니가 말레이시아인이며, 러시아어와 독일어를 공부했고, 혁명과 탈식민지화의 걸작으로 너도 삼십 년간 몇 번이나 펼쳐 본 프란츠 파농의 『대지의 저주받은 사람들』과 『검은 피부, 하얀 가면』 미국판을 출간하는 그로브 프레스 편집부에서 일한다는 사실뿐이다. 아마도 이 모든 이유로 그는 네 소설에서

백인 미국인 편집자들이 보지 못한 무언가를 보았으리라.

네가 아메리카™의 정착민 식민주의와 혁명적 이상에의 거듭된 배신을 은폐할 수 있다는 이유로 이민자 서사시를 거부하는 한편, 네 이민자 혹은 난민 동포 중에도 이를 거부하는 사람들이 있다. 하지만 너와 다른 이유, ▇▇▇ 시대에 더욱 중요해진 이유 때문이다.

바로 과거의 이민자와 난민들이
이제는 문을 닫고 싶어 한다는 것이다.

어느 베트남 난민 노인은 ▇▇▇▇의 난민 정책에 관해 말한다.

무슬림을 막겠다는 그자의 생각이 옳아. (…)
우리는 선량한 난민이야.
그들은 우리 같은 정치적 난민이 아니야.
미국에 오는 사람들은 두 종류지.
자유를 찾아오는 사람들과
자유를 파괴하러 오는 사람들 말이야.

오, 고귀한 감정이여! 오, 자유를 사랑하는 영웅적인 베트남 사람들은 아메리카™ 앞에 무릎을 꿇고서 자기네보다 검거나 갈색인 사람들을 고자질하기 바쁘다! 그릇된 신을 믿고 금문교에 감격하지 않는 수상한 사람들을! 오 —

갑자기 네가 캘리포니아 오렌지카운티의 리틀 사이공에 이어 세계에서 두 번째로 큰 베트남 난민 커뮤니티에서 자랐다는 사실이 떠오른다. 너는 기억해 낸다.

아주 나쁜 베트남 난민이 정말로 많았다!

난민 생태계 내에서 현금을 받고 일하면서 복지 혜택을 취했는가? 더 가난한 난민에게 방을 빌려 주면서 정부 주택 보조금을 받았는가? 이민자 신분을 얻기 위해 위장 결혼을 했는가? 배우자와 자녀가 추가 혜택을 받을 수 있도록 위장 이혼을 했는가? 보험금을 타기 위해 자동차 사고나 부상을 가장하고 존재하지 않는 환자를 치료하면서 정부 환급금을 부당 청구했는가? 자녀와 아내를 학대했는가? 미군에게서 태어난 혼혈 아동을 인종차별 했는가?(이런 아이를 이용하여 온 가족이 미국으로 건너온 후 유기한 사례도 있다.) 난민 동포를 폭행하고 강탈하고, 마이크로칩을 훔치고, 가게를 털고, 매춘 업소를 운영하고, 마약을 팔았는가? 고국에 비판적 의견을 표명한 언론인을 살해했는가? 식당 보조임에도 고국에 가서는 부자인 척했는가? 여자 친구나 정부, 후처를 만들어 두 집 살림을 하거나, 심지어 미국에 있는 가족을 저버리고 고국에서 꿀을 빨며 살았는가?

너희는 이 모든 짓을 저질렀지만, 솔직히 말해서 이 모두가 정말로 흥미진진하다! 이런 짓이 아니었다면 너희에게 어떤 이야기가 남았겠는가. 이탈리아계 미국인 역시 흥미진진한 사람들이었다. 「대부」나 「좋은 친구들」이 없는 아메리카™를 상상해 보라!

마피아 이야기는 아메리칸드림™의 이면이다. 범죄는 애플파이만큼 미국적이고, 땅 도둑질을 '명백한 사명'이라고 부르는 것만큼 미국적이며, 사람들을 노예로 만드는 것만큼 미국적……. 음, 이 얘기는 하지 말자.

이 모든 흥미진진한 짓거리들은 이제 잊혔거나, 잊히지 않았더라도 함구된다. 그 대신 미국인들은 다른 어느 나라도 원치 않은 사람들을 받아들인 아메리카™의 위대함에 대한 증거로 너희 민족을 칭송하고, 너희 민족은 이민자의 성공 신화에 대한 증거로 스스로를 칭송한다.

하지만 1975년 당시
미국인 대다수는
동남아시아 난민을 받아들이기 싫어했다.

이를 잊은 반이민 미국인들은 자기네가 선량한 이민자만 원한다고 말한다. 오늘의 선량한 이민자가 어제의 사악한 이민자였음에도 불구하고.

어느 이민자의 말을 들어 보자.
내가 시민권을 취득하고
가장 먼저 뭘 했느냐고?
자유의 여신상 꼭대기에 올라가
이 위대한 땅을 바라보며 외쳤지.

엿 먹어라,
이민자 새끼들아!!!

로널드 레이건 룸

바와 마는 네게 항상 나쁜 난민들을 조심하라고 타이른다. 바와 마는 자국 동포를 두려워한다. 도둑이 수류탄을 들고 집과 가게에 침입했던 나라에서 왔기 때문이다. 사이곤 머이 초창기에 바와 마는 경찰에도 신고하지 말라고 한다. 베트남에서는 경찰도 위험할 수 있었으니까.

너는 특정한 유형의 베트남 남성과 눈을 마주치면 안 된다는 걸 배운다. 입에 담배를 물고 헤어드라이어와 무스, 아쿠아넷 헤어스프레이로 머리카락을 화려한 날개 모양으로 손질한 사람들. 갱단일지도 모르는 사람들.

그들은 어디서 폭력성을 배울까? 군인이었던 형제, 삼촌, 아버지로부터? 전쟁이 그들의 집과 가족에 어떤 후폭풍을 남긴 걸까? 미국 참전 용사들은 외상 후 스트레스 장애 진단이라도 받지만, 난민 커뮤니티는 침묵을 지킨다. 말할 수 없는 트라우마는 비밀스러운 수치로 남는다.

난민 사기꾼들 중에는 애초부터 범죄자인 사람도 있지만, 전쟁 중에 속임수와 착취를 터득한 사람도 있다. 미국인들이 너의 고국에 자기네 제품을 잔뜩 들여오고 극심한 인플레이션을 일으켜서 정직한 군인은 가족을 부양할 수 없게 되었다. 전쟁으로 경제 전체가 붕괴하면서 부정부패는 생존 방식이 되었다.

의사, 변호사, 엔지니어, 간호사, 약사, 치과의사는 어떨까? 그들 중에도 자기네 외의 난민과 이민자를 막으려는 자들이 있다면 과연 그들이 선량하다고 말할 수 있을까?

어떤 사람들은 선량한 난민과 이민자만 받아들였으면 한다고 말하지만, 사실 그들이 원하는 건 극소수의 특별한 난민과 이민자다.

적어도 너는 아메리카™를 믿는다.
난민과 이민자도
다른 모든 미국인과 마찬가지로
평범하게 살아갈 권리가 있는
자유롭고 평등한
아메리카™를 믿는다.

너는 이제 아홉 살 된 아들을 흘끗 바라본다. 쾌활하고 장난기 넘치는, 미국에서 태어나 미국에서 자란, 교외에서 편하게 살아온 네 아들은 자기를 위해 희생하는 부모님의 모습에 전전긍긍 채찍질 당하며 자라지 않으리라.(이는 사실 아들이 아니라 너 자신의 이야기다.) 가톨릭 특유의 죄책감, 고통에 대한 마조히즘적 욕망, 고통받지 않는 자는 고통받아야 하고 그래야 마땅하다는 믿음에 물들지도 않을 것이다. 너는 아들을 네 부모님과 함께하는 크리스마스 미사 때에만 성당에 데려갔으니까. 전쟁과 난민 경험이 삶의 모든 면모를 좌우하는 상태로 자라지도 않을 것이다. 아들은 다행히도 과거로부터 자유로운 미국인이다.

             이 점은 바로잡아야 한다.

너는 아들에게 네가 가진 모든 게 할아버지 할머니의 희생 덕분이라고 말한다. 네 부모와 조부모님은 모두 난민이라고 말한다. 난민으로 사는 게 나쁘지만은 않다고도 말한다.

             난민으로 살면
           작가가 되는 데 꼭 필요한
           정서적 상처가 생긴다고.

말 그대로 돈으로는 살 수 없는 경험이다. 그리고 너는 순진무구한 아들에게 그 상처를 넘겨주려고 최선을 다해 왔다.

네 아들도 다른 아이들처럼 레고를 좋아해서 항상 더 사 달라고 한다. 하지만 아이들이 원하는 걸 전부 다 가질 순 없다. 너는 어린 시절부터 그렇게 배웠고 결과적으로 잘 자라지 않았는가?

그렇지 않은가?

너는 아들에게 레고를 사줄 수 없다고 말하며 왜인지 아느냐고 묻는다.

아들은 잠시 생각하더니 대답한다.
아빠가 난민이라서요?

바로 그거야!

타자에 대한 공감은 어릴 때 배울수록 좋다. 일부 시민들의 심기를 거스르는 난민에 대해서도 마찬가지다. 네 아들이 좀 더 크면 할아버지 할머니가 얼마나 힘들게 살아남았는지 더 많이 들려줄 생각이다. 세 살 때 유치원에 다녀온 아들이 추수감사절에 관해 배웠다는 이야기를 하자, 너는 결국 아들에게 '대량 학살'이라는 또 다른 말을 가르쳤다.

너는 나쁜 아버지인가?

그 질문에는 대답하지 말자.

너는 아들에게 이렇게 말할 것이다.

선과 악은 이분법이야. 하나는 항상 다른 하나의 존재를 암시해. 둘 중 하나를 선택하도록 강요하고 제3의 가능성은 배제하지. 너는 아들에게 아메리칸드림™을 좇아 사이곤 머이를 열었던 할아버지 할머니를 겨냥한 팻말 이야기를 들려줄 것이다.

또 하나의 미국인이
베트남 놈들 때문에
장사를 접다

바와 마는 모범적인 소수자다.   그리고 황색 위험이기도 하다.

고정관념 : 양면이 있는 동전.
양면 모두 납작해서 쉽게 돌리거나 뒤집을 수 있다.
가능성은 1 : 1, 둘 중 하나다.
고정관념은 한쪽 면만 선택할 수 없다.
양쪽 모두다.

너는 모범적인 소수자다.   또한 황색 위험이다.

아시아인 지킬 박사와 하이드.
나만의 독특한 형태를 띤
나 자신으로부터의 소외.

모범적 소수자로서 너는 지금의 위치에 오르기 위해 열심히 일했다. 하지만 농장과 육류 공장 노동자, 배달 기사 등 글로벌 팬데믹 시대에 갑자기 필수 노동자로 인식된 다른 모든 사람들도 마찬가지다. 열심히 일한다고 성공이 보장되는 건 아니다. 열심히 일하는 사람도 게으르다는 말을 들을 수 있다. 노예 주인은 노예가 된 사람들을 죽도록 부려 먹으면서도 게으름뱅이라고 욕했다. 게으른 멕시코인에 대한 고정관념은 이 나라에서 채소와 과일을 따고 미국인들이 너무 잘나서 못 하겠다는 노동을 도맡는 바로 그 사람들을 조롱한다.

적당한 연줄이 있다면 열심히 일할 필요조차 없을 수도 있다. 바와 마는 너의 연줄이다. 너는 모든 면에서 그들에게 순종하기만 하면 아무 걱정도 할 필요가 없다. 마는 심지어 너에 대한 애정 표현으로 항상 칭찬을 퍼부어 주며, 덕분에 너는 근거도 없는 자신감으로 무장하게 되었다.

그리고 너는 아시아인이지만
적어도 흑인은 아니라는
음성적이고 부당한 특권을 누리고 있다.

너는 전쟁으로 인해 인종차별과 식민 지배를 겪었지만, 네 동포 상당수는 그 경험을 타자의 경험과 연결시키지 않는다. 그들은 인종차별과 식민지화가 자신에게 영향을 미칠 때만 반발하며, 인종차별과 식민지화에 진심으로 반대하지는 않는다.

네 아이가 크면 상황이 달라질까? 아들은 캘리포니아의 진보적인 유치원에 다녔다. 아들의 단짝 친구 하나가 흑인이었다. 다섯 살 때 다른 아이가 흑인 친구를 리처드 프라이어가 입에 담곤 했던 그 명칭으로 불렀다. 그 아이는 그 단어를 어디서 배웠을까? 부모, 형제자매, 친척, 방송?

인종주의는 그 감염원이 직접 접촉을 통해 추적되는 경우도 있지만, 전염병학자들이 말하듯 지역 사회 내에서의 확산에 의해 증가하는 경우가 더 많다. 아메리카™는 인종주의의 미세 입자로 포화되어 있기에 단독 감염원을 식별하긴 어렵다.

아이가 이런 단어를 흡수하는 걸 막을 수는 없다. 교육이라는 예방주사를 놓을 수 있을 뿐이다. 가족에게조차 제대로 말하지 않는다면, 아메리카™가 영속화되는 방식에 공모하는 것이다.

네가 종종 목소리를 내는 것은 아마도 네 특기 때문일 것이다.

지금껏 목소리가 없던 사람들에게 목소리를 주는 것

《뉴욕 타임스》가 『동조자』에 대해 쓴 표현이다.

독자여, 당신은 베트남 식당이나 결혼 피로연이나 가족 모임에 가 본 적이 있는가? 그런 적이 없다면 유감이다. 그런 적이 있다면 당신도 잘 알 것이다.

베트남 사람들은 목소리 없는 사람들이 아니다! 그들은 정말, 정말 시끄럽다!

아룬다티 로이가 말했듯
'목소리 없는 사람'이란 존재하지 않는다.
침묵을 강요당하거나
입을 열어도 무시당하는 사람만 있을 뿐이다.

권력자에게 목소리 없는 사람은 인간보다 못하거나 인간이 아닌 존재로 여겨진다. 하지만 타자를 침묵시키거나 듣지 않거나 듣고 싶은 것만 들음으로써 비인간화 하는 것은 듣기를 거부하는 사람들이다. 극소수의 권력자는 단일화된 목소리에 특권을 부여한다. 대다수인 힘없는 자들의 합창 혹은 불협화음을 듣고 싶지 않기 때문이다. 권력자는 극히 소수자인 너희를 한 번에 한 명씩 상대하기를 원한다. 너는 이민자다. 너는 난민이다. 너는 소수자다. 너는 원주민이다. 너는 다양성의 상징이다. 너는 스스로에게 말한다.

목소리 없는 자를 위한 목소리가 되지 말자.
목소리가 없어지는 상황을 근절하자.

하지만 이는 아직 먼 미래다. 그 긴 여정에서 너는 여전히 직접 연설하고 에세이를 쓰고 목소리를 높여야 한다고 생각한다. 네가 목소리를 내지 않으면 아마도 다른 누군가가 기꺼이 목소리 없는 사람들의 목소리를 자처하며 이민자 서사시와 아메리카™의 완곡 표현을 답습할 것이다. 너는 반드시 목소리를 내야 한다. 그럴 수밖에 없다. 그러다가 직업인이 돼 버린다고 해도 말이다. 직업적 베트남인. 직업적 난민. 고릿적부터 익숙한 딜레마다. 1985년에 하니프 쿠레이시가 영화 「나의 아름다운 세탁소」 대본에서 직업적 파키스탄인을 통해 보여 주듯이.

1847년에 벤저민 디즈레일리는 '동양은 경력'이라고 썼다. 그리고 (매우 모호한 정의이지만) 동양 출신이라는 것도 경력일 수 있다. 일종의 브랜드. 정체성. 문젯거리. 그럼에도

정체성은 사상가 가야트리 스피박이 말하듯
우리가 원하지 않을 수 없는 것 중 하나다.
식민주의와 자본주의하에서 정체성은

억압의 원인이자
착취를 위한 구실이며
해방으로 가는 길이기도 하지만,

정체성을 그중 한 가지로만 이해한다면
정체성과 그 복잡한 본질을
오해하는 것이다.

직업적 베트남인, 직업적 난민으로 브랜드화 되고 하나의 문제이자 위기에서 대변자로 변신한 너는 그러기 전에는 결코 초청받지 못했던 곳들에 초청받는다. 그중에는 로스앤젤레스 시내의 회원 전용 클럽에서 열린 하버드 대학교 기금 조성 행사도 있다. 너 역시 감사하게도 하버드에서 연구비를 받은 적이 있기에 행사에 참석한다. 하버드 법인 회장은 유대인인데, 그와 너의 옆에 있던 흑인 여성 직원에게 이렇게 말한다. "수십 년 전만 해도 우리는 이 클럽에 들어올 수조차 없었을 겁니다."

모두가 웃는다. 진보 만세!

너는 속으로 자문해 본다.
과연 아시아인은 들어올 수 있었을까?

너는 업무상 여기 왔으니 최상의 컨디션을 유지해야 한다. 그래서 공짜 술이 간절해도 몇 모금 이상은 마시지 않고 참는다. 안타깝게도 만찬 석상에서 너는 2차 대전 당시 태평양에서의 작전에 서른다섯 번이나 투입된 공군 옆자리에 앉게 된다. 백 살이 다 된 그는 샌타모니카 해변에서 케리 그랜트가 살았던 집에 산다. 그는 뜬금없이 같은 테이블에 앉은 사람들에게 아메리카™가 히로시마에 원폭을 투하해야 했던 이유를 장황하게 설명한다. 아마도 네가 이곳에서 유일한 아시아인이고(생소한 상황은 아니다) 직원들을 제외하면 가장 젊기 때문이리라.

폭탄으로 많은 사람을 죽였을 전직 공군은 너를 쳐다보지 않는다.
그는 시종일관 미소를 띤 네 얼굴을 보지 않는다.
모범적 소수자인 너는 하버드에 진 빚을 갚고 있다.
네이팜탄을 발명한 것도 하버드 과학자들이었다.
살에 달라붙는 젤리 형태의 휘발유로
미국이 아시아에서 자주 써먹었고
일본에서 원자폭탄보다 더 많은 민간인을 죽인 무기다.
윈스턴 처칠조차도 그토록 잔인한 네이팜탄을
한국전에서 민간인에게 마구 살포하고

수많은 사람들을 고문한 미국에 경악했다.
그보다 몇 년 전 벵골에서 기근 사태를 일으켜
최대 300만 명을 사망하게 한 처칠이.

공군 참전 용사보다 2~30세 연하인 그의 아내는 네게 베트남인들은 왜 그리 똑똑한 거냐고 묻는다. 그러고는 진지하게 유전자 때문일 거라고 덧붙인다. 너는 웃음을 꾹 참으며 음식 때문일 거라고 대꾸한다. 상대는 네 설명에 신경 쓰지 않는 듯하다.

마찬가지로 네가 들어 본 적 없는 시내의 또 다른 회원 전용 클럽을 방문했을 때, 너를 초청한 호스트는 이곳 객실에서 회원들이 정부(情婦)와 밀회하기도 했다고 설명한다. 이제는 (아마도) 전부 옛날이야기지만 말이다. 너는 흠, 하며 대충 듣고 고개를 끄덕여 준다. 그런 다음 로널드 레이건 룸에서 강연을 진행한다.

나는 본능적인 불안감을 가라앉혔습니다.
나는 비좁은 장소에서 세계 역사상 가장 위험한 생물,
즉 정장을 입은 백인의 대표적 표본 가까이 있었으니까요.

너는 이 문장 대신 다른 문장을 읽기로 한다. 항상 청중을 웃게 하는 로스앤젤레스 경찰청에 관한 대목이다.

아무도 웃지 않는다.
전부 비엣 타인 응우옌 탓이다.

식당 벽은 클린트 이스트우드와 같은 위대한 백인 남성들의 초상화로 장식돼 있다. 네가 데려온 손님, 혹은 증인은 여성인 친구 조이다. 조이는 화장실에 갔다가 다른 여성들에게 네 정부냐는 질문을 받는다.

너는 필레 미뇽을 먹으며 클럽 회원으로 가입하라는 권유를 받는다. 호스트는 클럽에 더 많은 다양성이 필요하다고 말한다. 그가 알려 준 시내 클럽의 회비는 눈이 튀어나올 액수이고 해변 클럽의 회비는 천문학적인 액수다. 호스트가 네게 그럴 돈이 있을 거라고 생각한다니 왠지 우쭐하다.(그럴 돈은 없지만.) 문득 그루초 마르크스*가 남긴 불멸의 명언이 떠오른다.

나는 나를 회원으로 받아들이는
그 어떤 클럽에도 가입하고 싶지 않다.

아니면 카를 마르크스가 한 말이었던가? 그가 다음처럼 말한 건

---

* Groucho Marx. 독일계 유대인 코미디언으로, 형제들과 함께 영화계에서 활약했다. 국립국어원 표기에 따르면 '마크스'로 표기해야 하나, 카를 마르크스와 같은 철자를 사용한다는 점을 강조한 작가의 의도에 따라 '마르크스'로 표기한다.

확실하다.

> 지배 계급의 사상은 어느 시대에나 지배적 사상이다.
> 즉 사회의 물질적 지배 세력인 계급이
> 그 사회의 지적 지배 세력이다.

너는 두 가지 마르크스주의를 모두 좋아한다. 카를 마르크스주의자도 그루초 마르크스주의자가 되면 유익할 것이고, 그 반대도 마찬가지다. 역사는 비극과 희극 중 하나가 아니라 둘 다이기 때문이다. 너는 변증법적 마르크스주의자지만, 그루초와 카를 양쪽을 오갈 수 있다는 전제하에서만 그렇다. 그루초 마르크스주의에 자본주의의 위험성(착취, 소외, 불행, 세계의 총체적 파괴 등)을 자본가들보다 날카롭게 분석하는 카를 마르크스주의를 첨가하면 더 재미있을 것이다. 한편 현존하는 카를 마르크스주의는 그루초 마르크스주의의 결여로 인해 선의의 따분한 소설과 악의적이고 완고한 정부를 대량 양산한다. 이런 상황은 유머나 부조리 감각을 지닌, 혹은 권력 남용에 항의하는 카를 마르크스주의자도 그럴 만한 위치에 서면 똑같이 권력을 남용하게 된다고 말할 수 있는 사람에겐 파국으로 이어지기 쉽다.

버클리에서 너는 어릴 적 텔레비전에서 배운 그루초 마르크스주의를 잠시 잊고 순수한 카를 마르크스주의를 배웠다. 다른 학생 수십 명과 함께 교수진의 다양성 확대를 요구하며 교수 클럽을 습격했고, 여름방학에는 홀로 『자본론』 1권을 탐독했다. 당시 너는 절대 그런 추잡한 클럽에는 가입하지 않겠다고 맹세했다!

얼마 전 너는 네가 강의하는 대학교의 교수 클럽에 가입했다.

얼마 전 버클리를 다시 방문했을 때는 교수 클럽에서 식사를 했다.

너의 두 마르크스도 크게 실망했을 것이다.

시내 클럽에서 강연을 마친 후 바에 있는 너를 한 청중이 발견한다. 다국적 금융회사에서 일하는 중국인 여성이다. 어쩌면 중국계 미국인일 수도 있고 이민자일 수도 있다. 너는 수학과 재테크에 서툴지만, 열심히 일해 돈을 번 부모님을 둔 덕분에 그런 걱정은 하지 않아도 된다. 네가 여성에게 수십억 달러를 취급하시느냐고 묻자 그의 미소가 사라진다.

여성은 수조 달러라고 대꾸한다. 냉랭하게, 혹은 경멸하듯이. 혹은 둘 다일 수도 있다. 그는 곧 자리를 떠난다.

마틴 루서 킹 주니어는 이렇게 말했다. "도덕적 우주의 원호는 완만하되 결국은 정의를 향해 구부러진다." 아메리카™ 지지자들이 유난히 즐겨 인용하는 문장이다. 킹 목사의 연설문 한두 편이나 인용문 한두 구절, 심지어 "나에게는 꿈이 있습니다."라는 단 한 구절을 읽었다는 이유로 자신이 인종주의자일 수 없다고 주장하는 사람들도(그 구절이 반인종차별 영성체라도 되는 줄 아나?) 포함된다. 정의에는 이런 클럽에 대한 접근성도 포함될까? 너와 같은 직업인들이 더 많이 이런 클럽에 방문하거나 가입하여 목소리 없는 사람들의 대변자 노릇을 한다면 세상은 더 나아질까?

너는 강연을 마치고 기념사진을 찍는다.

어쩔 수 없다.
너는 아시아인이니까!
그리고 너는 해냈다.

로널드 레이건 룸에 온 것이다.

전쟁 이야기, 혹은 너의 1980년대:

1화

너는 자신의 허영심과 나약함이, 권력자들의 전당을 방문하는 즐거움과 그런 장소에 대한 호기심이, 모순적인 그루초와 카를 마르크스주의 취향이, 스파이이자 첩보원, 비밀 공작원일 수도 있는 두 얼굴의 남자라는 자아가 어디서 비롯되었는지 기억을 더듬어 본다. 기억은 난민으로서의 유년기와 로널드 레이건 통치하의 성장기까지 거슬러 올라간다. 레이건 자신도 두 얼굴의 남자였다. 20세기 후반의 궁극적 구현이라고도 할 수 있는 조용한 미국인이자 추한 미국인. B급 배우이자 1980년부터 1988년까지 아메리카™의 대통령이었고, 공화당의 성자(聖者)이자 영화 「본조의 취침 시간」에서 침팬지와 공동 주연을 맡은 남자. 그는 너의 유년기와 청소년기를 정의하는 인물이다. 네가 작가가 되는 데, 적어도 지금과 같은 작가가 되는 데 필요한 정서적 상처를 입은 시기에.

너의 1980년대는 1978년부터 1988년에 이르는 새너제이 거주 시기와 겹친다. 이 시기가 시작되기 삼 년 전에 성 로널드는 캘리포니아 주지사 임기를 마쳤다. 캘리포니아는 미지의 51번째 주*를 제외하면 미국 50개 주 중에 가장 큰 주다. 너는 더욱 큰 도시인 로스앤젤리스에서 성인기를 보내게 되지만, 새너제이는 부모님과 분리할 수 없는 정서적 방사선의 핵심으로 남는다. 1980년대는 어머니가 미국에 온 후 정신적 문제 없이 보낸 두 번째로 긴 기간이다. 1980년대 내내 바와 마는 네게 거대한 존재였고, 무시무시한 힘의 자연적 돌출물처럼 불쑥 너를 압도하곤 했다. 어머니가 기근 경험을 이야기할 때를 제외하면, 바와 마도 한때는 어린아이였거나 허약하거나 아팠을지도 모른다는 생각은 해 본 적이 없다.

아침이나 오후, 혹은 초저녁일 수도 있다. 빨간 벨루어 커튼이 쳐진 거실 창문 밖에서 햇살이 비껴든다. 바와 마는 쉴 새 없이 일하지만, 그래도 가끔은 마와 함께 빨간 벨루어 소파에 앉아 있을 시간이 있다. 소파는 TV에서 항상 틀어 주는 서부극 영화 속의 매춘굴에 있을 법하게 생겼다. 목에 레이스 초커를 하고 치마와 에이프런을 걷어 올려 가터벨트로 고정한 스타킹을 드러내며 캉캉 춤을 추는 여자들이 앉아 있을 것 같다. 아마도 이런 순간이 비교적 드물었기에 열 살이나 열한 살쯤 소파에 앉아서 마의 흰머리를 뽑아 주던 때가 기억에 남은 것이리라. 마는 네게 흰머리를 뽑아 달라며 한 가닥에 5센트씩 주겠다고 했다. 마가 거울로 자신의 정수리를 보려고 애쓰던 걸 생각하면 정말로 네 도움이 필요했을 수도 있지만, 어쩌면 그냥 너와 함

---

* 흔히 미국의 정치 연설에서 현재 연방을 이루는 50개의 주에 추가될 수 있다고 간주되는 지역을 일컫는 표현이다.

께 시간을 보내고 싶었을 수도 있다. 아니면 마는 네가 곧 아이도 청년도 아닌 어색한 시기에 접어들리라는 걸 알고 있었는지도 모른다. 아직까지는 어린아이인 너는 마에게 꼭 달라붙어 있고, 마가 긴 손톱으로 네 등을 오래오래 시원하게 긁어 주는 시간을 즐긴다. 네게 마는 아직 너와 별개의 개인이 아니라 완전히 허물없이 대할 수 있는 존재다.

형이 대학으로 떠난 후라서 집은 평소보다 훨씬 고요하다. 마는 화장도구 상자에서 꺼낸 족집게를 네게 건네 준다. 화장도구 상자는 미색이고, 구두 상자보다 살짝 크고, 여행 가방처럼 만듦새가 견고하다. 금속 걸쇠가 달린 뚜껑을 딸깍 열면 정체 모를 가루와 병, 그리고 네겐 그리 흥미롭지 않은 도구들이 줄줄이 늘어서 있다. 너는 어머니의 긴 곱슬머리에서 한 부분을 살펴본다. 숱 많은 검은 머리칼 속에 흰머리 몇 가닥이 섞여 있다. 언젠가는 너도 흰머리가 생길 것이라는 생각은 떠오르지 않는다. 너는 오른손에 어색하게 족집게를 들고 왼손으로 흰머리 끝부분을 누른다. 입술을 앙다물고 족집게 끝으로 문제의 머리카락을 집어낸다. 모근이 두피 깊이 들러붙어 있어 마가 아플까 봐 걱정되지만, 한번 잡아당기자마자 머리카락이 깨끗이 뽑혀 나온다. 쏙 하고 빠지는 소리가 들렸다고 착각할 정도로. 모근 부분이 살짝 튀어나온 머리카락을 네가 빛에 비춰가며 바라보는 동안 마는 말없이 앉아 있다.

문간에서 죽어 있는 아이를 봤어, 마가 말한다.

마가 이렇게 말한 것은 흰머리를 한 가닥이 아니라 서너 가닥 뽑은 후였을 것이다. 하지만 그렇게 말한 건 확실하다. 뜬금없이 불쑥 튀어나온 말이었다. 네가 죽은 아이들 이야기를 꺼내진 않았을 것이고, 너는 마의 어린 시절에 관해 물어볼 만큼 사려 깊은 아이도 아니었으니까. 마와 너의 대화는 바와도 그랬듯이 주로 학교 수업, 식생활, 신앙과 행실에 국한된다. 네가 아는 수백 개 정도의 베트남어 단어로 바와 마를 깊이 이해하긴 어렵다.

너무 많은 사람들이 죽었어, 마가 말한다.

적어도 네 기억에 따르면 그렇다.

굶주려 죽었지.

너는 마의 머리카락을 뽑았지만 마는 네게 씨앗을 뿌렸다. 너는 마가 무슨 말을 하는지 이해하지 못하지만, 네가 베트남을 떠나지 않았다면 겪을 수도 있었던 끔찍한 일들의 목록에 그 내용을 포함시킨다. 종교적 박해와 차별, 캄보디아에서의 지뢰로 인한 사망, 온갖 절망에 이제 굶주림이 추가된다.

굶어 죽은 아이를 봤을 때 마의 나이는 기껏해야 일고여덟 살이었을 것이다. 너도 한참 후에야 떠올린 생각이지만, 마의 흰머리를 뽑던 너보다도 어렸다는 이야기다. 그 시절 너로서는 마도 한때 너 같은 아이였다는 걸 상상할 수가 없었다.

여러 해가 지난 후, 네가 누구이며 어디서 왔는지 이해하려고 발버둥 치던 너는 2차 대전 말기에 일본 점령군이 일으키고 프랑스 식민 지배자들이 부추긴 베트남 북부의 대기근에 관해 읽게 된다. 사망자는 100만에서 200만 명에 이른다. 당시 북부의 총 인구는 700만 명을 조금 넘었다.

7명 중 1명이 죽었다면 네 아들의 동급생 중 두 명이 죽은 셈이다. 네 학과 동료 중 8명이, 네가 가르치는 학부생 중 3,000명이 죽은 셈이다.

마가 어쩌다 그런 기억을 떠올렸는지 너는 모른다. 마가 그 기억을 찾았는지, 아니면 그 기억이 마를 찾아왔는지도. 족집게를 내려놓자. 마를 껴안아 주자. 아홉 살 난 아들이 네게 할머니에 관해 물었을 때 마의 죽음을 떠올리며 슬퍼하는 너를 자연스럽게 껴안아 주었듯이. 하지만 너는 그러지 않았다. 네 가족은 서로 껴안지 않는다.

늘 그러듯이 너는
입을 꾹 다물고
계속 흰머리만 뽑는다.
몇 가닥만 더 뽑으면 『스파이더맨』 다음 호를 살 수 있다.

집이 으스스하게 느껴지는 건 마가 가끔씩 툭 던지는 이런 이야기들 때문일까(바가 그런 이야기를 한 기억은 전혀 없다.), 아니면 네가 어둠을 무서워하기 때문일까? 부모님은 많은 것을 염려하고 심지어 두려워하는 것 같지만, 단 한 번도 겁먹은 모습은 보이지 않는다. 너는 이제야 바와 마가 너를 사랑했기에 지켜 주었다는 걸 이해한다. 아무리 겁이 나도 절대로 네겐 드러내지 않았다는 것을.

수십 년 후 바는 네게 사이곤 머이를 열었을 때의 이야기를 들려준다. 원래 청바지 가게가 있었던 곳이지만 그 자리를 보자마자 마음에 들었다고. 어설픈 영어 실력으로 건물주를 통해 가게 주인에게 전화해서 점포를 넘기라고 설득한 후 대출을 신청했다고.

성 로널드와 공화당도
바와 마를 마음에 들어 했겠지만
자기네 클럽에 초청하지는 않았으리라.
그 특권은 네 몫으로 돌아왔다.

바와 마는 단 한 번도 복지에 기대지 않았다. 푸드 스탬프가 필요했던 적도 없었다. 다만 그들을 공산주의로부터 구해 낼 때는 미국 정부 전체가 필요했다. 1975년뿐 아니라 1954년 미 해군 선박이 그들을 베트남 남부로 수송한 '자유로의 길' 작전 때도. 난민들은 그 배들이 자기네를 미래로 데려다 주리라 믿었겠지만, 어쩌면 자신도 그 배들처럼 끊임없이 과거로 되돌아가야 하리라고 예감한 이들도 있었을 것이다.

네가 그 작전에 관해 알게 된 것은 톰 둘리라는 사람의 베스트셀러 회고록 『우리를 악으로부터 구하소서』를 통해서다. 당시에는 네가 다니던 초등학교 6학년 교실 책꽂이에도 꽂혀 있을 만큼 잘나가는 책이었다. 둘리는 이제 거의 잊혔지만 1950년대에는 미국의 영웅이었다. 해군 대위이자 젊은 의사, 애국적 가톨릭교도인 그는 인도차이나로 가서 고통받는 사람들을 도왔다. 그중에는

비참하고, 병들고, 완전히 불구가 된 채

공산주의 지옥인 북부에서 도망쳐

남부로 피난한 베트남 난민들도 있었다.

너는 산봉우리 꼭대기에 서서 해안선과 해군 함대를 내려다보며 이렇게 말하는 둘리의 모습을 상상해 본다.

베트남 사람들은 모두 자유를 꿈꾸며 싸우고 있습니다. (…)
갯벌의 논에서 허리를 굽히고
진흙탕을 내려다보며 고되게 일하는 사람들,
우기에도 벌거벗은 채 뛰어노는 아이들,
시장 골목에서 과일을 파는 꼬마 상인들,
절단된 팔과 손을 내뻗는 걸인들도
자유라는 단 하나의 꿈을 꿉니다.

자유! 이보다 더 미국인의 뇌를 마비시키는 단어가 있을까. 예외라면 아마 '슈퍼 사이즈' 정도일 것이다. 미국인들은 슈퍼 사이즈라면 뭐든 다 좋아한다. 신, 달러, 전망, 고속도로, 집, 자동차, 꿈, 총, 성기, 기억상실증, 결백함, 자기네에 관한 신화도. 추한 미국인과 조용한 미국인은 정치적 견해는 다를지 몰라도 이 세상에 슈퍼 사이즈 자유가 필요하다는 점에서는 의견이 일치한다.(군수산업의 필요성도 추가해야 할 것이다. 아메리카™는 세계 최대의 무기 판매국이니까.)

그렇다면 톰 둘리는 어떤 미국인일까? 그는 반공주의자이자 미국 대중 전반에게는 자유를 사랑하는 이들의 상징인 한편, 관심 종자이자 클로짓 게이이기도 하다. 미 해군은 그를 협박하여 미국이 인도차이나에 개입하게 부추겼다. 절망에 빠진 인도차이나 사람들과 잔혹 행위를 저지르는 공산주의자들에 관한 그의 이야기는 아메리카™의 냉전 서사와 잘 어울렸고, 그리하여 바와 마가 『역사상 가장 위대한 이야기 : 미국이 어떻게 전 세계를 약속의 땅으로 인도하는가』에 엑스트라로 출연하게 된 것이다.

두 차례에 걸친 바와 마의 구출은 일어날 필요가 없었던 전쟁을 선동한 데 대한 아메리카™의 보상이라고 할 수 있다. 표면상 공산주의 국가인 베트남이 오늘날 미국과 매우 좋은 관계를 유지하고 있다는 점을 고려하면 더욱 그렇다. 그러나 반공주의는 미국의 종교이며, 바와 마를 포함한 대부분의 베트남 난민도 이를 신봉한다. 반공주의자들은 세상을 반공주의와 공산주의, 선과 악의 잣대로 본다. 중간 지대도 비무장지대도 없는 이 세계관은 독실한 가톨릭교도들의 천국과 지옥에 대한 생각과 딱 맞아떨어진다.

하지만 1980년대 동안 너는 이 세계관에 반감을 느끼고, 나중에는 모든 통념에 회의를 품게 된다. 6학년 때의 일이다. 세인트 패트릭 스쿨에서 미국 출신이 아닌 모든 학생에게 출신 국가의 국기를 그려 오라는 숙제를 내준다.『월드 북 백과사전』을 펼쳐 보니 붉은색 바탕에 노란색 별 하나가 그려진 베트남 국기가 나온다. 너는 집에 들어와 학교에서 받은 흰색 포스터지에 공들여 별 하나를 그린다. 국기 바탕을 빨간색으로, 별을 노란색으로 칠한다. 바와 마는 네 숙제를 일일이 확인하기엔 너무 바쁘고, 너도 좀처럼 부모님에게 말을 걸지 않는다. 이번에는 차라리 그 편이 나았다. 바로 다음 날 네가 머저리였다는 걸 깨달았기 때문이다. 다른 학년의 베트남 학생은 숙제를 제대로 이해했다. 그 애가 그린 것은 노란색 바탕에 붉은색 가로줄이 셋 있는 국기, 너희 둘이 태어났지만 이젠 존재하지 않는 반공주의 국가 베트남 공화국의 국기다. 네가 그린 붉은 깃발은 적국의 국기다. 너 자신도 모르는 사이에 공산주의 동조자가 된 셈이다. 추한 미국인도 아니고 조용한 미국인도 아닌 비(非)미국인이.

1980년대의 반공주의와 반미 활동에 대한 대내외적 전쟁은 1989년 11월 베를린 장벽의 파괴로 절정에 이른다. 너는 억지로 들어간 대학을 떠나 UCLA 2학년에 편입해 있다. "고르바초프 씨, 이 벽을 허뭅시다!"라고 성 로널드가 말한다. 벽을 허무는 것과 벽을 쌓는 것은 같은 사고방식에서 비롯된다.

타자, 비미국인, 부적격 미국인,

반미국인에 대한 두려움.
미국인인 당신이 타자에게 행했거나
혹은 행하고 싶어 하는
관점에 따라 지극히 반미적이거나
매우 미국적인 범죄에 대한 두려움.

당신 편이 상대편을 정복할 수 있도록 벽을 허물라.
당신 편이 상대편을 차단할 수 있도록 벽을 쌓으라.
타자성이 이미 당신 안에 있더라도,
당신이 타자를 만나기 훨씬 전부터
항상 당신 안에 있었더라도.

1980년대에 너는 부모님과 정치적 대화를 나누지 않는다. 너는 그들이 모르는 것을 안다. 네가 아직 무신론자나 불가지론자까진 아니지만 신과 반공주의에 냉담자가 되었다는 것을. 하지만 부모님에게 대놓고 저항할 생각은 없다. 너는 효자니까. 아니면 겁쟁이니까. 아니면 둘 다니까. 너는 자신이 무신론자 빨갱이 글쟁이로 살아가리라고 (적어도 어떤 사람들에게는 그렇게 보이리라고) 막연히 느끼지만, 당장은 부모님의 명령에 따르는 순종적인 아들인 척한다.

부모님은 대학에 간 형에게
네가 그들의 말을 전혀

듣지 않는다고 말한다.

너는 누구를 믿을 생각인가?

그 질문에는 대답하지 말자.

형이 하버드 대학교에 합격했다는 소식을 들은 1982년에 너는 잘 됐다며 기뻐하지 않는다. 형의 고등학교 졸업 파티에서는 그런 척했지만 말이다. 열한 살인 너는 또다시 버림받았다고 느낀다. 형에게 하버드 얘기를 들었을 때 너는 찬미가를 부르는 대신 울면서 화장실로 도망친다. 형은 이제 날 사랑하지 않는구나! 형이 화장실로 쫓아오자 너는 흐느껴 운다. 너 역시 그 누구에게도 사랑한다고 말한 적이 없는 데도. 부모님은 한 번도 네게 사랑한다고 말한 적이 없다. 너와 같은 베트남 난민인 락 수는 회고록에 『사랑한다는 말은 백인들이나 하는 것』이라는 제목을 붙였다. 많은 백인들도 자기네가 무뚝뚝한 유럽계 부모를 둔 탓에 사랑한다는 말을 들은 적이 없다고 주장하긴 하지만.

하지만 가족 중 아무도 네게 사랑한다고 말하지 않아도, 너는 바와 마와 형이 너를 사랑한다는 걸 안다. 그들은 말이 아니라 행동을 통해, 너를 위해 희생하고 희생당함으로써, 신체와 정신과 시간과 복지를 제공함으로써, 그들이 가질 수도 있었던 온갖 즐거움과 물건을 포기함으로써, 외아들을 희생시킨 하느님이 아니라 그 자신을 희생한 예수의 모범을 따름으로써 사랑을 보여 주었다. 그래서 네가 "형은 이제 날 사랑하지 않는구나"라고 말할 수 있었던 것이다!

형은 네 말을 듣고 운다. 바와 마가 총에 맞은 크리스마스이브 이후로 형이 우는 모습은 처음 본다. 네 민족은 울거나 감정을 표현하는 일이 없다. 아마도 네가 형의 죄책감을 자극한 것이리라. 이후로 형은 너에 대한 사랑을 보여 주기 위해 바와 마가 사 주지 않거나 사 줄 생각조차 안 할 것들을 사 준다. 인생 첫 바나나 스플릿, 첫 컴퓨터, 첫 역기 세트, 첫 스테레오와 스피커. 네가 처음 사귄 여자친구 J와 데이트하는 동안, 형은 바와 마에게 네가 자기 집에서 자고 있다고 말해 준다. 그런 게 사랑이다.

바와 마는 십 대에 결혼했지만 미국 십 대들의 데이트 방식에는 반대한다. 너무 경박하고 너무 위험하며 너의 교육과 미래에 방해가 되기 때문이다. 독실한 가톨릭교도와 강경 공산주의자가 많이 난다고 알려진 가난한 지역 출신인 두 분은 네 미래의 성공을 방해할 수 있는 모든 요인을 두려워한다. 가톨릭교도와 공산주의자는 서로 맹렬하게 적대시하기 일쑤지만, 양쪽 모두 두 가지 삼위일체를 믿는다. 한쪽은 정의, 고통, 평등, 다른 쪽은 구원, 희생, 유토피아를.

부모님은 열성적인 가톨릭교도다.

너는, 감히 바라건대, 열성적인 작가다.

바와 마는 다른 말씀을 따르며 영원한 내세에서 위안을 찾는다. 베트남에서 보낸 평생이 식민지화, 기근, 전쟁, 가난과 난민 생활로 상처밖에 남기지 않았음을 생각하면 당연한 일이리라. 그래서 그들은 하느님과 성모 마리아에게 기도하고, 바와 마가 베트남을 떠난 뒤에 사망한 사람들을 포함해 모든 고인을 추모한다. 너는 너무 어렸기에 8,760마일 떨어진 고국에서 외할머니가 돌아가셨을 때 마가 울었던 것도, 마가 해리스버그의 병원으로 보내졌던 것도 기억하지 못한다.

어머니는 돌아왔지만
너는 어머니의 귀환을 기억하지 못한다.
마는 그저 다시 나타났을 뿐이다.

어쩌면 너는 그때의 슬픔을, 어머니를 사라지게 할 정도로 강력한 존재 앞에서의 망연함 또는 공포를 기억하고 있을지도 모른다. 너는 자신을 해체시킬 만큼 강렬한 감정을 느끼고 싶지 않다. 설사 그 감정이 사랑과 분리할 수 없는 것이라 해도. 어머니도 외할머니를 사랑했지만 그 강렬한 감정 속에서 해체되고 말았다.

어쩌면 너는 부모에게 버림받았던 것을 잊을 수 없어서 우는지도 모른다. 그 일을 입 밖에 꺼내기는커녕 머릿속에 떠올리지도 않지만,

게다가 바와 마는 사실 너를 버린 게 아니었지만. 다시는 버림받았다고 느끼고 싶지 않기에, 형 앞에서 흐느꼈던 1982년 그날의 감정을 또다시 느끼기는 싫기에, 그 어떤 고통도 느끼고 싶지 않기에, 너는 두 번 다시 울지 않을 것이다. 앞으로 이십삼 년 동안은.

사실 너는 1991년에 다시 울게 되겠지만 수십 년 동안은 네가 울었다는 걸 잊고 지낼 것이다.

형이 대학교로 떠난 후 집은 매우 호젓하고 고요하다. 대부분의 베트남 가족은 자식을 네다섯에서 여섯 넘게까지 두지만, 네 가족은 (친)자식이 둘뿐이라 단출하다.

우리도 많이 노력했다고 바와 마는 몇 번이나 이야기한다.

그들은 과거에 관해 과묵한 편이지만 이 이야기만은 즐겨 한다. 하지만 구체적으로 어떻게 노력했는지는 이야기하지 않는다. 평소에는 상상력이 풍부한 너도 도무지 모르겠다. 부모님도 즐거웠기에 그랬을까? 아닌가? 네가 아는 것은 그들이 수년 동안 노력했다는 것뿐이다.

주말마다 성모 마리아님에게 기도하러 갔다고 그들은 말한다.

기도도 노력도 수포로 돌아가자, 두 분은 수녀들이 운영하는 고아원에서 첫 아이이자 네 누나인 찌뚜옛을 데려온다. 만약 신이 있다면, 바와 마가 딸을 입양한 데 대한 보상으로 얼마 후 네 형을 보내 줬는지도 모른다.

칠 년 후, 네 인생에서 가장 중요한 사건이 일어난다.
네가 태어난 것이다.

너는 바와 마가 너를 가지려고 노력하는 동안 많이 즐거웠기를 바란다.

네가 누나의 존재를 기억하고 있었는지 기억이 나지 않는다. 누나를 마지막으로 본 게 네 살이었는데 그 이후로 얼마나 오래 기억할 수 있었을까? 바나 마나 형이 네 앞에서 누나 이야기를 했는지도 기억나지 않는다. 하지만 네가 아홉 살 된 1980년에 누나가 자기 사진을 보내 주면서 다시 누나 생각이 난 건 기억한다. 모든 베트남 난민 가족에게는 두고 온 사람들의 사진이 있다. 부재하는 존재들. 살아 있는 유령들.

네가 느끼는 것은 슬픔. 우울함.
죄책감. 너는 여기 있다. 누나는 아니다.

어머니는 도망친 것에 죄책감을 느꼈을까?
외할머니의 임종을 지켜드리지 못한 것이,
입양한 딸을 남겨 두고 온 것이 미안했을까?

아마도 안전한 곳에 도착한 모든 난민은
생존자의 죄책감을 느낄 것이다.

아마도 모든 생존자는 부재하는 존재를,
자신이 살아남지 못한 평행 우주를
평생토록 잊지 못할 것이다.
만약 네가 남겨진 사람이라면 어떨까?
네가 누군가의 삶과 기억에서
빈 공간이 된다면 어떨까?

두고 온 누나나 고국을 기억하지 못하는
너조차 이런 감정을 느낀다면,
누나가 느끼는 감정은 어떨까?
그리고 바와 마가 느끼는 감정은 어떨까?

이것은 전쟁 이야기다.

또 다른 전쟁 이야기 : 바는 1954년에 온 가족을 남겨 두고 마의 가족을 따라 남쪽으로 이주했다. 아버지가 여든여덟 살 때 너는 마침내 가족을 떠나는 기분이 어땠는지 묻는다.

저녁 식탁에는 너와 바 둘만 남았다. 예전에 엄하고 근면했던 아버지는 온화하고 다정하며 목소리가 떨리는 노인이 되었다. 서류에 따르면 그는 여든여섯 살이다. 하지만 그는 사실 1935년 10월이 아니라 1933년 말에 태어났다.

베트남 문화에서는 생일을 기념하지 않기에, 난민으로 정신없이 살아가던 아버지가 네 생년월일을 묻는 공무원에게 2월이 아닌 3월로 잘못 대답한 것도 놀라운 일은 아니다. 생일이 둘이라니 두 얼굴의 남자에게 딱 어울린다.

아메리카™로 온 베트남 난민들은 스스로 다시 태어나기도 한다. 관료주의적 편의나 허영에 따라 젊어지기도 하고 늙어지기도 하면서.

난민이 되려면 항상 시간 여행을 해야 한다.
하나의 시대와 나라에서
다른 시대와 나라로 이동해야 한다.
무엇보다 현재를 살아가면서도 항상
마음속에 도사린 고통스러운 과거를 느껴야 한다.

너와 바는 적포도주와 필레 미뇽 미디엄 레어 스테이크로 저녁을 먹는다. 아버지가 좋아해서 네가 항상 만들어 드리는 요리다. 너는 바에게 묻는다. 어째서 가족들과 함께 오지 않으셨어요? 당시 바에게는 어머니, 아버지, 남동생 셋과 여동생 하나가 있었다.

바는 미소를 띠고 접시만 내려다본다. 네 말을 듣지 않았거나 혹은 못 들은 척한다.
바는 보청기 착용을 거부한다.

너는 다시 묻지 않는다.
바가 무슨 감정을 느꼈을지 뻔히 아니까.
그리고 왜 바가 네게 그 이야기를 들려줘야 하는가?

너는 어린 시절 그 책 없는 책장에 놓여 있던 흑백 사진을 기억한다. 아버지가 남동생들과 함께 찍은 사진이다. 너는 수년 동안 책장 곁을 지나치면서도 그것이 존재할 수 없는 사진이라는 걸 깨닫지 못했다. 바는 어린 시절 동생들과 헤어진 이후로 그들을 만나지 못했는데, 사진 속에는 네 명의 중년 남성이 서 있다.

어느 날 갑자기 그 사진이 너의 눈과 기억을 파고든다. 그제야 사진 속의 삐뚤빼뚤한 선이 보인다. 한쪽에는 어깨를 나란히 한 동생들이, 다른 쪽에는 바가 서 있다. 아버지는 사진 두 장을 이어 붙여 액자에 넣음으로써 마침내 형제들과 함께할 수 있었다.

너는 그 삐뚤빼뚤한 선을 한참 바라본다.

사진 액자는 이제 거기 없다. 아버지는 언제쯤 그 사진이 더 이상 필요하지 않다고 결정했을까? 너는 재결합된 아버지와 동생들의 사진이 사라졌다고, 그 사진을 기억하느냐고 묻는다.

바는 미소를 띠고 고개를 저으며 말한다. 아니, 기억나지 않는구나.

아버지가 잊어버렸기에 너도 잊어버린다.
너무나 많은 것을 잊어버린 너는
망각도 축복이 될 수
있다는 걸 이해한다.

내 이름을 말해 봐, 혹은 너의 1980년대:

2화

너는 어떤 것(감정적으로 복잡한 것)은 잊어버리지만 다른 것(역사적으로 복잡한 것)은 잊지 않는다. 적어도 너 자신은 그렇게 생각한다.
네 이름 때문에 너는 역사가 네 편이라고 생각한다.
너는 완벽한 베트남인이기에 이름조차도

비엣(VIỆT)이다.

매일 네 민족의 이름을 보고 들으면서, 어떻게 과거와 출신국, 그리고 모국어를 잊을 수 있겠는가? 명심하자. 너의 성은 왕족의 성이자 국민의 약 40퍼센트가 가질 만큼 흔한 성이다. 베트남과 해외를 아울러 4천만에 이르는 응우옌들은 그 자체로 고국이자 디아스포라이자 하나의 민족이다. 응우옌은 호주에서 일곱 번째로 흔한 성이자 멜버른 전화번호부에서 스미스에 이어 두 번째로 많은 성이다.

네가 미국에서 태어났다면
조지 워싱턴이라고 불렸을지도 모른다.
TV 리얼리티 쇼 「호씨네 집」에는
워싱턴과 레이건이라는 이름의 아들들을 둔
휴스턴의 부유한 베트남계 미국인 가족이 나온다.
네 세대에는 톰 부(Tom Vu)가 있었다.
그는 부동산 부자가 되는 법에 관한 광고를 만들었고
광고 속에서는 비키니 차림의 백인 여성들이
요트 위에서 그를 에워싸고 깡충거렸다.

아메리카™에서 가장 유명한 베트남인 톰 부의 시대에 자란 너는 학창 시절 캘리포니아 베이의 몬터레이로 현장 학습을 간다. 프로그램에는 선동적인 의도로 설립한 국방 외국어 연구소 방문도 포함된다. 군인들이 문화적 감수성을 지닌 군인, 심문관, 침략자가 되는 데 필요한 외국어를 배우는 기관이다.

빨간 머리에 안경을 쓴 호감 가는 백인 청년이 베트남 전통의상 아오자이를 입고 있다. '조용한 미국인'이자 너보다 베트남어를 더 잘하는 그가 네 베트남 이름을 영어로 통역해준다.

브루스 스미스

너는 조지 워싱턴 쪽이 더 마음에 든다.

네 베트남어 이름인 응우옌타인비엣(Nguyễn Thanh Việt)은 비교적 독특한 이름이다. 아버지의 이름인 타인이 들어가 있어서 이름이 비슷한 다른 사람들과 구분된다. 응우옌 아무개 비엣이라는 이름의 범죄자도 많다. 너는 아메리카™에서 서류상 다시 태어나 비엣 타인 응우옌(Viet Thanh Nguyen)이 된다. 발음 구별 기호는 포르투갈 선교사들이 만들고 프랑스 통치자들이 장려한 로마자 알파벳의 일부이지만, 베트남어 이름과 단어에 적용하면 서양인에겐 너무 낯설어 보일 수 있다.

하지만 프랑스어 단어에 있는 강세 기호라면?
문제없다(Bien sûr).

다른 미국인들은 여전히 네 이름을 발음하거나 쓰는 데 어려움을 겪는다. 네 성이 누엔(Nugyen)이나 뉴겐(Nyugen)이라고 쓰인 것을 몇 번이나 보았던가. 하지만 네 이름을 바꿀 생각은 전혀 없다. 너는

100% 베트남인이니까

……부모님이 미국 시민이 되기로 결정하기 전까지는 그랬다.

마는 첫 번째 시험에 떨어진다. 마가 네 시민권이 걸린 구술시험을 치르는 동안 너는 그 옆자리에 앉아 있다. 너라면 분명히 합격했을 것이다. 영어도 완벽하고 미국 문화에 완벽하게 세뇌되었으니까. 조지 워싱턴과 벚나무, 베시 로스와 국기, 폴 리비어의 질주, 조니 애플시드, 폴 버니언과 파란 황소 베이브. 너는 완벽한 미국인이다! 하지만 네 부모님은 어떤가?

마침내 시민권자가 된 부모님은 놀랍게도 개명 신청을 한다. 응우옌응옥타인은 조지프 타인 응우옌이 된다. 응우옌티바이는 린다 킴 응우옌이 된다. 조지프와 린다 부부는 발음 구별 기호를 지우고 이름을 바꾸면서 아메리카™와 타협한다. 그들은 자신이 누구인지 알고 있으며, 베트남인들과 미국인들 사이에서 각각 다른 이름을 사용해도 괴리감을 느끼지 않는다.

하지만 베트남인의 정체성을 깨닫기도 전에 고국에서 잘려 나와 아메리카™에 이식된 너는 혼종이다. 베트남계 미국인. 베트남 혈통의 미국인. 혹은 백인화된 황인, 혹은 바나나. 동화 정책이라는 미국의 슈퍼마켓에서 코코넛, 사과, 오레오 가운데 진열된 겉은 노랗고 속은 하얀 과일. 변절자(sellout)지만 절대 매진(sold out)되지 않고 항상 공급되는 상품.

그래서 바와 마가 너도 개명을 하고 싶은지 묻자 너는 머뭇거리지만, 그래도 다양한 이름을 떠올려본다. 이를테면……

트로이

어쩌면 너는 1950년대 스타 배우였던 트로이 도나휴를 떠올렸는지도 모른다. 혹은 제인 폰다의 아들 트로이를 떠올렸을 수도 있다.(그의 이름은 1964년 로버트 맥나마라 미국 국방장관을 암살하려다 사형당한 베트남 혁명가 응우옌반쪼이[Nguyễn Văn Trỗi]에게서 따왔다고 한다). 아니면 『돌라이에 부부의 그리스 신화』에서 읽은 도시 트로이가 기억난 걸까. 혹은 잘생기고 혁명적인 그리스인 트로이.

하지만 네가 트로이로 개명할 수 있었다면 이런 글을 쓰는 사람은 되지 못했을 것이다. 그래도 다른 우주에서라면 너도 뉴스 앵커나 기업 변호사 또는 부동산 중개인이리라. 그 이름 하여

트로이 윈

응우옌의 영어식 발음으로는 윈(Win)이 최고라고 가장 먼저 생각한 사람이 누군지는 몰라도, 베트남계 미국인들 사이에서 윈은 네구엔(Neh-goo-yen)이나 누원 또는 누옌보다는 훨씬 인기를 끌었다.

반대로 응우옌의 표기를 실제 베트남어 발음과 가까운 철자로 바꾸는 사람들도 있다. 청소년 시절 너는 「스타 트렉」에서 프랑스 뉴엔 (France Nuyen)이라는 배우를 보고 흥분하며 혹시 베트남인인지 궁금해 했다. 정말이었다! 네가 화면에서 처음으로 본 베트남 사람인 뉴엔은 녹색 피부의 외계인으로 캐스팅되었다. 이 종족이 흘린 눈물에 닿은 인간은 무조건 그들을 사랑하게 된다.

이러한 이름 변경은 이질감을 줄이려는 시도이지만, 어색하기 짝이 없다. 안 그런가?

이수르 다니엘로비치로 태어난 커크 더글라스를 비난하는 사람이 있을까?

마르가리타 카르멘 칸시노로 태어난 리타 헤이워스를 비난하는 사람이 있을까?

버너드 허셜 슈워츠로 태어난 토니 커티스는?

노마 진 모텐슨으로 태어난 매릴린 먼로는?

메리언 로버트 모리슨으로 태어난 존 웨인은?

아메리카.™ 개조, 자기 창조, 황당무계한 픽션이 난무하는 신화의 땅. 아무나, 누구나 유명인, 영화배우, 대통령이 될 수 있는 나라. 베트남 사람들에게도 똑같은 기준이 적용되어야 마땅하겠지만, 네가 쉽게 트로이 윈이 될 수 없는 이유는 백인이 아니기 때문이다. 위의 영화배우들은 백인이거나 백인으로 보일 수 있는 사람들이지만(백인과 유사 백인의 경계는 종종 희미하다), 아시아인의 성이 아시아인답지 않으면 혼란스러울 수 있다.

이름을 바꾸는 것도 사람에 따라 의미가 달라질 수 있다. 프랑스인들이 가끔씩 네 성을 N'Guyen으로 표기하는 것처럼, 너도 마크롱(Macron)이나 드골(de Gaulle)이 베트남에 온다면 그들의 성을 Makron이나 Degaw로 써도 될까? 사람들이 영화배우 티모테 샬라메의 이름을 제대로 부르고 쓸 수 있다면 Nguyen이나 심지어 Nguyễn도 제대로 부르고 쓸 수 있을 것이다. 샬라메의 선조인 프랑스 식민 지배자들이 네게 부과한 그 모든 발음 구별 기호대로.

샬라메, 슈워제네거, 키신저,
루스벨트, 오바마가 미국 이름이라면 —
그리고 ███도 미국 이름이라면 —
응우옌도 미국 이름이다.

너는 언어의 힘을 믿는다. 따라서 너 자신을 이루는 이름, 네가 이미 아메리카™와 타협한 이름을 더는 바꿀 수 없다. 너는 너의 미국화된 이름에 집착한다. 너의 혼종적 진정성을 드러내기 위해, 너처럼 생긴 사람들에게 회의적이거나 무심하거나 심지어 적대적인 문화에 완전히 동화되기를 거부하기 위해. 그렇다. 아메리카™는 너를 변화시켰지만, 너 역시 아메리카™를 바꾸려고 발버둥 칠 것이다. 이 나라가 네 이름을 제대로 부르게 하는 것으로나마, 그렇게 위대하진 않은 미국 소설의 작가가 되는 것으로나마.

네 어머니의 모든 것, 혹은 너의 1980년대:

3화

1980년대는 네 안에 온갖 혼란과 감정의 퇴적물을 형성한다. 네가 이를 헤쳐 나가는 데만 수십 년이 걸린다. 너는 그렇게 헤쳐 나가는 과정에서 작가가 되는 법을 배운다. 이런 혼란과 감정은 (적어도 부분적으로는) 미국에서 평생 가장 힘든 십 년을 보낸 바와 마를 지켜본 결과다. 그러다 2005년에는 어머니가 십삼 년간 이어질 중병으로 자리에 눕는다. 어머니는 끝내 회복하지 못했다.

의사인 형이 마의 진단명을 알려 준다. 그것도 두 번이나. 어머니가 복용하는 수많은 약들처럼 너는 마의 병 이름도 기억할 수 없고 앞으로도 그럴 것 같아서 형에게 적어 두고 기억할 수 있게 메일로 보내 달라고 부탁한다. 형이 보낸 메일에는 주요우울장애(Major depression)라고 적혀 있다. 나머지는 언급하지 않겠다.

네가 그 십삼 년간의 모든 날들을 지켜 본 것은 아니다. 그런 사람은 오직 바뿐이다. 하지만 네가 1988년에 억지로 들어간 대학으로 떠나기 전까지 1980년대의 모든 날들은 기억한다. 너는 얼마 안 되는 소지품을 형의 아큐라 인테그라에 싣고, 형은 남쪽으로 I-5 도로를 따라가서 너를 서던 캘리포니아에 데려다준다. 농장, 과수원, 목장들을 끼고 쭉 뻗은 이 단조로운 도로를 지나는 사람들에게 행운이라면, 자동차로 센트럴 캘리포니아를 통과할 경우 이 길이 가장 빠르다는 점뿐이다. 네 목적지는 이름 그대로 내륙에 있는 인랜드 엠파이어다. 새너제이와 달리 적어도 이곳은 데이비드 린치 감독의 영화 제목으로 알려져 있다. 디온 워릭의 노래보다는 훨씬 덜 유명하지만 힙스터들은 더 좋아하는 영화다. 그곳에 도착하자 형이 시트와 베갯잇, 자전거를 사 준다. 형이 대학생 때 썼던 스테레오 스피커도 물려받았는데, 그 묵직한 나무 상자를 너는 지금까지 삼십 년이나 간직하고 있다. 부모님은 무엇보다도 밥솥을 선물해 주셨지만, 일 년쯤 지나자 밥솥은 먹지 않은 밥에 검은 곰팡이를 키우는 배양기가 돼 버린다.

새너제이에서 인랜드 엠파이어까지는 330마일밖에 안 된다. 그래도 너는 최대한 멀리 떠나왔다는 사실에 감격하고, 수 년 후에야 일말의 부끄러움을 느낀다. 바와 마는 너를 위해 그토록 많은 희생을 했는데, 너는 도망치는 것으로 보답한 셈이다.

새너제이에서의 시간이 네게 상처를 남긴 건 사실이지만, 그 상처의 원인은 무엇일까? 1950년대에 새너제이에서 불과 몇 시간 거리인 스톡턴에서 자랐고 훗날 네 은사가 되는 맥신 홍 킹스턴은 이렇게 썼다.

중국계 미국인으로서 네 안의 무엇이 중국적인지 이해하려 할 때 너라는 개인의 어린 시절, 가난, 광기, 가족, 성장기에 온갖 사연의 얼룩을 남긴 어머니를 중국인이라는 정체성과 어떻게 분리할 수 있는가? 중국 전통이란 무엇이며 영화란 무엇인가?

너의 경우, 네 가족과 삶의 특수성을 사춘기와 테스토스테론, 고급 문학과 포르노, 새너제이와 할리우드로부터 어떻게 분리할 것인가? 너라는 개인의 특이점은 무엇이며 떠내려간다는 것은 무엇인가?

새너제이를 떠난다는 건 새너제이에 관해 쓰지 않는다는 의미다. 새너제이로부터 시간적으로나 공간적으로 멀리 떨어진다는 의미다. 네 고등학교 동급생 피터 말라에는 소설 『우리는 누구인가』에서 실리콘 밸리는 로스앤젤레스보다 이십 년 뒤처진 곳이라고 썼다. 그래서인지 너도 로스앤젤레스에서 이십 년 살고 나서는 새너제이가 편안하지는 않더라도 견딜 만하다고 느낀다.

그 이십 년 동안 너는 부모님을 방문할 때만 이곳에 돌아온다. 그럴 때마다 사람들이 죽을 때까지 일하고 쇼핑하고 아이를 낳아 키우는 소비주의 도시에서 이방인이 된 기분에 숨이 막혔다. 적어도 네겐 그렇게 느껴졌다. 하지만 어쩌면 너는 말라에의 소설 속 서술자를 닮았는지도 모른다. 그는 이렇게 말한다.

나는 실리콘 밸리 토박이였다.
내 몸짓과 태도로
아무리 그 사실을 부인한다 해도.

1980년대에 실리콘밸리가 탄생한다. 애플이 세계를 지배하기 시작한다. 새너제이의 어딘가 혹은 모든 곳에서 베트남 난민들이 조립 라인에 서거나 삯일거리를 받아 집에서 마이크로칩을 납땜 한다. 마이크로칩의 일부는 네가 중학생 때 바와 마가 사준 아타리 비디오 게임기에, 그리고 가끔은 30달러가 넘는 초고가 게임 카트리지에도 들어간다. 부모님이 항상 너를 방치하진 않았다는 증거다. 말라에(그의 사모아인 아버지와 삼촌은 베트남에서 아메리카™와 함께 싸웠다.)는 새너제이에서 네가 사는 구역의 분위기를 묘사한다.

흐려져서 읽을 수 없는 앨럼 록의 차선을 따라 내려가면
길모퉁이마다 동포들이 보인다.
자전거나 스쿠터 위에, 버스 정류장에,
멕시코 대 아르헨티나 축구 경기
포스터가 문에 나붙은 타코 식당 안에.

땅에서 파내 양지에 방치한 자갈더미 주변을 우회하라는 표지판, 김이 모락모락 나는 국수와 밥그릇 위로 머리를 숙인 베트남인과 (밖에서 봐도 알 수 있듯이) 젓가락 대신 포크를 쓰고 시끄럽게 떠드는 백인 부랑자로 가득한 포(pho) 식당, 운영자 티파니 레와 미셸 응우옌의 영어와 베트남어 이름이 분홍색 페인트에 화려한 글씨체로 창문에 적힌 미용실, 아무도 없는 던킨 도너츠 매장, 여전히 흉물스러운 삼각형을 이루는 위너 슈니첼과 월그린, 76 주유소, 세븐일레븐, 태양보다 천천히 지평선 위로 떠오르는 밝은 노란색 언덕들.

너는 캐피털 고속도로에서 우회전하여 부모님이 사우스 새너제이에 구입한 아메리칸드림™ 하우스로 향한다. 그들은 1987년에 신축 중상류층 주택지로 이사했다.

치장 벽토를 바른 벽과 스페인식 기와지붕에 초록빛 잔디밭이 펼쳐진 면적 2,300평방피트의 비슷비슷한 이층 집들이 네가 지나온 밝은 노란색 언덕들 아래 고속도로에서 멀리 떨어진 한적하고 막다른 골목에 들어서 있다. 바와 마가 고용한 이삿짐 회사(이삿짐 회사를 쓴다는 것 자체가 사치였다.) 직원들이 네 물건들을 옮겨놓은 새 집 거실은 천장이 어찌나 높은지 대성당이나 영주의 저택 같다. 빨간 벨루어 소파는 사라지고 하얀 벽과 어울리는 새로운 하얀 가죽 소파로 바뀌었는데, 영화 「마이애미 바이스」의 세련된 실내를 연상시킨다.

2층에 있는 네 침실은 예전에는 아기 방이었다. 누군가 아기를 위한 실내 장식을 제거하려다가 도리어 더 흉물스럽게 만들어 놓았다. 낮은 천장 아래 길게 찢겨 나간 벽지 잔해에 북을 두드리는 파스텔 색조의 곰 인형이 그려져 있다. 이후로 삼십 년이 지난 지금도 곰 인형은 여전히 그 자리에 있다.

부모님은 더 이상 사이곤 머이를 운영하지 않는다. 식품점은 세를 주고 그 옆에 새로 보석상을 열었다. 하지만 사우스 10번가 759번지에서 멀어진 기분은 들지 않는다. 매주 일요일 베트남어 미사를 마치고 돌아오는 길에 차로 지나기 때문이다. 주말마다 새너제이로 돌아와 부모님과 함께 미사에 참석하고 그 갈색 집을 보는데도, 그곳에 관해 쓰기는 쉽지 않다. 너는 결국 그 집과 거기 살던 시절을 단편소설로 풀어내고 마를 꼭 닮은 어머니와 바를 닮지 않은 아버지를 등장시킨다. 소설 제목을 「전쟁의 세월」이라고 정한 이유는 사이곤 머이 시절에서 전쟁의 그림자를 분리할 수 없기 때문이다.

너는 마가 들려준 이야기를 잊은 적이 없다. 반메투옷의 아마짱롱가에 있던 부모님 가게에 수류탄으로 무장한 도둑이 들었었다고. 하지만 너는 그때 겨우 두 살이었기에 수류탄을 든 남자도, 아마짱롱 거리도 기억하지 못한다. 네가 폭력과 죽음의 가능성을 경험한 건 그

때가 처음이었을까?

두 번째는 고향이 침략당하고
난민이 되어 사이공에서
도망쳤을 때다.

세 번째는 어린 시절 빨간불에
사우스 10번가를 가로질러 달리다가
픽업트럭에 부딪혔을 때다.
운전사가 급히 브레이크를 밟자 네 몸은
땅에서 10~15피트 위로 붕 떠오른다.
너는 이런 상황에 약빠르게 굴 수 있는
아이가 아니다. 겁에 질린 운전사가
네가 죽을 뻔한 곳 코앞의 세븐일레븐으로
너를 데려간다. 장난감 자동차를 사 주고
포장지 안쪽에 만화가 인쇄된
바주카 풍선껌도 사 준다.

네 번째는 바와 마와 함께한 경험이다.
그제야 너는 그들의 삶이 어떤 것이었는지
실감하고 명심하게 된다.

너는 열여섯 살이다. 중학교 3학년을 마친 여름이고 스스로 어엿한 청년이 되었다고 느낀다. 초등학교 2학년 때부터 써 온 안경을 콘택트렌즈로 바꾼다. 아버지는 이제 네 머리를 직접 잘라 주지 않고, 너는 완벽한 미용사를 찾기 위한 평생의 여정을 시작한다. 너는 그레이트 아메리카 놀이공원에서 일하고, 바는 사이곤 머이에서 한 시간 걸리는 그곳까지 매일 너를 데려다줌으로써 부성애를 보여 준다. 너는 버스를 타고 집에 가서 바와 마가 만들어 주는 저녁밥을 군소리 없이 먹는다.

저녁 식탁이 치워진 후에는 그날의 회계 처리를 돕는다. 식탁에 지폐와 동전, 수표, 가끔은 우편환이 펼쳐진다. 하루 수입의 절반 정도는 푸드 스탬프와 여성, 유아, 아동 및 부양 자녀 가정 보조(AFDC) 쿠폰이다.

AFDC 쿠폰은 크고 노란색이며, 푸드 스탬프는 모노폴리 게임용 지폐처럼 알록달록하다. 너는 스탬프 패드에 빨간 잉크를 넣고 모든 쿠폰, 푸드 스탬프, 수표 뒷면에 사이곤 머이 상호와 주소가 적힌 도장을 찍는다. 현금을 분류하고 장부에 금액을 기입한 다음, 계산기를 보지도 않고 숫자를 입력한다.

                              너는 이 숫자들을 외우고 있다.

너는 부유하거나 중산층이라고 느끼지 않지만, 적어도 중산층이거나 그보다 더 유복할 것이다. 용돈, 유행하는 옷, 휴가 여행 등은 네 부모님 사전에 없지만 끼니를 굶은 적은 없다. 너는 사립학교에 다닌다. 책은 도서관에서 빌려 읽는다. 그레이트 아메리카에서 일하기 전까지는 교과서 외의 책을 사 본 적이 없다. 이제는 아르바이트 급여로 중고 책과 만화책을 구입한다.

바와 마는 네게 금지한 온갖 것들을 벌충하기 위해 이 집에서 가장 큰 방이자 고속도로 입구 경사로가 보이는 안방을 내준다. 텔레비전 드라마에서도 못 본 사치다. 그런 프로그램에서 안방은 항상 부모님 몫이니까. 1950년대부터 「비버는 해결사」, 「아버지는 다 알아」, 「오지와 해리엇의 모험」 등의 시트콤에는 세련된 중산층 저택에서 귀여운 아이들을 키우며 행복하게 미소 짓는 백인 부모가 등장한다. 고속도로는 나오지 않는다. 1960년대와 1970년대의 「브래디 번치」, 「파트리지 가족」, 「해피 데이스」는 백인들이 흑백이 아닌 컬러로 등장한다는 점만 다를 뿐 내용은 대동소이하다. 고속도로는 여전히 나오지 않는다.

> 백인들이 입고, 먹고, 대화하는
> 이 이국적인 장면은
> 판타지일까, 아니면 현실일까?

너는 흑인 가족이 나오는 시트콤도 좋아한다. 「제퍼슨 가족」, 「굿 타임스」, 「신나는 개구쟁이」, 「샌퍼드와 아들」. 심지어 멕시코계 주인공이 나오는 「치코 앤드 더 맨」도 있다. 하지만 너와 닮은 사람들이 나오는 시트콤은 존재하지 않는다.

실제로 네 가족에게 재미난 사연 같은 건 없다. 네 가족이 갈색 집에 살던 시절을 영화로 만든다면 감독은 웨인 왕이 좋겠다. 1980년대에 「뜨거운 차 한 잔」과 「딤섬」으로 중국 이민자의 밀실 공포증과 고군분투를 담아낸 그 영화감독이. 진짜든 가짜든 음악도 웃음도 없는 가족. 눈물 흘릴 일은 많고 기쁜 일은 드문 가족.

하루 일과를 마치면 부모님은 너무 피곤해서 기뻐할 수가 없다. 난민 생활에 재미있는 일이란 없다. 그런 게 있을까?

창문마다 쇠창살을 달아야 하는 것도 재미없고
잠자기 전에 바가 문과 창문을 일일이 확인하는 것도 재미없고
낯선 사람에게 문을 열어 주지 말라는 당부도 재미없다.
수류탄을 든 강도나 크리스마스이브의 총격 전에도 마찬가지였다.

어느 여름 저녁에 현관문 두드리는 소리가 들린다. 집 밖은 아직 환하다. 부모님은 퇴근해서 평상복으로 갈아입었다. 바는 흰색 속옷 셔츠와 반바지, 마는 살짝 비치는 가운을 입고 있다. 세 사람 모두 맨

발이다. 너는 뭘 입고 있었는지 기억나지 않지만 아마도 그 당시 멋지다고 생각한 옷차림이었을 것이다. 서핑 로고 티셔츠와 밑단을 접고 비틀어 발목 아래가 좁아지게 한 청바지 말이다. 네 고등학교 동급생들 사이에서 통 좁은 바지가 유행 중이었다.

너와 부모님 모두 노크 소리를 들었다. 이 집에 음악이나 라디오 혹은 텔레비전 뉴스를 틀어 놓는 사람은 없다. 게다가 저녁 식사를 준비하거나 먹는 동안에는 텔레비전을 아예 꺼 둔다. 여호와의 증인 전도사 말고는 사전 연락 없이 집에 올 사람도 없다. 세 사람 모두 부엌에서 몇 걸음 떨어진 현관으로 향한다. 마가 선두에 있다. 마는 문구멍으로 내다보며 묻는다. 누구세요(Allô)?

소포 왔습니다, 남자가 외친다.

그가 낯선 베트남인이었다면 마는 문을 열어 주지 않았을 것이다. 그가 백인이기 때문에 문을 열어 줬을까? 영어를 하니까? 그는 집배원이 아니었는데도?

마는 현관문 빗장을 풀고 빠끔 열린 문 밖을 내다본다. 남자가 순식간에 마를 밀치고 들어선다. 그의 등 뒤에는 소포가 아니라 총신이 길고 가느다란 검은색 리볼버가 있다. 짙은 금발머리에 빛바랜 청재킷을 입고 있다. 당시 네겐 나이 들어 보였지만 중년에 들어선 지금

돌이켜 보면 이십 대 중반쯤의 청년이었을 것이다. 그는 마와 바, 너에게 총을 겨누며 소리친다. 엎드려!

영원과도 같은 한순간, 과거도 미래도 없고 오직 현재와 총구만이 존재한다. 그래도 총신이 22구경이라는 건 알아 볼 수 있다. 「더티 해리」의 44구경 매그넘과는 달리 아주 작은 권총이다. 너는 두려운 것처럼 보이는 게 두려워서 소리치지 않는다. 애원하거나 울거나 뭐라고 말하지도 않는다. 이런 일은 네게 일어나지 않는다. 이건 현실일 수 없다. 바가 무릎을 꿇자 너도 무릎을 꿇는다.

마음 한구석에서는 너 자신이 불멸이라고 느낀다. 한편으로는 네가 쪽팔리는 게 싫어서 죽게 되겠구나 하고 생각한다.

총격범의 관심은 너와 아버지, 즉 이 집 남자들에게 쏠려 있다. 한심한 녀석. 그는 진짜 강도는 아니지만 사이곤 머이에서 우리 집까지 바와 마를 따라올 만큼은 노련하다. 만약 그가 진짜 강도였다면 바로 옆에 서 있던 마를 무시할 수 있었을까. 마가 나약하고 히스테릭한 여자라고 생각한 걸까. 영어가 서툰 아시아 여자라고 우습게 본 걸까. 아니면 그가 TV에서 수없이 보았던 흔해 빠진 아시아 여자로 생각했을까. 「수지 웡의 세계」, 「사요나라」 같은 영화에서 젊고 매력적인 아시아 여자의 배경을 이루는 길거리나 시장, 매춘업소의 말 없고 이름 없는 중년 여자로?

그는 마를 과소평가한다.
아주 많은 사람들이 마를 오해했다.
너도 마찬가지다.

현관문 옆의 마는 남자가 자신이 아니라 무릎을 꿇은 너와 바를 보고 있다는 걸 눈치 챈다. 마의 비명에 총격범과 바와 너는 깜짝 놀란다. 비명 소리로 세 남자 모두가 어리벙벙해 있는 동안 마는 계속 비명을 지르며 총격범을 지나쳐 밖으로 뛰쳐나간다.

경악한 총격범은 뒤돌아서 마를 쫓아간다. 너는 그가 진짜 강도는 아니라서 다행이라고 생각한다. 그가 진짜 강도였다면 마를 쏘거나 적어도 쏘려고 했을 테니까. 하지만 그는 그러지 않았고, 그가 너를 등지고 현관 밖으로 나선 순간 바가 얼른 일어나더니 현관문을 쾅 닫아 잠근다. 총격범은 집 밖으로 쫓겨났다.

마와 함께.

빨간 커튼이 영화관 스크린처럼 양쪽으로 걷혀 있는 거실 창문 밖으로 인도를 따라 도망치는 마가 보인다. 마의 모습이 고속도로를 향해 가는 퇴근 차량들 너머로 사라진다. 운전자와 승객들은 잠옷 차림의 여성을 보고 깜짝 놀랐을 것이다. 그 광경을 지켜보면서도 그들은 여성이 자신의 목숨을 구하기 위해 달려가고 있다는 걸 모른다.

그리고 네 목숨도.

예전에도 그랬듯이.

기억 치료

네가 부엌 벽에 걸린 전화기로 신고한 직후 남색 제복을 입은 경찰이 나타난다. 이 집에 전화기는 하나뿐이다. 네 가족은 전화기를 애용하는 사람들이 아니며, 바와 마를 포함해 다들 잡담이나 대화를 즐기는 성격은 아니다. 너도 예의 바르게 통화할 줄은 알지만 몇 안 되는 친구들에게 먼저 전화를 거는 일은 없다. 너는 911에 전화해서 교환원에게 어머니가 총격범과 함께 집 밖 어딘가에 있다고 정중하게 말한다. 네 목소리가 떨렸는지는 기억나지 않는다.

순찰차 여러 대가 도착한다. 대화는 대부분 너를 통해 이루어진다. 열여섯 살 난 네가 불완전하나마 양쪽의 말을 통역할 수 있는 유일한 사람이기 때문이다. 사건을 담당한 경사는 머리가 희끗희끗하고 건장한 백인 남성이다. 그는 바와 마와 너를 식탁에 앉히고, 네가 총격범과 총에 관해 설명하자 점잖게 대답한다. 네 부모님께 무서워할 필요 없다고 전해 드려라. 내 무기를 보고 질문에 대답해 주렴. 그는 허리띠에 총 두 자루를 차고 있다. 하나는 자루에 탄창이 달린 피스톨이고 다른 하나는 총신이 굵은 은색 리볼버(아마도 357구경)다. 그는 총집에서 총을 꺼내 바와 마와 너에게 보여 주고, 그 크기와 구경을 네가 본 범인의 총과 비교할 수 있도록 저쪽으로 총을 겨눈다. 그 남자의 총이 이렇게 생겼니? 너는 총에 관해 좀 알기 때문에 리볼버였지만 구경이 더 작았다고 대답한다. 검은색 총이었다는 것도.

너는 경사가 바와 마와 너를 해칠까 봐 걱정하지 않는다. 바와 마도 주저 없이 너더러 경찰에 신고하라고 했다. 경찰을 믿지 않았던 사이공 머이 초창기와는 모든 게 달라졌다. 부모님은 자산가이며 너도 언젠가는 그렇게 될 것이다. 두 분은 경찰이 자신과 같은 사람들을 보호하기 위해 존재한다는 걸 안다.

경찰이 동네를 수색한 지 한 시간 만에 경사가 바와 마와 너를 순찰차 뒷좌석에 태우고 몇 블록 떨어진 곳에 잡혀 있는 용의자에게로 데려간다. 경사는 용의자의 눈에 스포트라이트를 비춰 그가 너를 볼 수 없게 한다. 저 사람 맞니? 아니요. 바와 마도 동의한다. 백인 남자이긴 하지만 아까 그 사람은 아니다.

경찰은 결국 경위서를 작성하고 떠난다. 너는 두 번 다시 그 사건에 관해 듣지 못한다. 경위서는 바의 침실 서류함에 장례식 계획서와 함께 보관되어 있을 것이다. 길을 달려가던 어머니의 모습은 네 머릿속에만 존재한다.

자신이 인도를 따라 도망친 순간을 어머니가 자주 떠올렸는지, 아니면 아예 기억에서 지워 버렸는지 궁금하다. 어머니 인생의 수많은 영웅적 순간 중 하나였다. 하지만 총격범과의 대결은 마의 다른 모든 경험에 비하면 별것 아니었을지도 모른다. 어쩌면 마에게 그 탈출은 영웅적 행위가 아니라 그저 살아남기 위한 것이었을 수도 있다. 마의 코앞에 겨눠진 총은 그분의 정신에 가해진 또 한 번의 타격, 수십 년에 걸쳐 서서히 벌어진 또 하나의 균열이었는지도 모른다.

        너는 이 기억을 수십 년간 소중히 간직해 왔지만 결국 물어 보지 않는다.

총격범이 네 가족을 겨눈 지 삼십일 년 후 마가 사망한다. 갑작스러운 죽음은 아니다. 마의 부고는 어떤 신문에도 실리지 않았지만, 아마 너는 마가 죽기까지 십삼 년 내내 마음속으로 부고장을 써 왔을 것이다. 하루하루가 심각한 병세의 연속이었다. 마지막 삼 년 동안 마는 바 혼자 감당할 수 없을 만큼 악화되어 거의 모든 직원이 필리핀 여성들인 기억 치료실에 머물러야 했다. 네가 찾아가면 마는 처음엔 널 알아보고 웃지만, 그 미소와 눈빛은 곧 사라진다. 어머니는 시선을 돌려 자기만의 세계로 사라진다.

        마는 아무것도 기억하지 못할까, 아니면 모든 것을 기억할까?

아버지가 비싼 병원비를 전부 감당한다. 바와 마는 네가 부모의 간병을 부담하지 않아도 되도록 평생 저축하며 후일을 준비해 왔다. 네가 갖고 싶은 장난감을 거의 받지 못했다는 게 뭐가 중요한가? 부모님이 어린 시절 네게 사랑한다고 말해 주지 않았다는 게 뭐가 중요한가? 두 분이 너와 함께 보낸 시간이 거의 없었다는 게 뭐가 중요한가? 네 가족은 전형적인 이민자와 난민의 딜레마에 빠졌던 것뿐이다. 부모가 아이를 위해 더 많이 희생할수록 아이와 더 멀어진다는 것.

희생은 사랑이다. 칠순이 넘은 바는 모든 지원을 거절하고 십 년간 혼자서 마를 돌본다. 그가 사이곤 머이 문을 닫고 난 뒤 네게 몇 번이나 말했듯이, 두 분의 결혼은 중매가 아니라 연애의 결과였다. 그들은 서로를 선택했고 네가 아는 한 육십팔 년 내내 흔들리지 않았다.

내가 아내를 잘 골랐어, 어느 날 저녁 식탁에서 바가 이렇게 말한다. 마는 수줍어하면서도 행복하게 웃는다. 많은 여자들을 만나 봤단다. 다들 내게 관심이 있었어. 난 재단사였으니까 재봉 기술이 있었거든. 네 어머니는 예쁘기만 한 게 아니라 똑똑하고 야심도 있었지.

바는 지금도 그때를 기억한다.

바와 마가 연애를 했던 세상은 흑백의 시대였다. 지금보다 더 격동적이고 더 화려했던 시대, 사진을 찍는 일이 옷을 차려입어야 하는

특별한 행사였던 시대, 한 세대 전체가 기근과 전쟁, 분단과 이산, 식민주의와 사회 변동으로 고통 받은 시대.

너 역시 그 시대의 끝자락에 흑백으로 태어났다. 너는 바에게 너와 마를 함께 찍은 사진을 기억하느냐고 물어 보지 않았다. 두세 살의 네가 어머니의 손을 잡고 고무나무 농장의 자연이 만든 대성당처럼 거대한 나무들 사이로 난 길을 걸어간다. 어머니는 선글라스와 꽃무

늬 아오자이 차림이고 머리는 불룩하게 부풀려 올렸다. 너와 어머니가 함께 나온 사진 중 가장 근사하고, 마가 네게 거의 세상 전부였던 시절을 담고 있다. 어머니와 너는 두 번 다시 이렇게 근사해 보일 수 없을 것이다.

너는 이때를 기억하지 못한다.

어린 시절의 사진은 애절하게 느껴지기 마련이다. 부모는 자신이 기억하는 것을 아이가 기억하지 못할 수도 있다는 것을 아니까. 마는 무엇을 기억했을까? 네가 지금 마를 기억할 때 거의 항상 스스로 던져보는 질문이다.

영화감독 고레에다 히로카즈는 지상과 천국 사이의 휴게소를 배경으로 한 수작 「애프터 라이프」에서 이 질문을 완벽하게 다룬다. 휴게소 손님은 최근에 사망해 사후 세계로 이동 중인 사람들이다. 그들은 어떤 기억을 영원히 간직하고 살아갈지 결정해야 한다. 제작진은 이 기억을 복원하고 촬영하여 새로 온 망자들에게 영원이 될 단편 영화를 만든다.

천재적인 발상이다. 영화는 기억과 같고 기억은 영화와 같다. 그리고 영원은 기억의 무한 루프다. 다만 어떤 기억일지가 문제다. 제작진은 결정을 내리지 못한 채 과도기에 갇힌 사람들이다. 그들은 연옥에 머무는 저주 혹은 특권, 어쩌면 양쪽 모두를 영위하며 다른 사람들의 기억을 처리한다.

만약 네가 지금 죽어서 영원한 기억을 선택해야 한다면 아마도 이 사진 속의 순간을 고를 것이다. 모국어를 할 줄 아는 너와 세상에서 가장 강력한 여성인 어머니가 앞으로 어떤 일들이 일어날지 꿈에도 모른 채 아버지를 향해 걸어가는 사진.

네가 기억하지 못하는 기억.

마는 이후로도 오랫동안 네게 세상에서 가장 강력한 여성으로 남는다. 해리스버그에서 마가 너와 형의 행동(무슨 행동이었는지는 기억나지 않는다.)에 화가 나서 나뭇가지를 꺾어다 두 아들에게 회초리질을 할 때까지도. 네가 마에게 맞은 건 그때 한 번뿐이다. 고작해야 일곱 살쯤 된 너는 형을 보며 능글맞게 웃는다. 형의 웃음소리에 어머니는 더 성을 내지만, 그럼에도 너를 더 세게 때리진 않는다. 어쩌면 때릴 수 없는지도 모른다. 어머니는 예전보다 약해졌다. 미국에서의 새로운 생활 때문에, 아니면 너와 형에 대한 사랑 때문에.

그다음에 네가 어머니의 약한 모습을 본 것은 병동에서다. 어머니가 말년을 보낸 기억 치료실이 아니라, 네가 열아홉 살이던 1990년 새너제이의 아시안 퍼시픽 정신과 병동이다. 가운을 입은 환자들이 구석에서 뭐라고 웅얼거린다. 정신을 놓아 버린 마, 이 환자들 중 하나가 된 마. 그 경험과 기억이 너를 괴롭힌다. 적어도 너는 그렇게 생각한다.

다행인지 불행인지, 너는 이 기간에 일기를 썼다. 작가라면 일기를 써야 한다고 어디선가 읽었기 때문이다. 그리고 너는 작가가 되기를 꿈꾼다. 열여덟 살 때 대학교 룸메이트에게 이렇게 말했다. F. 스콧 피츠제럴드는 스물세 살에 첫 장편소설 『낙원의 이편』을 출간했다고, 너도 그 소설을 읽었고 똑같이 스물세 살에 첫 장편소설을 출간할 거라고. 룸메이트는 감동한 기색이었다. 목표를 세우는 건 좋은 일이다. 너는 마흔세 살이 되도록 그 목표를 이루지 못한다.

일기는 너의 재능 결핍과 훈련 부족을 보여 준다. 고등학교와 대학교에서 몇 년에 걸쳐 마구잡이로 쓰다 보니 엉성하고 파편적이다. 나중에 네가 바와 마의 집으로 돌아온 후의 일이다. 부모님은 잠들어 있고 집 안은 조용하다. 일기는 학창 시절의 서류철, 공책과 함께 우유 상자에 담겨 있다. 동급생 전원의 이름이 적힌 세인트 패트릭 스쿨 티셔츠, 고등학교 졸업 모자, 졸업 파티 날 입었던 블레이저 등 과거의 몇몇 흔적들과 함께 벽장 속에서 너를 기다린다. 당시에는 입으면 세련되고 고급스럽게 느껴졌던 블레이저가 이제는 싸구려 인조 섬유로 보인다. 침실은 타임머신이 되어 영원히 새너제이를 떠나고만 싶었던 십 대 시절로 너를 되돌려 보낸다. 그 시절 그대로의 시트가 깔린 침대에 누워 탁자에 라프로익 위스키 잔을 올려놓고 보니, 새삼 너의 일기가 공포물과 다를 바 없다는 사실을 깨닫게 된다. 너는 당시 네가 어떤 인간이었는지 확인하고 경악한다.

1990년 2월 18일, 너는 일기에 마의 상황을 이렇게 서술한다.

> 엄마가 우울증으로 병원에 입원했다.
> 기본적으로 정신과 병동이지만 아주 깨끗하고 편안하다.
> 내가 생각한 온통 희고 삭막한 병실보다는 훨씬 낫다.
> 어찌 보면 요양소와 더 비슷하다. 모든 문을 열어 둬야 하고
> 모든 문병객이 선물 중에 위험한 물건은 없는지
> 검사를 받아야 한다는 점만 제외하면.
> 엄마는 괜찮아 보인다. 며칠 내로 집에 오실 거다.

어느 쪽이 진실일까. 지금 네가 기억하는 불안하고 고통스러운 과거일까, 아니면 그때 네가 쓴 글대로의 과거일까?

> 사실 나는 엄마 생각을 거의 하지 않았다.
> 이 일을 누군가에게 말하지도 않을 것 같다.

넌 대체 뭐가 문제야?
왜 아무것도 느끼지 못해?
너 자신의 무감정함에 소름이 끼친다.

다음 페이지에는 거의 팔 개월 후인 1991년 10월 6일자로 이렇게 적혀 있다.

> 해답을 찾기 위해 에리히 프롬의
> 『사랑의 기술』을 읽고 있다.
> 불행히도 대부분 사랑이 아니라
> 인생에 관한 내용인 듯하다.
> (…)
> 어젯밤 아버지가 전화하셨다.
> 우리는 이달 1일 이후로 대화한 적이 없다.
> 아버지의 목소리가 사납게 들린다.
> 특유의 억양과 나 자신의 날카로운 죄책감 때문에,

바가 뭐라고 말했든, 너는 그 내용을 적지 않았다.

쉼표로 끝난 걸 보면 너는 뭔가 더 쓰려고 했을 것이다. 하지만 결국 아무 말도 덧붙이지 않았다. 너는 아직 작가가 아니기 때문이다. 이 일기 속의 이 사람이 너이지만, 너는 이 사람을 싫어하기 때문이다.

이 사람은 느낄 수도 사랑할 수도 없는 사람이다.
네가 기억하고 싶지 않은 이 사람,
여전히 네가 두려워하는 이 사람.

너의 교육

그럼에도 과거의 너, 이 공포물 속에 간직된 너의 유령은 너를 놓아 주지 않을 것이다. 그의 글은 너라는 독자를 발견했다. 네가 자신을 위해 남긴, 자체 증거로서 우유 상자에 보관해 둔 기록 속에서. 어머니가 아시아 퍼시픽 정신과 병동에 있었던 그 시절에서 멀어질수록 너의 기억은 점점 더 변해 간다. 이후로 한동안은 어머니가 아시아 퍼시픽 정신과에 입원한 건 네가 더 어렸을 때였다고 생각하기도 했다. 그 병동에만 가면 두렵고 겁이 났기 때문이다.

그렇다면 왜 그 당시의 기록에서는 두려움도 취약함도 느껴지지 않는 걸까?

아마도 네가 버클리 대학생이 되었고 난생처음 어떤 대의와 운동의 일부라고 느꼈기 때문일 것이다. 1990년 봄, UCLA를 떠나 2학년 1학기로 편입한 너는 아시아계 미국인사 개론 수업을 듣는다.

너는 즉시 급진적 사상에 빠진다.

왜 지금까지 이런 역사를 전혀 배우지 못했는지 궁금해진다. 알고 보니 네가 백인화된 게 아니었다. 아메리카™가 아시아인들을 착취하고 비인간화하고 백인화하고 지워 버린 것이다. 아시아와 태평양 섬의 여러 주민들이 이민자와 난민으로서 미국으로 향하게 한 전쟁과 정복의 역사도 삭제되고 편집되고 검열되었다. 미국의 필리핀, 하와이, 괌 정복과 식민지화부터 한국, 베트남, 라오스, 캄보디아에서의 역할에 이르기까지. 이들 국민 상당수는 애초에 미국인이 오길 바라지 않았다. 그리고 아시아인 침략자인 너는 새로운 사실을 깨닫는다.

아시아인은 아메리카™를 침략한 적이 없다.
아메리카™가 아시아를 침략한 것이다.

너는 아시아계 미국인 정치 동맹에 가입한다. 1960년대 후반에 동양인 혹은 아시아인으로 불리기를 거부하고 완전히 새로운 존재인 아시아계 미국인으로 거듭났던 대학생들의 후예라고 선언하며 그들과 똑같이 분노하고 열정적인 학생들이 만든 단체다. 이들 아시아계 미국인은 제3세계 해방 전선에서 자신의 위치를 주장했다. 제3세계 해방 전선을 구성한 급진적 학생들은 해방에 이르려면 인종을 초월한 국제 연대, 반인종차별에서 더 나아가 반전과 반제국주의를 추구해야 한다고 믿었다. 너는 더 이상 얼굴 없는 일개 아시아인 침략자가 아니다. 너는 아시아계 미국인이다. 네게는 얼굴, 목소리, 이름, 운동, 역사, 의식이 있다.

그리고 분노도.

유색인종 학생과 백인 동지 연합에 가입한 너와 아시아계 미국인들은 시위에 나선다. 대부분 백인인 교수진에게, 너희의 역사와 경험을 소외시키는 커리큘럼에 더 많은 다양성을 요구하기 위해서다. 너희의 시위는 딱히 혁명적이지 않지만, 그때나 지금이나 이런 요구가 국가를 분열시키고 서양 문명을 파괴한다고 생각하는 사람들이 있다.

너의 영웅은 반식민주의 혁명가, 대중 지식인, 사회 참여적 작가, 카리스마적인 교수들이다. 너는 그런 교수들로부터 종신 재직권이라는 놀라운 개념을 배운다. 종신 재직권이 있는 교수는 해고할 수 없다니, 학문의 자유를 보장하기 위한 교수직의 놀라운 특권이다.

너는 학계의 낚싯바늘에 걸려들고 만다.
삼십 년 지난 지금도 여전히 그 상태다.

강의실 안에서는 역사, 정치, 이론, 문학을 공부한다. 탈식민지화, 혁명, 또는 저항의 순간과 운동에 초점을 맞춘다. 강의실 밖에서는 사람들을 조직하고 네트워크를 구축하고 시위를 계획하는 방법을 배운다. 행진과 집회로 시작하여 캠퍼스 행정실을, 나아가 총장실을 점거하고 급기야 수십 명이 들어앉아서 퇴거하기를 거부한다. 너는 두 주먹을 치켜들고 '단결된 민중은 결코 패배하지 않는다'는 구호를 목청껏 반복한다.

네 인생 최고의 순간이다!
이제 겨우 첫 학기인데!

캠퍼스 경찰이 곤봉으로 너를 찌른다. 너는 뒤로 물러나 최전선에서 빠진다. 시위대 동료들과 팔을 끼고 스크럼을 짜면 경찰이 엄지를 비틀어 너를 굴복시킨다. 경찰은 이동식 파출소에서 너를 기소 처리하고 돌려보낸다. 네 경우 동료 대부분과 달리 한 번이 아니라 두 번이나 이런 일을 겪는다.

너는 체포되지 **않으려고** 버클리에 온 게 아니다.

하지만 구속은 없다. 너는 선량한 대학생이니까. 한번은 아시아계 미국인 친구들이 정장에 넥타이를 매고 시위에 나서기도 한다. 자기들이 얼마나 점잖은지 보여 주기 위해서다. 고맙게도 저명하고 선의 넘치는 민권 변호사가 너를 무료로 변호해 준다. 그도 무죄 판결까지는 받아내지 못했지만, 그건 네가 실제로 유죄였기 때문이다. 무단 침입과 체포 불응으로 각각 2건의 유죄 판결이 나온다.

너는 경범죄 4건, 학위 3개, 체포 2번의
이력을 지니고 버클리를 떠난다.
연대와 해방,
민중의 힘과 예술의 힘에 대한
변함없는 믿음도 함께.

예술은 해방할 뿐만 아니라 파괴할 수도 있다. 「미스 사이공」의 인기가 이를 상기시켜 준다. 「나비 부인」을 재탕한 이 뮤지컬은 극장에서 대성공을 거두었다. 백인 남성과 사랑에 빠진 아시아 여성이 자기 아이가 서양에 가서 자유롭게 살 수 있도록 자살한다는 내용이다. 뮤지컬 버전은 일본이 아니라 전쟁 당시 사이공의 매춘 업소를 배경으로 하며, 유라시아인 기술자 역할은 눈꼬리에 테이프를 붙여 눈을 길게 찢은 백인 남성이 맡는다.

아무리 거울을 들여다봐도 네 눈은 찢어진 것처럼 보이지 않는다. 하지만 어쩌면 눈이 찢어진 사람에게는 자기 눈이 찢어졌다는 게 안 보이는지도 모른다.

네가 대학 신문에 처음으로 쓴 논평은 「미스 사이공」을 규탄하는 글이다. 학생들에게 가장 인기 있고 너도 좋아하는 영문학 교수가 네 글을 혹평했다고 친구가 전해 준다. 어쩌면 네 글이 형편없었을 수도 있다. 어쩌면 네가 야만인이나 위선자일 수도 있다. 아니면 교수님이 너를 다른 사람으로 착각했을 수도 있다.

   그 사람은 또 다른 베트남인 영문학 전공생 응우옌이다. 작달막하고 게이인 그는 보는 사람에 따라 너와 전혀 안 닮았을 수도 있고, 너와 똑같이 생겼을 수도 있다. 이 비엣 응우옌의 담당 교수가 대학원에 지원한 너를 자기가 싫어하는 그 학생으로 오해한 것이다. 이 때문에 너는 하마터면 장학금을 받지 못할 뻔했다. 장학금을 못 받았다면 버클리 대학원에 합격하고서도 등록하지 못했을 것이다.

   혹은 네 대학원 지원서가 교수의 마음에 들지 않았을 수도 있다. 마르크스주의 문학 비평가 테리 이글턴의 이론에 경도된 너는 어떻게든 해 봐야 한다고 믿는다. 그리고 문학 비평이 세상을 바꿀 수 있다고 주장한다.

> 오, 청춘의 환상이여!
> 너 자신이 변하지 않는 이상
> 너의 비평도 절대 세상을 바꿀 수 없다는 걸
> 너는 깨닫지 못한다.

   삼십 년 후 너는 「미스 사이공」 재공연에 부쳐 또 다른 논평을 기고한다. 이번에는 《뉴욕 타임스》다. 예술에 정치를 비비거나 정치에 예술을 비비면 그때나 지금이나 혹평이 쏟아지게 마련이다. 네게 쏟아진 증오 메일들은 하나같이 똑같은 내용이다. 감히 예술과 사랑을 정치로 환원하다니! 감히 언론과 예술의 자유를, 아메리카™를 짓밟다니! 네놈의 소련 러시아 중국 마오주의 주체사상 작가노조 권위주의 공산주의 사회주의 마르크스주의 반미주의 개소리로!

자유를 사랑하는 이 비평가들은 중국, 북한, 러시아 등의 용감한 반체제 작가들을 칭찬하고 해당 국가의 비정치적 순응주의 작가들을 경멸할 것이다. 하지만 과연 서양에는 예술과 글쓰기에서 정치적 분노를 불러일으킬 만한 것이 없는가? 분노할 일이 없다면 정말 멋질 것이다. 네가 속한 사회의 폭력에 위협받지 않으며 네가 속한 사회의 전쟁 군사행동 미사일 총 폭탄 채찍 올가미 곤봉 쿠데타 암살단 군사시설 법률 법령 정책 욕설 농담 시선 부정과 침묵의 피해자가 될 일이 없다면.

사실 너는 예술과 예술가의 자유, 언론의 자유, 의견 교환을 매우 중요하게 생각한다. 어느 젊고 아름다운 여성에게 (학생으로서는) 거금을 들여 뉴욕에 가서 「미스 사이공」을 관람하자고 말할 정도로 말이다. 섣불리 평가하지 말고 직접 보러 가자고.

백인 남자를 위해 자살하고 그의 아이를 낳아 주는 아시아 여성의 가슴 아픈 비극이 절정에 달하자 너와 네 멋진 데이트 상대만 빼고 주변의 모든 관객들이 흐느낀다. 심지어 휴이 헬리콥터도 등장한다! 절망한 베트남 사람들을 구조하기 위해 사이공의 지붕 위에 착륙했던 헬기! 미군이 베트남 민간인을 학살하는 데 썼던 바로 그 헬기가!

너의 사랑스러운 동반자는 너와 똑같이 냉랭하게 반응한다. 정확히는 역겨워한다. 너는 자신이 올바른 선택을 했다고 느끼며, 상대방도 마찬가지다. 네 미래의 아내이자 첫 번째 독자이며 너처럼 학자 겸 작가 지망생인 란은 극장 간판 아래에서 구역질하는 네 사진을 찍는다. 사진이 그사이 사라지지만 않았더라면 이 책에 실었을 것이다. 너는 그런 사람이니까.

「미스 사이공」을 보고 너는 아메리카™와 서양의 일부가 아시아인을 어떤 식으로 바라보며 즐기는지 더 많이 알게 된다. 너 자신도 백인 미국 문화에 둘러싸여 자랐으니 아메리카™를 제법 안다고 생각한다. 그래서 대학에서의 첫 논문으로 아시안 주간에 맞춰 「백인들의 미국에서 자란다는 것」이라는 제목의 장문 에세이를 발표한다.

너는 이 에세이 덕분에 다른 학생들 열세 명과 함께 맥신 홍 킹스턴의 논픽션 쓰기 세미나에 참가할 수 있게 된다. 킹스턴은 1976년에 페미니스트 회고록이자 아시아계 미국인 문학의 지표, 미국 논픽션의 고전인 『여전사』를 출간했다. 이 아늑하고 어두운 세미나실에 들어오게 된 건 행운이다. 너는 미국 대학 수업에서 가장 널리 읽히는 책으로 알려진 『여전사』의 작가로부터 몇 피트 떨어진 소파에 앉아서

매번 잠들어 버린다.

학기가 끝나자 킹스턴은 모든 수강생에게 일일이 쪽지를 써 준다. 너는 네가 받은 쪽지를 서류철과 공책과 함께 우유 상자에 처박아 두었지만, 그 내용은 지금까지도 정확히 기억난다.

너는 완전히 소외된 상태로 보여.
교내 상담실을 찾아가 보는 게 좋겠어.

너는 상담을 받지 않는다.
그 대신 작가가 된다.
그렇게 나쁜 작가는
아닌 것 같다. 안 그런가?
그렇지 않은가?

삼십 년 후, 작가가 된 너는 킹스턴의 편지를 꺼내 다시 읽는다.

네가 이야기의 핵심(어머니가 병원에
입원한 장면)에 다가가기 위해
거듭 노력했다고 믿어. 그럼에도
넌 사건의 본질에 도달하지 못했어.

내 눈에 넌 소외되고 우울해 보여.
넌 평소에도 수업 중에 잠들곤 한다고 했는데,
그렇다면 네가 위축되고
치료가 필요한 상태라고 생각해.

네가 건강한 상태에 이르려고 노력하면 좋겠어.
삶에서 기쁨을 느끼고 너 자신을
남들에게 마음 편히 내줄 수 있다면 좋겠어.
다른 학생들을 칭찬하거나 비평할 수도 있겠지.

내가 질문을 하라고 얘기한 것 들었니?
네 편지에는 질문이 없어. 질문은 창의적이고
위험한 것이야. 질문을 한다는 건 변화에
열려 있다는 뜻이지. 좋은 작가가 되려면
자신을 열고 참여하며 말하고 듣고 깨어 있어야 해.

네가 이미 스스로 던져 봐야 했을 질문들이다.

넌 사실은 소외되고 우울하다고 느끼는 건 아닐까?

동료 작가들에게 관대할 수 있을까?

너 자신을 열고 참여하며 말하고 듣고 깨어 있을 수 있을까?

지금까지 안 그랬다면 더더욱 그래야 한다.

이야기의 본질에 도달할 수 있을까?

아픈 곳을 건드릴 수 있을까?

뼛속까지 내려갈 수 있을까?

어느 젊고 멍청한 작가의 초상

 엄청나게 크다. 네 모자 사이즈는 엑스트라 라지다. 엑스트라 엑스트라 라지 사이즈는 구하기가 어려워서다. 머리통 크기만 보면 네 키와 몸무게가 평균이라는 걸 믿기 어렵다. 두 살 난 네 머리가 아홉 살 난 형의 머리보다 살짝 더 크다. 형은 깜짝하지만 너는…… 다소 얼떨

떨해 보인다. 네 얼빠진 미래를 예고하듯이.

하지만 너는 3학년 때 첫 번째 책을 쓰고 그림을 그리면서 잠시 조숙한 천재성을 드러낸다. 『고양이 레스터』는 권태에 빠진 도시 고양이 레스터에 대한 미니멀리즘적 캐릭터 연구다. 도시 생활이 지겨워진 레스터는 시골로 도망치고, 건초가 널린 헛간에서 시골 고양이와 사랑에 빠진다.

너는 어린 시절 고양이를 쓰다듬어 본 적도 없지만, 그럼에도 도시 고양이의 외로움을 제대로 포착해 냈는지 새너제이 공립도서관에서 상까지 받는다. 바와 마는 사이곤 머이를 비워 두고 너를 시상식에 데려갈 수가 없기에, 네 학교 도서실 사서가 너를 집까지 데리러 오고 공립도서관 건너편 호텔 식당에서 햄버거도 사 준다. 네가 베트남 음식을 팔지 않는 식당에 가 본 건 처음이다. 네게는 놀랍도록 고급스러운 곳처럼 보인다. 그 백발 사서의 이름은 기억나지 않지만, 너는 그분과 새너제이 공립도서관에 영원히 감사할 것이다. 삼십 년 넘도록 작가가 되겠다고 비참하게 발버둥 치는 삶으로 이끌어 준 데 대해.

훗날 너는 『고양이 레스터』를 J에게 넘겨 준다. 그 책은 마치 어린 시절의 약속처럼 기억에서 희미해진다. 킹스턴은 너에게 B+를 준다.

이건 좀 아프다.

스물한 살인 너는 작가보다 학자로서 더 우수하다. 영문학 박사 학위를 취득하기 위해 버클리에 남아 있지만, 일단 종신 재직권을 얻어서 해고 불가능한 지위에 이르면 뭐든 원하는 대로 할 거라고 스스로 다짐한다.

너는 글을 쓸 것이다.

문학 평론가로서 너는 식민주의, 자본주의, 인종주의를 비판하고 유색인종, 특히 아시아계 미국인의 문학을 연구하고 싶다. 전국에서도 손꼽히게 유명한 미국 문학자인 영문학과 학과장에게 베트남계 미국인 문학에 관해 학위 논문을 쓰고 싶다고 말한다. 그는 안경을 통해 살짝 걱정스럽다는 눈빛으로 너를 바라보며 말한다. 그러면 안 돼. 그랬다간 일자리를 얻지 못할 걸세.

사실일 수도 있고 아닐 수도 있다. 하지만 너는 분노한다. 올바른 대응은 현재 상황을 받아들이는 게 아니라 그 상황을 넘어서길 바라는 것이다. 지금 당장은 아니라도 미래에는 말이다. 하지만 영문학과는 전통과 정전을 신봉하기에, 동료들과 대화하려면 초서와 셰익스피어에서 낭만주의와 빅토리아 시대, 사실주의와 모더니즘 문학까지 통독해야 한다.

안타깝게도 네 관심 분야의 대화 상대가 되어 줄 동료는 드물다.

영문학과의 치카노* 문학 교수가 자기 사무실 문 뒤에서 날선 목소리로 말했듯이, 그들은 우리가 그들의 문학을 읽기를 기대하지만 우리 문학은 읽지 않을 것이다.

소위 소수자는 항상 소위 다수의 마음을 알아야 한다. 하지만 그들은 너에 관해 아무것도 몰라도 된다고 생각한다. 그들의 무지는 특권이자 네게는 허락되지 않은 사치다.

그로부터 이십오 년 후, 바너드 대학교 영문학과 명예교수는 커리큘럼의 다양성을 요구하는 학생들에게(네가 버클리 대학생 시절 추진했던 것과 똑같은 목표다.) 이렇게 대답한다.

> 여러분은 셰익스피어, 밀턴, 테니슨을 읽어야 합니다.
> 영문학 전공자에게 좋은 배경 지식이니까요.
> 솔직히 말해서 이런 생각이 드네요.
> "싫으면 영문학을 전공하지 마세요."

싫으면 나가든가. 교수가 입 밖에 내지 않은 말이
크게 울려 퍼지는 듯하다.
아마도 그는 사적인 자리에서

---

* Chicano. 멕시코계 미국인을 가리키는 말이다.

가끔 또는 자주 그렇게 말할 것이다.
교수 클럽, 칵테일파티,
컨퍼런스 리셉션, 종신 재직권 심사 등
모든 청중이 백인인 자리에서.
그녀는 말을 잇는다.

많은 교수들이 그렇게 생각할 겁니다.
영국 문학의 기본을 알고
미국 문학으로 보완하지 않으면
현대 영문학도 이해할 수 없다고요.

너는 캘리포니아 새너제이에서 자랐고
도서관과 TV에서 접한 영국 문화에
정신적으로 식민화된 앵글로필이다.
청소년기에는 『허영의 시장』과
『톰 브라운의 학창 시절』을 재미로 읽었다.
하지만 솔직히 말해서 이런 생각도 든다.
유색인종과 식민 피지배자의 문학을
읽어 보지 않은 사람은

유럽의 근대가 노예제에서 생긴 이윤과 아메리카 대륙 및 선주민의 착취를 통해 실현되었고, 유럽인들은 이런 이윤이 남긴 핏자국을 세탁하기 위해 자기네의 비인간적인 행동을 부정하고 있다는 걸 이해하지 못한다고.

영문학이 시시때때로 이런 부정에 가담하고
그들의 비인간성을
노예가 된 사람과 식민 피지배자에게
투사한다는 사실은
영문학 전공자에게
좋은 배경 지식이라고.

버클리에서 너는 소위 영문학계의 친미주의자가 된다. 해외 학회에 참석할 수 있도록 난생처음 여권도 발급받는다. 19세기 미국 문학 구술시험에서 교수는 시험 시간의 절반을 들여 네게 『모비 딕』의 한 장면에 관해 캐묻는다. 다행히도 너는 『모비 딕』을 읽었고(정말 좋았다!) 에이허브 선장이 피쿼드호 돛대에 못 박은 더블룬 금화를 기억하고 있다.

너는 아시아계 미국인 문학을 주제로 학위 논문을 쓴다. 아시아계 미국인 운동가 모두가 노력하여 아시아계 미국인과 그들의 글을 더 널리 알렸고, 덕분에 이런 전공 주제로도 학계에서 일자리를 찾을 수 있다. 아시아계 미국인 운동은 노조와 정치인에서 예술가와 활동가까지 학계 안팎에 걸쳐 지속되고 있다. 네 학위 논문도 어느 정도는 문학적 투쟁과 정치적 투쟁이 나란히 진행되는 양상을 다룬다. 자아와 사회, 목소리와 예술이 달라지고 변화하려면 두 가지 투쟁이 모두 필요하다. 너는 수이신파(『봄 향기 부인』, 1912), 카를로스 불로산(『미국은 마음속에 있다』, 1946), 존 오카다(『노노 보이』, 1957)에 관해 쓴다. 아시아계 미국인 문학을 가르치거나 연구하는 사람이 아니면 대부분 모르는 작가들이다. 심지어 당대에는 유명 작가였던 불로산도 마찬가지다.

『미국은 마음속에 있다』는 대공황 시대 미국으로 이주한 필리핀인들의 이야기다. 화자인 알로스는 미국에서 카를로스가 되었다가 결국에는 칼이 된다. 소설이자 자서전인 이 작품은 오늘날의 자전소설 장르를 예고한다. 식민 피지배자가 썼을 때는 주목받지 못했지만 훗날 백인들이 쓰면서 인기를 끈 장르다. 불로산은 장르 간의 경계는 중요하지 않다는 걸 이해했다. 식민 지배자들이 일상적으로 기존의 경계를 침해하고 마음대로 새로운 경계를 만드는 반면, 식민 피지배자들은 살아남기 위해 경계를 넘을 수밖에 없는 상황에서는 말이다.

『미국은 마음속에 있다』는 아메리카™가 자유와 민주주의의 수사에 부응해야 한다고 여겨지던 2차 대전 중에 출간되었다. 그리하여 수백 페이지에 걸쳐 미국의 필리핀 식민 지배와 미 서부 해안에서 필리핀인이 겪는 가혹한 인종차별을 묘사한 후, 정치적으로 의식화된 칼(카를 마르크스와 비슷한 이름이다)은 이런 결론을 내린다.

그 어떤 사람도, 그 누구도 미국에 대한 나의 믿음을 다시는 무너뜨릴 수 없으리라는 생각이 들었다. 그 믿음은 나의 패배와 성공에 따른 결과였고, 이 광활한 땅에서 한 자리를 차지하기 위해 투쟁하면서 형성된 것이었다. (…) 미국을 알고, 그 위대한 전통의 일부가 되고, 미국의 최종적 성취에 어떻게든 기여하고 싶은 열망에서 온 것이었다.

이 결말은 한동안 너를 당혹스럽게 한다. 수년 후에야 깨달았지만, 그 부분을 그루초 마르크스가 큰 소리로 읽으며 아메리카™가 언급될 때마다 눈썹을 추켜올리고 눈알을 굴린다고 상상하면 이해가 된다. 이 나라는 세상에서 가장 배타적인 클럽이니까. 불로산은 위대한 미국 소설가가 되었어야 마땅하지만, 미국의 반공주의 망상증이 절정에 달한 1957년 시애틀 시청 계단에서 사망한 채 발견되었다. 그는 결핵 환자이자 알코올 중독자였고 FBI에 쫓기는 중이었다. 관대한 정신인 동시에 식민주의의 철퇴인 아메리카™에서 길을 잃은 불로산의 서사시는 문자 그대로 그렇게 위대하진 않은 미국 소설이다.

킹스턴의 『트립마스터 몽키』도 마찬가지다. 1960년대 반문화 혁명기 샌프란시스코와 버클리의 아시아계 미국인 히피 예술가들을 풍자적이면서도 애정 어린 시선으로 묘사한 이 소설의 주인공은 이상주의적 극작가 위트먼 아 싱이다. 휘트먼식 민주주의적 가능성의 땅인 동시에 제국주의적 전쟁광으로서의 아메리카™를 다룬 만큼 위대한 미국 소설로 여겨야 마땅하지만, 이런 분야를 평가하고 기록하는 사람들에게는 그렇게 언급되지 않는다.

대체로 비(非)문학적인 이 세상에서, 문학계의 일원이 아닌 이상 킹스턴에 관해 들어본 사람은 드물다. 나머지 사람들도 고개를 끄덕이게 하려면 에이미 탄과 그의 대히트 소설 『조이 럭 클럽』 얘기를 꺼내야 한다. 이 책의 영화 버전은 웨인 왕이 연출하고, 네 아버지 역에도 어울릴 섹시한 남배우 러셀 웡이 출연한다. 그는 주먹으로 수박을 깨뜨리고 붉은 과육을 한 줌 집어 먹는다. 그리고 턱에서 과일즙을 뚝뚝 흘리며 위페이홍이 연기한 젊은 잉잉에게 의미심장하게 미소 짓는다(나이 든 잉잉은 「스타 트렉」으로 유명하며 네 어머니의 인생 서사시 영화에서 조안 첸 다음가는 주연 후보인 프랑스 누옌이 연기한다).

너는 열여덟 살에 『조이 럭 클럽』을 접한다. 네가 처음으로 읽은 아시아계 미국인 작가(그리고 너희 가족의 갈색 집에서 몇 블록 떨어진 새너제이 주립대학교 졸업생)의 책이다. 너의 문학적 모델은 제인 오스틴, 바이런 경, 퍼시 셸리 등 바와 마에게는 전혀 생소한 작가들이었다. 영어는 오직 너 자신의 즐거움을 위해서만 존재하며, 사이곤 머이의 세계와는 무관하다. 『조이 럭 클럽』이, 그 뒤론 제시카 헤게던(『개 잡아먹는 사람들』), 차학경(『딕테』), 데이비드 헨리 황(『M. 버터플라이』), 프랭크 친(『닭장 속 중국인』) 등 다른 여러 아시아계 미국인들의 작품이 너를 재교육한다. 아시아계 미국인들은 19세기부터 영어로 글을 써왔다. 캐나다에서 중국인 어머니와 영국인 아버지 사이에 태어난 오노토 와타나(수이신파의 여동생인 위니프레드 이턴의 일본식 필명)가 최초였다. 너는 아시아계 미국인 문학뿐 아니라 아메리카 원주민 문학, 치카노 문학, 흑인 문학, 반식민지 문학 등을 읽으며 영미-유럽 정전의 계보에 추가되어야 할 문학 유산을 독자적으로 구축한다. 그러다 문득 이런 생각을 하게 된다.

어쩌면 글쓰기는 정의로운 행위가 될 수도 있다고.
어쩌면 베트남 난민 구역인 사우스 10번가의 갈색 집을,
사이곤 머이의 그늘을 글로 환히 밝힐 수 있을지도 모른다고.
어쩌면 글은 아름다움과 빛이 될 수 있고
격정과 분노가 될 수도 있다고.

네가 베트남계 미국인 문학에 관한 논문을 쓸 수 없다면, 베트남계 미국인 문학을 쓸 것이다. 1990년대 초에 베트남인 또는 베트남계 미국인 작가가 영어로 출판한 책은 몇 권 되지 않았다. 너는 할리우드의 비인간적인 힘과 베트남 사람들에 대한 표현의 범죄에 맞서 베트남 사람들을 인간화하고 그들에게 목소리를 주기로 결심한다.

이것은 실수다. 너는 오랫동안

네 목표를 말하지 못하지만 수십 년이 넘도록 다른 일을 할 수도 없다.

그래서 너는 감히 자신이 작가라고 말하지는 못하면서도 작가가 되려고 한다. 너는 진지하게 시를 쓴다. 네 곁에 없는 누나에 관한 소네트, 로켓 공격의 생존자가 등장하는 흑백 사진에 관한 자유시 「계단의 캄보디아 소년」 등. 너는 그 소년의 처연함과 고독에 깊이 감동한다.

안타깝게도, 그렇다고 네가 훌륭한 시인인 건 아니다.

시를 써서 자신과 타인에게 해를 끼치는 건 멈춰야 한다. 에세이와 논픽션은 네 특기인 학술적 글쓰기와 더 가깝다. 그래서 네가 킹스턴의 논픽션 세미나에 참석하게 된 것이다.

너는 킹스턴의 세미나에서 잠이 들었던 걸 기억한다. 하지만 아시아 퍼시픽 정신과 병동에서의 마에 관해 썼다는 건 기억하지 못한다. 수십 년이 지나 너의 초라한 기록 보관소를 열고 킹스턴의 수업 시간에 쓴 에세이에서 어머니가 입원한 건 네가 열아홉 살 때였음을 깨닫고 놀랄 때까지.

네가 어릴 때가 아니었다.

너의 큰 머리는 온갖 생각을 간직하고 중요한 책들과 관련된 많은 내용을 기억한다. 어머니가 거의 읽지 못하는 언어로 쓰인 두꺼운 소설 속의 돛대에 달린 더블룬 금화까지도.

하지만 너는 기억하지 못하거나 기억하지 않을 것이다

어머니가 다른 사람이

되어 버렸을 때

네가 어떤 사람이었는지

너만의 기록 보관소

너 자신과 어머니를 재구성하기 위해 과거의 종잇조각들을 살펴본다. 에세이에는 정확한 날짜가 명시되지 않았지만, 대충 1990년 가을 이전에 너는 아시아 퍼시픽 정신과 병동으로 어머니를 만나러 간다. 그리고 거기서 느낀 감정을 이렇게 표현한다.

                                              무감각하다.

의대생인 너의 형에 따르면 어머니의 병은

                                              신경증이다.

사전에 따르면 신경증은

                            비교적 가벼운 정신 질환이다.

하지만

극단적인 현실 감각 상실은 아니다.

정말? 네가 보기에는 이 병동과 환자들, 그리고 네 어머니도

제정신이 아니다.

어머니를 포함한 모든 환자들이 네가 아는 현실과는 무관해 보인다. 쩐이라는 여성이 바닥에 굴러 떨어지자 병동 직원인 흑인 여성이 조심스럽게 일으켜 세운다. 다음 순간

쩐이 우리 앞 방바닥에 서 있다.
베트남어와 유아어에 아마도 자기만의 언어가
뒤섞인 말로 이야기한다. 창밖을 내다본다.
손뼉을 치고 숨을 몰아쉬며 떠듬떠듬 노래하기 시작한다.
기운이 다 빠질 때까지 노래 부르는 어린아이처럼.

마치 소설을 읽는 기분이다. 지금 너는 이 장면이 전혀 기억나지 않는다. 환자 대부분이 아시아인이고 베트남 사람이었다는 것도 기억나지 않는다. 네 단편소설집 『난민들』에 지금 너와 똑같은 인물 묘사가 나온다. 어쩌면 그는 너 자신에 관한 묘사가 반영된 인물인지도 모른다.

망각의 습관에 완전히 길이 들어
평생 끊임없이 사막을 뒷걸음 치며
자신의 발자국을 지워 버리고
파편적 기억만 남겨 놓는 사람.

하지만 병동은 어렴풋이나마 기억이 난다. 2005년에 마가 너의 현실을 완전히 떠나가게 되면서 또다시 입원했기 때문이다. 1990년의 기억은 대체로 환자들 사이에서 느꼈던 불편, 어머니가 이런 곳에 있다는 충격과 공포뿐이다. 마는 이제 다른 사람이다. 아니, 자기 자신일 수도 있다. 타인으로서의 어머니. 너의 타자로서의 어머니.

이 병동에 몇 안 되는 백인 환자 하나가 지나간다.
"어머니께 죽는 걸 걱정하지 말라고 전해 주렴. 우리 모두 처음 여기 왔을 때는 그렇게 느꼈어. 하지만 다들 극복하지."
그가 존재한다는 걸 확인해 주려고 나는 고개를 끄덕해 보인다.

병동 밖 세상에는 환자가 존재하지 않는다. 아마도 동양인 환자는 더욱 보기 어려울 것이다. 그들도 너처럼 정신질환 이야기를 기피하고 금기시하는 문화에서 자랐다. 정신질환은 창피하고 수치스러운 것이다. 너는 그렇게 느끼지 않지만, 마가 세상을 떠나기 전까지는 마의 초현실적인 여정을 기록할 엄두를 내지 못했다.

그런데 네게 그런 짓을 할 권리가 있는가?

하지만 네가 이 이야기를 하는 이유는 아마도
어머니가 어떤 사람으로든 존재했고, 존재하고 있으며,
혼자가 아니었고 지금도 혼자가 아님을
확인하기 위해서일 것이다.

너는 어머니가 아시아 퍼시픽 정신과 병동에 오게 된 이유를 기억하지 못한다. 네가 열아홉 살 때 쓴 글을 읽기 전까지는.

누군가, 어쩌면 모두가 엄마를 죽이려고 한다.
그들은 하수도 안을 기어와서 변기에서 튀어나온다.
엄마는 화장실에 갇힌 채 그들을 기다리고 있었는데,
더 이상 안 되겠다고 판단한 아버지가
문에 구멍을 뚫고 엄마를 끄집어냈다.
내 방 화장실이었다.

이 일은 기억나지 않는데, 반대로 마가 바를 쫓아 복도에 있는 다른 화장실로 들어간 밤은 왜 기억나는 걸까? 마는 의자를 들고 바가 걸어 잠근 화장실 문을 부숴 버린다. 네가 알아듣지 못하는 베트남어로 고함을 지르면서.

하지만 네가 어렸을 때, 그리고 십 대 시절에도 몇 번이나 아버지에게 얻어맞기 전에 간발의 차로 도망쳐서 바로 그 화장실 문을 걸어 잠갔던 것도 기억한다. 네가 실제로 바에게 맞은 건 딱 한 번뿐이다. 이제는 바가 무슨 이유로 성내며 벨트를 휘둘렀는지도 기억나지 않지만, 네가 피를 흘리고 비명을 질러 댔던 것과 바의 팔을 붙잡고 그만하라며 애원하던 마의 모습은 기억난다. 네가 아홉 살 아니면 열 살 때다. 너는 그때도 지금도 바를 원망하진 않는다. 네가 뭐라고 총 맞은 사람 앞에서 매 한 대 맞은 걸 불평하겠는가. 하지만 또 체벌을 받기는 두려워서 바가 사이곤 머이로 인한 스트레스를 네게 돌리려는 순간 신속히 반응하게 된다. 그때의 두려움이 기억난다. 바에 맞서는 대신 도망쳐 숨어 버린 네가 겁쟁이인 건 아닌지 두렵다. 밤새 화장실에 머물 각오를 하고 재빠르게 담요와 베개까지 챙겨 가기도 한다. 하지만 욕조에서 잘 일은 없다. 결국은 바가 항상 잠긴 문 앞까지 와서 너더러 그만 나오라고 애원하니까.

이것이 바의 진짜 모습, 상냥하고 다정한 모습이다.

바는 만사에 세심하고 너를 애지중지하지만(네가 자동차 사고로 팔을 잃을까 봐 차창 밖에 팔을 내놓지 못하게 할 정도로) 그럼에도 마가 부순 문을 고치거나 새것으로 바꾸지 않는다. 너는 그 갈색 집을 떠날 때까지 화장실 문에 뻥 뚫려 있던 구멍을 기억하지만, 병동에서 어머니와 함께 앉아 있었던 일은 전혀 기억나지 않는다.

엄마는 나를 알아봤지만, 엄마의 세계에서 나는
방 안의 흉측한 가구들과 다를 바 없는 존재였다.
엄마는 맞은편 벽을 바라보았다. 입이 살짝 벌어지고
눈빛이 흐려졌지만 몸은 꼼짝도 하지 않았다.

네가 훗날 기억 치료실에서 보게 될 바로 그 눈빛이었을까?

엄마는 우리를 안아 주지도 쓰다듬지도 않고
소심한 아이처럼 몸을 뒤로 뺐다. 우리가 잘 있으라고 말해도
방바닥 가운데 서서 멍하니 웃기만 했다.

전혀 떠올릴 수 없는 기억이지만 그래도 사실일 거라고 너는 믿는
다. 바가 가져온 포도와 오렌지 주스를 마가 거들떠보지 않았던 것
도. 바가 사회복지사와 이야기하는 동안 일어난 일도.

내 눈에서 눈물이 나기 시작했다.
아무도 내가 우는 걸 보지 못하게 얼른 자리에서 일어났다.
나는 6학년 이후로 남들에게 우는 모습을 보인 적이 없다.
아무 말도 없이 화장실로 들어갔지만 어차피 엄마는 알아차리지
못한 것 같았다.
화장실 칸막이에 들어가 문을 잠그자마자
숨 막히도록 흐느껴 울었다.

반메투옷과 사이공에서 달아났을 때를 기억하지 못하는 건 네가 겨우 네 살이었기 때문이다. 그런데 왜 십 대 후반에 겪은 일이 떠오르지 않는 걸까? 왜 너 스스로 떠올릴 수 없는 걸까? 그렇다. 너를 해체하고 떠내려 보낸 건 할리우드와 식민주의와 인종주의이지만, 한편으로는 너 자신이기도 하다.

너는 바와 마가 가끔씩 너를 위협했던 걸 잊어버렸다. 그들은 너더러 말 안 들으면 마가 화낼 거라고 말했다. 마의 병이 재발할 수도 있다고. 그런 위협은 네게 무의미하다. 해리스버그에서 그랬던 것처럼 마가 갑자기 무너져 초현실 세계로 떠나지 않는 이상은. 너는 마음속으로 정서적 협박일 뿐이라고 생각하지만, 얼마 후에는 그런 말을 들었던 것도 잊어버린다. 아마도 바와 마의 위협이 실현되었기 때문이리라.

너는 이 종이들에 힘입어 마침내 다음과 같은 기억을 떠올린다.

네 어린 시절과 청소년기 내내 바와 마는 너를 도덕적이고 부지런하며 정직한 100퍼센트 베트남 가톨릭교도로 키우려 애쓴다. 너는 부모님과 생각이 다르지만 그들을 존중한다. 두 분은 위선자가 아니다. 도덕적 신념과 빡빡한 근무 일정을 고수하고, 밤마다 묵주기도를 드리며, 은퇴 후에는 매주도 모자라서 매일 미사에 참석한다.

하지만 부모님의 신앙은 광신에 가까워진다. 너는 그레이트 아메리카에서 일하며 번 돈으로 이스트리지 쇼핑몰의 메이시스 청소년 패션 매장에서 회색 체크무늬 바지를 사다가 밑단을 접고 비틀어 발목에 고정시킨다. 바지를 다른 방식으로 입는 건 상상할 수도 없다. 한심한 어른들, 특히 선생님들처럼 헐렁한 면바지를 입느니 차라리 죽는 게 낫다.

마는 이 체크무늬 바지를 베트남 난민 불량소년들이나 입는 옷이라고 생각한다. 담배를 피우고, 이성과 어울리고, 성적이 나쁘고, 머리칼을 터무니없이 높게 세우며, 나이트클럽이나 차고에서 파티를 벌이는 애들 말이다. 이 모두가 네 생각에는 문제될 게 없고 재미있지만 마가 생각하기에는 거칠고 파괴적인 행동이다. 마는 너를 꾸짖는다. 네가 점잖게 행동하지 않고 자신의 미래를 망치는 중이라고 말한다. 마는 네게 바지를 반품하라고 명령한다. 너는 그렇게 한다.

그리고 속으로 원망한다.

너는 이중생활을 영위해야 한다는 교훈을 배운다. 너는 이미 비밀과 침묵의 달인이다. 바와 마의 집에서는 그들을 감시하는 미국인 스파이다. 바깥에서는 미국인과 그들의 괴상한 관습을, 「핑크빛 연인」, 「신비의 체험」, 「사랑시대」 같은 존 휴스 영화 속의 금지된 환상적 데이트 세계를 기웃대는 베트남 사람이다.

그러다가 그레이트 아메리카에서 J를 만난다. J의 집은 네 집과 56마일 떨어져 있다. J를 만나려면 버스를 타고 BART로 환승해 편도로 세 시간을 가야 한다. 너는 장거리 전화 요금을 지불하기 위해 아끼던 만화책 수집품을 판다. 그렇게 삼 년 동안 비밀을 지키다가 돈이 다 떨어지자 바와 마의 전화로 J와 통화하기 시작한다. 1990년 1월 4일, 마는 이렇게 말한다.

"네 아버지는 10달러짜리 셔츠도 안 사셔.
너와 네 형이 안 입는 옷을 입지.
그런데 이젠 네가 통화할 때마다
10달러, 20달러, 30달러를 내야 해."
그리고 울음을 터뜨린다.

1월 9일, 부모님이 네 침대 밑에서 J와 주고받은 편지와 사진을 발견한다. 너는 두 번 다시 그것들을 보지 못한다. 너의 소유물과 추억을, J에 대한 애정을, 영화 속 백인 청소년들처럼 살 기회를 침해당했다는 사실에 분노한다. 바와 마는 조용하고 무뚝뚝하며 대체로 고분고분하고 연약하던 아들이, 그들에게는 아직 어리기만 한 아이가 쭉 거짓말을 해 왔다는 갑작스러운 깨달음에 격노한다. 더 끔찍한 것은 그들의 아이가 완전히 낯선 사람이 되었다는 사실이다. 너는 이렇게 쓴다.

엄마는 이러다가 심장마비를 일으킬지도 모른다고 위협했다.

바와 마는 네게 관계를 끝내라고 요구한다. 너는 차도 없고 돈도 없고 배짱도 없다. 게다가 부모님을 사랑하고 공경할 의무가 있다. 그래서 바와 마에게 다시는 J를 보지 않겠다고 말해 놓고서 계속 J를 만난다. 너는 두 얼굴과 두 자아를 오가며 그중 한 쪽만 부모님에게 드러내는 이중생활에 익숙해졌다. 그들이 너의 다른 삶을 모른다고 해서 문제될 게 있을까? 이 상황을 참아 주는 J가 얼마나 힘들지는 생각하지 않으려 한다. 어머니와 아버지는 나름대로 타협한다. 네게 참한 가톨릭교도 베트남 여자애들을 소개해 주겠다고 제안한다. 하지만 참한 가톨릭교도 베트남 여자애는 네 쪽에서 사절이다.

결국 너는 참한 가톨릭교도 베트남 여성(이지만 그 이상인) 란과 결혼하게 된다. 하지만 란도 너와 마찬가지로 상황에 적합한 표정을 짓는 법을 안다. 거짓 표정이 아니라 딱 맞는 표정을.

너는 그 사실을 잊겠지만, 그리고 실제로 잊어버렸지만, 마가 현실을 떠나 아시아 퍼시픽 정신과에 입원한 건 너와 J의 비밀 연애를 알게 된 지 오 주 만인 1990년 2월 18일이었다. 심장마비보다도 더 끔찍한 운명이다.

상관관계일까,
아니면 인과관계일까?

너는 모르겠지만 그로부터 칠팔 개월 후인 1990년 가을, 너는 킹스턴의 세미나에서 아시아 퍼시픽 정신과 병동에 관해 쓸 것이다. 두 자아 사이의 본질에 도달하려고, 현실과 초현실의 교차점에 도달하려고, 떠내려가던 것들을 도로 떠올리려고 발버둥 칠 것이다.

너의 다음 일기는 한참 후인 1991년 10월 6일이다. 작가가 되려는 뒤늦고 변덕스러운 시도의 최종 결과물이다. 네가 쓴 마지막 단어는 뭐였을까?

죄책감.

네게 남은 것들

마는 회복한다. 집으로 돌아온다. 이후로 십오 년이 지나도록 아시아 퍼시픽 정신과 병동에 돌아가지 않는다. 너는 계속 바와 마에게 비밀을 지키며 이민자와 난민의 자녀다운 이중생활을 영위한다. 적어도 너 자신은 그렇게 생각한다.

바와 마는 네가 모르는 위험으로부터 너를 보호하려 하고, 너는 두 분이 몰라도 되는 앎으로부터 두 분을 보호하려 한다. 그리고 두 분에게도 네가 전혀 모르는 비밀이 있을 것이다. 진정한 비밀이라면 그 존재 자체가 알려져서는 안 되지 않을까. 네 생각에 최악의 비밀은 어느 쪽인가? 네가 무신론자라는 것? 마르크스주의 이론서를 읽는다는 것? 체포된 것? 관계가 끝나기 전까지 J를 오 년 더 만났다는 것?

그러니까
다시 말해,
J가 너를
찼다는 것이다.

J는 더 이상 너의 비밀로 지내기 싫다고 한다. 『고양이 레스터』는 돌려 주지 않았다. 너는 J가 아직도 그 책을 갖고 있는지 궁금하지만 물어 보진 않았다. 제 여자 친구도 변호하지 못할 만큼 나약하고, 상대가 원치 않는 이중생활을 강요해 온 사람은 연락을 취할 자격이 없다. 이중성은 어디서부터 표리부동이 될까? 두 개의 자아는 어디서부터 복합적 관점이 아닌 자기기만이 될까? 네가 J를 마지막으로 본 것은 베트남 남성과의 결혼식에서다. 적어도 J는 너 때문에 모든 베트남인을 미워하게 되진 않았다.

너는 란과 결혼한다. 바와 마에게 란의 가장 중요한 점은 양갓집 출신의 베트남 가톨릭교도라는 것이지만, 네게 란의 가장 중요한 점은 시인이고 아름답다는 것이다. 부모님은 기뻐하며 매우 성대한 결혼식 비용을 지불한다. 모든 베트남 사람들의 결혼식이 그렇듯이 중식당 연회장에 공들인 중국 음식 10코스가 차려진다. 하객 400명을 위해 테이블마다 헤네시 코냑 한 병이 준비된다. 하객 대부분은 네가 모르는 사람들이다. 네 결혼식이니 네가 즐거워야 한다고 생각하는 사람은 아무도 없다. 그런 건 서양인들 사고방식이니까!

너와 란이 만난 건 어둡고 폭풍우 치는 밤 오클랜드의 기찻길 옆 다락방에서다. 네가 준비한 시 낭송회에서 란이 즉흥적으로 자작시를 낭독한다. 너는 란의 서정성에 매혹된다. 게다가 란도 베트남에서 온 난민이다. 너처럼 포트 인디언타운 갭과 펜실베이니아를 거쳐 새너제이로 이주했고, 너처럼 책벌레 아웃사이더다. 어쩌면 난민촌에서 너와 마주치거나 함께 놀았을지도 모른다. 언젠가 이렇게 다시 만날 운명이라는 것도 모른 채 도서관에서 나란히 책장 사이를 오갔을지도 모른다.

누군가 이 러브 스토리를 영화로 만들어야 한다.
웨스 앤더슨? 웨스 앤더슨 영화 그 자체다!
하지만 앤더슨은 독특한 백인들이 나오는
매력적인 영화만 만든다.
너는 독특하지 않다.

란은 너의 모든 글을, 그것도 종종 두 번 이상 읽어 준다. 잘못된 출발과 끔찍한 실험의 연속인 기나긴 습작기에도 불평하지 않는다. 작가로서의 네 야심을 누구보다도 잘 알기 때문이다. 너는 그 야심을 좀처럼 남들에게 드러내지 않는다. 전업 문학 평론가이자 교수인 네가 소설가가 되겠다는 욕망을 드러내면 작가 동료들에겐 아마추어 취급을 당할 것이며, 학자 동료들은 너를 동물학자가 짐승을 보듯 볼 것이다. 연구, 분류, 호기심의 대상이자 사랑스럽긴 하지만 업신여겨야 마땅한 존재로서.

항상 그렇듯 네 마음은 둘로 갈라진다.
너는 비평가인가, 아니면 작가인가?

과학자인가, 혹은 야수인가?

너는 영문학 박사 학위를 취득하면서 이론이라는 새로운 언어를 배운다. 네게 이론이란 특히 마르크스주의, 해체주의, 포스트구조주의 등의 매력적인 사상을 뒤섞어 전 세계적 반식민주의 투쟁과 미국 유색인종의 반항적 글쓰기로 양념한 결과물이다.

너는 목소리를 얻었지만 그것이 너 자신의 목소리가 아니라는 걸 모른다.

그것은 뛰어난 이론가들을 모방하는 누군가의 목소리다. 문외한에게 이론은 흔히 난해하고 복잡하며 모호해 보인다. 하지만 이십 대의 너는 이론이 텍스트, 사물, 세계의 표면 아래로 파고들어 예술, 권력, 정치의 작용을 이해하는 방법이라고 확신하며 진심으로 감동한다. 너는 텍스트 비평을 통해 세상을 비평하는 담론을 익히려고 한다.

박사 과정을 마칠 무렵엔 담론이 너를 지배하게 된다.

너의 대학 교수직 면접에서, 이론에 적대적이거나 회의적인 교수들은 네 논문을 "평이한 언어로" 설명해 달라고 요청한다.

누구의 언어가 평이한가?
■■■는 평이하게 말한다.
그것이 정말로 바람직한 목표일까?

회의적인 교수들은 네가 이론서에서 배운 관념, 즉 간극성에 관해 설명해 달라고도 요청한다. 너는 아직 너의 존재 전체가 간극에 있음을 이 분 내로 명확히 설명할 수 없다. 틈새, 횡단로, 교차점, 건널목, 언어와 문화와 사고방식과 정치적 신념이 엇갈리는 곳에.

너는 영원히 저곳과 이곳 사이에 있다. 자리 없는 난민에게 집은 언제까지나 불안한 장소다. 너는 어디에서도 편안할 수 없을 것이다. 집은 만사가 행복하고 확실한 곳일 뿐 아니라 불편하고 불쾌한 곳일 수도 있기에. 집에 온 것을 환영한다. 싫으면 나가든가.

너는 네가 접하는 모든 언어의
안과 밖 중간쯤에 서 있다.
베트남어에 버림받고
프랑스어에 서툰 채로 영어에 입양된다.
이론에 능통하지만 소설에 경탄한다.

문학과 국경 횡단, 이주민에 관한 대학원 세미나에서 멕시코 이민자의 딸인 네 동급생은 자기 어머니도 이해할 수 있는 글을 쓰고 싶다고 말한다. 너는 그 말에 공감한다. 하지만 마가 읽을 수 있는 글을 너는 쓸 수가 없다.

그럴 수 없고 그럴 생각도 없으니
포기하고 이론에 매진하기로 한다.
어려운 일은 아니다. 이미 영어에 투신하면서
모국어를 완전히 포기했으니까.

의식적인 결정은 아니었다.
하지만 그렇기도 했다. 아이가 절단 수술을
의식할 수 있을 정도로는 말이다.

영어는 의식과, 기억과 동시에 나타난다. 기억은 영어로 네 마음속에서 너 자신을 서술하면서 시작된다. 영어는 학교, 독서, 텔레비전을 통해 거의 하루 종일 존재한다. 바와 마에게만 쓰는 베트남어는 점점 더 희미해진다. 부모님이 베트남어로 네게 가르치는 것은 전통, 규율, 에티켓, 종교, 처벌과 수치, 순종과 공포다.

그리고 사랑도.
하지만 너는 집을 떠난 이후에야
베트남어로 말하는 소리만 들으면
그것이 전혀 모르는 사람의 목소리라도

정겹게 들린다는 걸 새삼 깨닫고 실감한다.

부모님은 십 대 초반인 네게 베트남어를 가르치려고 친지를 고용하지만, 너는 배울 의욕이 없다. 네 과외 교사는 고향에서 의사였지만 미국에서는 면허를 인정받지 못해서 다시 의대에 다녀야 한다. 네가 기억하는 것은 그가 지루해하는 아이를 가르치는 데 썼던 소설 제목뿐이다.『너는 살아야 한다(Anh Phải Sống)』.

네가 대학교에 들어가고 나서도 바와 마는 큰이모의 아들인 이종사촌형을 고용해 네게 베트남어를 가르치려고 한다. 네 아버지뻘 되는 나이의 사촌형은 정신개조 수용소*에서 살아남은 전직 군인이다. 그가 쓰는 교재는 성경이다.

부모님과 베트남어 과외 선생이 본 네 모습이 어땠을지 이젠 너도 안다. 조용하고 과묵하고 무뚝뚝하고 네게 다가오려는 그들을 밀어내며 자기만의 은밀한 환상과 현실 도피에 빠진 아이. 미국인이 된다는 건 외계인이 되는 것이다.

이제 아버지가 된 너는 아들과 가깝게 지내려고 한다. 한때 너와

---

* 베트남 전쟁 당시 남베트남 정부 지지자와 군인들을 수감하고 강제노동을 시킨 수용소이다.

부모님 사이에도 있었지만 사이곤 머이로 인해 사라진 친밀함을 되찾으려고 애쓴다. 네가 종종 책을 읽어 주면서 아이도 책을 좋아하게 된다. 아이는 혼자 책을 읽을 수 있게 되고 나서도 "아빠, 책 읽어 주세요."라고 말한다. 네가 가장 듣기 좋아하는 말이다.

아이는 혼자 책을 읽으면서 너에게서 떠나가는 첫 걸음을 뗀다. 하지만 앞으로 너와 아이 사이에 어떤 오해가 있든 간에 공유하는 언어가 없어서는 아닐 것이다. 아이의 모국어는 네가 입양된 언어다.

너는 모국어(mother tongue)를 단칼에 잘라 낸 게 아니다. 영어에 점점 더 숙달되고 능란해지면서 조금씩 모국어를 떠나보내게 된다. 뼈에 닿지는 못했지만, 애초에 모국어를 완전히 끊어 낸 것도 아니다. 베트남에 돌아가면 입안에 남은 혀(tongue) 뿌리가 그럴싸하게 움직여서, 사람들이 이렇게 말할 정도다.

베트남어를
한국인치고는 정말 잘하시네요!

너는 어렸을 때 결정을 내렸을 것이다. 두 언어 모두를 원어민이나 학자처럼 구사할 수는 없었으리라. 최악의 결과 : 두 언어가 모두 서툴러지는 것. 그다음으로 나쁜 결과 : 영어는 외국인처럼 말하지만 모국어는 유지하는 것. 최상의 결과 : 영어는 원어민처럼, 베트남어는 어린아이처럼 말하는 것.

어린애 수준의 베트남어로도
네가 여전히 베트남 사람임은 인식할 수 있다.
성인이 된 너는 로스앤젤레스의 약국에서
한 남성이 베트남어로 통화하는 것을 듣는다.
피부가 그을리고 옷차림이 허름한 그는
아마도 육체노동에 종사하는 사람일 것이다.
그는 다정한 목소리로 말한다.
얘야, 아빠다(Con ơi, Ba đây).
밥 먹었니(Con ăn cơm chưa)?

그때도 눈물이 났고
지금도 눈물이 난다.
감상적이다 못해 진부한 표현이지만
이 눈물이 네가 여전히 베트남 사람임을 알려 준다.

네가 어릴 때 바와 마도 날마다 그렇게 말하곤 했다.
얘야, 밥 먹었니(Con ăn cơm chưa)?

두 분은 손님을 맞을 때도 똑같이 인사한다.
밥 먹었어요(ăn cơm chưa)?

사랑하는 가족과 친구들이
잘 먹고살기를 바라는 마음에서 나온
애정과 관심의 표현이다.

그들 중 누구도 밥 먹는 것을 당연하게 생각하지 않는다.

부모님은 어린 시절
대기근으로 쌀이 부족해서
카사바 나무의 덩이뿌리인
마니옥을 먹어야 했다.
네게는 아무 맛도 나지 않는
흰 섬유질일 뿐이다.
은퇴 후 아버지는 이따금
마니옥을 삶아 먹는다.
향수에 젖은 미소를 지으며.

바와 마는 아무리 절약해도 음식만은 아끼지 않는다. Con ăn cơm chưa?

바와 마는 사이곤 머이에서 하루 종일 일하고 집에 돌아와서도 언제나처럼 3코스 저녁 식사를 준비한다. 고기와 채소와 국, 그리고 이 모두를 떠받치는, 밥솥에서 갓 꺼내 식탁에 올린 대량의 재스민 쌀

밥. Con ăn cơm chưa?

너는 식욕이 없지만 그럼에도 접시에 담긴 것은 전부 먹어야 한다. 양념 없이 삶은 내장. 희고 질긴 창자 토막. 노랗고 쫄깃한 소 위장. 한 입 크기의 근육질 닭똥집과 연한 닭 심장. 수십 년이 지난 요즘은 힙스터들이 즐겨 먹는다는 꺼칠꺼칠한 우설. 필립 로스의 소설로 성적인 뉘앙스를 갖기 이전의 다크 초콜릿색 간. Con ăn cơm chưa?

너는 접시를 깨끗이 비운다. 삼십 년은 더 지난 지금도 오븐에 구운 통닭을 꺼낼 때마다 조리대 앞에 홀로 서서 모래주머니, 간, 심장을 전부 먹어 치운다. 이젠 너 말고 먹을 사람이 아무도 없으니까.

밥은 음식이고, 음식은 사랑이다. 아버지는 끼니마다 네가 먹는 밥그릇을 헤아리고 세 그릇 이상 먹지 않으면 잔소리를 한다.

you를 베트남어로 뭐라고 번역해야 할까. 베트남어에는 '너'라는 말이 없다. TV에 나오는 미국인 가족은 서로 you라고 부른다. 충격적이다. 네 아들도 이제 아버지를 you라고 부른다. 네가 자신을 Ba로 부르지 않고 아이를 con이라고 부르지 않으니까. 모국어를 끊어 내면 그보다 더 많은 것들이 끊어진다. Father, Dad, Daddy — 이런 말들은 네 마음을 움직일 수 있지만 너를 울리진 못한다. 아직까지는.

Con ơi, Ba đây.

네 아홉 살 난 아들과 세 살 난 딸은 이 말의 의미를 영원히 모를 것이다. 그들이 이미 아는 문자 그대로의 의미 말고 감정적인 의미를.

네가 그 말을 들을 때, 그 말이 너를 맞아들여 가계도에 배치할 때 너는 자신의 위치를 깨닫는다. 베트남 사람이 된다는 것의 역사가, 전쟁과 상실, 투쟁과 희생, 부모의 사랑과 자식의 효성에 관한 기록이, 이 짧은 문장과 그렇게 말하는 음성에 응축되어 있다.

바, 마, 너. 성스러운 삼위일체. 희생이 있는데 누가 사랑을 필요로 하겠는가? 어머니와 아버지가 네게 사랑한다고 말해 준 적이 없다면, 너는 바와 마에게 그렇게 말한 적이 있는가?

네가 타인에게 처음으로 '사랑'이라는 말을 한 것은 형이 이제 널 사랑하지 않는다고 원망했던 그때일 것이다. 형은 그때 널 사랑한다고 말하지만, 이후로 수십 년이 지나고 마가 죽을 때까지 다시는 그렇게 말해 주지 않는다. 당시에도 너는 형에게 똑같이 사랑한다고 대답할 엄두가 안 난다는 걸 깨닫는다. 형을 정말 사랑하는 데도.

그다음에 네게 사랑한다고 말해 준 사람은 J다. 너와 J는 각각 다른 대학교로 진학할 예정이다. J가 너와의 통화 중에 사랑해, 라고 말한다.

너는 얼어붙는다. 말을 더듬는다.
똑같이 대답하려고 해도 혀가 움직이지 않는다.
침묵이 점점 더 길어지자 J는 작별 인사를 하고 전화를 끊는다.

몇 주 후, 대학에 입학하여 새로 사귄 친구가 너를 친구로서 사랑한다고 말한다.

너는 또다시 얼어붙는다. 누구든 네게 왜 그런 말을 하는지 모르겠다. 누가 널 정말로 사랑한다는 건 상상할 수도 없다.
친구는 상냥하게 혹은 어색하게 웃으며
그 순간을 흘려보내고, 다시는 그런 말을 꺼내지 않는다.

네가 사랑한다고 말할 수 없는 건 사랑하는 법을 모르거나, 혹여 사랑할 수 있더라도 그것이 어떤 느낌인지 모르기 때문이다. 오랜 시간 후에야 네가 두려워한다는 걸 깨닫는다. 감정을. 취약해지는 것을. 너는 사랑할 용기가 없다. 널 사랑하는 만큼 널 상처 입힐 수도 있는 타인에게 마음을 열 용기가 없다.

너는 이론 뒤에 숨는다. 객관적이고 무심하고 상처받지 않을 수 있는 지식의 방패. 너는 주관을 불신하는 법을 배운다.

불합리. 경험주의, 모호함. 다정다감함. 취약성. 너의 지식을 약화시킬 수 있는 그 모든 것들을.

                너는 생각하지만 느끼지 않는다.

그 결과 문학 박사로서 텍스트를 면밀히 검토할 수는 있지만, 자신을 검토하는 건 불가능하다. 동물학자인 너는 짐승이 될 수 없다. 독자인 너는 텍스트가 될 수 없다.

                하지만 네가 양쪽 다라면 어떨까?

순례 여행

2003년 여름부터 겨울까지 일곱 달 동안, 너와 란은 파리 11구에 머물게 된다. 볼테르 지하철역 코앞인 이 동네는 영어가 거의 들리지 않고 미국인도 좀처럼 보이지 않는다. 너는 신혼이고 이제 막 종신 재직권을 받았다. 범죄를 저지르지 않는 이상 해고될 일이 없다는 뜻이다. 그래서 너는 이곳에 왔다. 또 다른 연구서를 쓰기 위해서가 아니라 ―

네 고등학생 시절 단짝 친구는
네가 쓴 연구서를
침대 머리맡에 두었다고 한다.
잠드는 데 도움이 된다나.

― 허름한 리샤르 르누아르가의 간소한 건물 3층에 있는 침실 하나짜리 아파트에서 지내며 단편집을 집필하기 위해서다. 오스망*풍

---

* Georges-Eugène Haussmann. 1853년에서 1870년까지 파리 시장으로서 도시를 근대적으로 정비했다.

의 화려함은커녕 엘리베이터조차 없는 집이지만, 아직 젊고 사랑에 빠진 너와 란은 각자 여행 가방 하나씩만 가지고 이곳으로 왔다.

네가 작가들로 유명한 도시 파리에 온 게 문학적 순례라면, 바와 마는 종교적 순례를 목적으로 그해 가을 파리를 방문한다. 두 분이 생각하는 즐거운 휴가란 서유럽의 주요 가톨릭 성지를 돌아보는 것이다. 너는 닷새 동안 부모님을 프랑스 남서부의 루르드와 포르투갈의 파티마에 모셔다 드리고 런던에도 들를 것이다. 초조한 마음을 달래기 위해 위스키 한 병을 챙겨야 하지만, 그래도 바와 마를 위해 일생일대의 휴가 여행을 준비해드린 게 뿌듯하다.

바와 마에게는 이번이 네 번째 해외여행이다. 첫 번째 여행은 고국을 떠나왔을 때다. 강제로 이주한 사람도 세계인이라고 할 수 있다면, 난민과 이주민이야말로 세계 여행을 가장 많이 하는 집단에 속할 것이다. 그들은 고국을 떠난 적 없는 사람들보다 훨씬 더 넓은 세상을 보지만 오히려 그런 사람들에게 경멸받는다. 그들의 생존 확률은 우주 비행사와 비슷하거나 심지어 더 낮다.

너는 2004년에 파리를 떠나자마자 아버지의 고향인 응이어옌을 찾아간다. 바와 마의 인생 여정이 시작된 곳을 직접 보기 위해서다. 디아스포라의 자녀가 고향으로 돌아간다는 것은 일종의 순례다. 부모님이 태어나 어린 시절을 보낸 곳은 성지와도 같다. 그리고 너는 신을 믿지 않지만 바와 마는 믿는다.

서른세 살이 된 너는 이번 방문을 세심하게 준비한다. 베트남을 처음 방문한 1998년에 너는 관광객이었지만, 이번에는 학생이다. 사이공, 다시 말해 호찌민시에 있는 베트남 국립대학교에서 몇 달 동안 베트남어를 공부하는데, 여기서 공부란 여러 나이트클럽과 바를 돌아다니는 것이다. 너를 일대일로 지도하는 남성 강사의 보충수업도 있다. 베트남 문화에서는 아버지의 고향이 아들의 고향이라는 것도 그가 들려준 이야기다. 급사가 상자째로 가져다주는 타이거 맥주를 큰 병으로 10병 정도는 둘이서 쉽게 해치울 수 있다. 너는 공부를 아주 열심히 한다.

너는 복잡한 가족 존칭 체계를 익혔고, 삼촌이나 이모를 베트남어로 어떻게 부르는지도 안다. 하지만 바와 마를 포함해 어느 누구도 네게 응이어옌, 득토, 하띤 주민들이 독특한 방언을 구사한다는 사실을 알려 주지 않았다. 물을 가리키는 단어조차 다르다. 그래서 가끔씩 시부모님 말씀을 알아듣기 어려웠던 거구나, 하고 란이 말한다.

그때서야 네가 평생 써 온 베트남어가 다른 베트남 사람들에게는 괴상하게 들렸으리라는 걸 깨닫는다.
아, 그런 거였구나!

사촌누이의 허풍선이 남편이 너를 고향까지 태워다 준다. 사촌누이네 가족은 바와 마가 돈을 보내 준 덕분에 전쟁이 끝난 후 배급제 치하에서 살아남을 수 있었다며 고마워한다. 너는 하노이에서 가장 가까운 대도시인 빈(Vinh)까지 기차를 탈 생각이었지만, 허풍선이 사촌매형이 운전기사 딸린 자기 메르세데스를 타고 가라며 고집을 피운다. 그는 수영장이 있는 시내 고급 주택에 사는 사업가이자 자본주의적 희망에 가득 찬 신종 베트남인이다. 아버지의 동생들은 구식 베트남인이자 가난한 촌로들이다. 밤이 다 되어서야 종갓집에 도착하니 삼촌 셋에 수많은 사촌과 사촌조카들이 너를 기다리고 있다. 노인부터 어린아이까지 이삼십 명은 되겠다. 베트남 사람이 된다는 건 이런 걸까? 혼자 있을 일이 없다는 것?

유감스럽게도 너는 혼자 있는 쪽을 선호한다.

종갓집은 삼촌마다 한 채씩 세 채의 집을 담장으로 둘러싼 주택단지다. 네가 한 번도 만나지 못한 할아버지가 지었다고 한다. 베트남어 과외 선생에게 네 종갓집에 수도와 전기가 들어온다고 말했더니 그가 깜짝 놀란다. 네 아버지의 고향은 생활환경이 나쁜 곳으로 유명하기 때문이다.

응이어옌은 바가 태어난 지역이지만, 너는 정작 네 출생지엔 방문하지 않는다. 바가 반메투옷에는 가지 말라고 했기 때문이다. 당신 때문에 너까지 공산주의자들에게 박해당할 거라면서. 너는 기억이 없기 때문에 그런 두려움도 없다. 하지만 지금껏 몇 번이나 바의 말을 따르지 않았던 너도 이번에는 따를 수밖에 없다. 네가 바의 말에 따르는 건 대체로 공경하는 마음에서지만, 바의 말에 살짝 두려움을 느낀 것도 사실이다. 만에 하나 바의 말이 옳다면?

아직도 반메투옷(이제는 부온마투옷이다)에 사는 누나 찌뚜옛이 1975년 마가 형과 너를 데리고 망명길에 올랐던 해안 도시 나짱으로 너를 만나러 온다. 만남의 장소는 전쟁 당시 바와 마의 소유였던 바닷가에서 몇 블록 떨어진 집이다. 네가 묵는 싸구려 호텔에서 택시를 타고 양지바른 조용한 골목길에 내린다. 캘리포니아 교외 기준으로는 소박한 집이지만 베트남 기준으로는 중산층 저택이다. 대문을 여니 안뜰에 오토바이가 여러 대 세워져 있다. 바와 마는 누나에게 전쟁 동안 이 집에서 지내라고 했지만, 어찌된 일인지 이모가 빌라(바와 마는 이 집을 그렇게 부른다.)를 둘로 나누어 절반을 세 놓았다. 바와 마도 곤혹스러워하며 한두 차례 언급했던 이야기다. 이제는 이모가 집주인이 되었다. 공산주의 정부가 승리한 후에 이모가 어떻게 이 집을 지킬 수 있었는지 너는 알 수 없다. 그리고 물어보지도 않는다.

가족 중 누군가가 이 집을 지켜 주어 다행이다. 다만 그 사람이 누나였다면 좋았을 것이다. 하지만 네 어설픈 베트남어로는 그런 이야기를 꺼낼 엄두가 안 난다. 네가 알아들을 수 있는 대화 내용은 50퍼센트에서 80퍼센트 정도다.

    요점을 파악하는 데는 충분하지만 네가 들은 내용과 상대가 말한 내용이 일치한다고 확신할 정도는 아니다. 너의 평소 대화 요령은 계속 질문을 던져 상대가 대답하게 하는 것이지만, 지금은 묻기 망설여지는 질문들이 있다 보니 이마저도 여의치 않다.

누나는 우리 뒷모습을 보며 무슨 생각을 했어?
문을 닫고 혼자 남았을 때는?
다음날 아침은 어땠어? 그다음 날은?
당 간부들이 집에 와서 누나를 쫓아냈을 때 뭐라고 말했어?
전쟁 후 자원봉사 청년 여단에서 지낸 시간은 어땠어?
어디로 보내졌어? 얼마나 오랫동안?
남편은 어떻게 만났어?

    지금은 이 모든 질문들을 떠올릴 수 있지만, 바닷가의 이모 집에서는 그중 하나도 떠올리지 못한다. 설사 떠올렸더라도 물어 볼 수는 없었으리라. 하물며 이렇게 묻는 건 엄두도 낼 수 없다.

입양아로 사는 건 어떤 느낌이야?

    그때는 잊고 있었지만, 킹스턴이 세미나를 마친 후 네게 보낸 쪽지에는 이렇게 적혀 있었다.

> 질문은 창의적이고 위험한 것이야.
> 질문을 한다는 건 변화에 열려 있다는 뜻이지.

 가끔씩 너는 바와 마가 베트남을 떠나지 못했다면 네가 어떻게 살았을지 궁금하다. 너의 다른 삶을 살아간 사람은 바로 네 누나였다. 누나는 남았지만 부온마투옷의 본가와 사업체도, 냐짱의 집도 지키지 못했다. 마는 반메투옷을 떠나면서 가져갈 수 없는 금을 남겨 두고 이모들에게 네 누나와 나눠 가지라고 부탁했지만, 이모들은 그러지 않았다. 네가 부온마투옷에 돌아가지 않는 또 다른 이유는 누나를 속인 것 같은 이모들과 만나기 싫어서다.

 네가 누나를 마지막으로 본 것은 이십구 년 전이다. 너는 겨우 네 살이었으니 그때를 기억하지 못한다. 이후로 본 누나의 모습은 젊은 시절 사진 두 장뿐이다. 네가 만난 여자는 이미 사십 대이고 두 아이의 엄마다. 세련된 차림에 화장도 했다. 너와 누나는 서로의 존재에, 서로의 얼굴에 경탄한다. 누나는 울지만 너는 울지 않는다. 누나가 울음을 그치자 비로소 둘 다 미소 짓고 웃음을 터뜨린다. 너는 누나가 노래하고 즐겁게 놀기를 좋아한다는 걸 알게 된다. 즐겁게 노는 건 바와 마, 형과 네겐 어려운 일이다. 네 가족은 근엄한 사람들이다.

네가 홀로 남겨졌다면 아마도 불행했을 것이다. 분노하고 질투하고 갈등하며 버림받았다는 배신감에 빠졌을 것이다. 누나는 그런 감정을 느낀 적이 있거나 여전히 느낀다 해도 전혀 그런 기색을 보이지 않는다. 단지 널 만나서 기뻐할 뿐이다.

이모네 저녁 식탁에서 누나는(너는 뚜옛이라는 별명밖에 몰랐지만 이제는 본명인 흐엉을 쓴다고 한다.) 호피 무늬 민소매 원피스를 입고 있다. 이모와 사촌들은 바와 마가 마침내 고향을 방문했던 1990년대 초를 회상하며 웃는다. 부모님에게는 세 번째 해외여행이었다. 미국이 베트남과의 정치적 관계를 회복하고 1975년에 부과한 금수 조치도 해제했을 때, 즉 교전 이후 냉전까지 끝난 직후였다. 아버지는 부부의 여행 가방을 내용물이 도둑맞을지 모른다는 이유로 침대 밑에 두겠다고 우겼고, 친척들은 아버지의 편집증에 우스워했다. 하지만 아버지의 그런 행동도 이모의 집이 원래 아버지의 것이었다는 이유로 정당화되었으리라.

바는 장남이다. 가족을 사랑하고 가난한 사람들을 도와야 한다고 믿는 신실한 가톨릭교도로서 부모 형제에 대한 의무감이 강했을 것이다. 하지만 그에 따른 재정적·정서적 비용은 만만치 않았으리라. 본가의 남동생 셋과 여동생 하나, 처가의 다섯 자매와 오빠 하나에 수많은 조카들이 있었으니까. 게다가 네 (입양된) 누나도 있었다.

네가 고향을 방문하기 전에 바는 네게 친척 목록과 각자에게 줄 금액을 알려 주었다. 너는 그들 모두를 위해 미국 달러가 든 봉투를 준비한다. 바와 마도 분명히 그렇게 했으리라. 두 분이 베트남에서 돌아온 직후의 추수감사절에, 한때 네가 백 퍼센트 베트남 사람이라고 단언했던 바는 칠면조 요리를 먹으며 이제 우리 가족은 미국인이라고 선언한다.

이후로 부모님은 다시는 고향에 가지 않는다.

너는 부모님의 고향을 기억한다. 친척들로 붐비던 종갓집과 담장 너머 펼쳐진 광활한 녹색 농지를. 밤이 되면 그 땅은 칠흑 같은 어둠 속으로 가라앉고, 너는 바와 마가 영원히 고향에 돌아갈 수 없는 이유를 이해한다. 그들은 공간적으로나 시간적으로나 너무 멀리 떠나왔으니까. 너도 마찬가지다.

너와 고향의 유일한 연결은 인간의 눈에는 보이지 않는 기억과 느낌의 비단실 한 올뿐이다. 너는 누나와 이십구 년간 떨어져 살아온 끝에 그 실을 당겨 서로 가까워졌다고 말하고 싶다. 하지만 너는 그러지 못했고 그럴 수도 없었다. 나짱에서 누나와 만난 것은 네게 일종의 성지 순례, 기억 속에 간직된 누군가를 보기 위한 의식적 방문이다. 하지만 순례를 마치고 나니 돌아올 이유는 사라져 버렸다.

누나와 너의 관계는 일종의 전쟁 피해이다. 어쩌면 네가 누나와 가까워질 수 없다는 게 전쟁 피해일 수도 있다. 아니면 네가 어느 평행 우주에서든 시종일관 무감정한 인간일 수도 있다.

전쟁이 너와 누나의
관계를 떠내려 보냈다면,
바와 마도 누나를 떠내려 보낸 걸까?

네가 바와 마를 대변할 수는 없지만, 너는 확실히 그랬다. 뚜옛 누나는 부재하는 존재이고 (입양된) 누나 흐엉은 존재하는 부재. 너는 결코 누나를 완전히 잊은 적이 없지만 제대로 떠올린 적도 없다. 네가 누나를 바라보는 시선이 지구에 남겨 두고 온 이를 달에서 바라보는 사람의 시선과 같다는 건 전쟁도, 다른 누군가의 탓도 아니다. 이제 거의 매일 누나를 보여 주지만 여전히 멀게 느껴지게 하는 페이스북의 탓도 아니다.

우주 비행사들은 결국 지구로 돌아오게 마련이지만, 바나 마와 같은 우주 비행사는 고향의 중력에서 벗어난다.

고향을 떠나려는 네 의지도 그들에게서 온 걸까?
바와 마에게 웅이어옌 마을이 좁았던 것처럼
새너제이도 네겐 너무 좁아진 걸까?

향수병은 말 그대로
고향이 그리워서 괴로워하는 병이다.
하지만 고향이 지긋지긋해지는 병은
뭐라고 불러야 할까?

독실한 가톨릭교도에게 진정한 고향은 지상이 아니라 천국이며, 천국에 대한 갈망이야말로 영원한 것이다. 하늘로 올라가 그런 갈망을 채우려면 우주 비행사, 항해사, 모험가가 되어 영원히 돌아오지 않는 방법밖에 없지 않겠는가. 볼 수도, 들을 수도, 만질 수도 없는 존재에 대한 믿음보다 더 위험한 것은 없다.

부모님은 그들이 믿는 대상을 신이라고 부른다.
너는 네가 믿는 것을 정의라고 부른다.
세 사람 모두 각자의 방식으로 진실한 신자다.

그래서 바와 마가 1988년경 떠난 두 번째 해외여행은 성당에서 주최한 바티칸과 예루살렘 순례다. 네가 여행 가이드 노릇을 한 2003년의 유럽 성지 순례는 그 후속편이 된다. 성모 마리아가 시골 소녀에게 현현한 장소라는 루르드의 알록달록한 건축물은 디즈니랜드를 연상시킨다. 기념품 가게에서는 다양한 크기의 십자가, 교황이 그려진 접시, 성모 마리아 조각상, 스노 글로브, 로켓 목걸이 등을 판매한다. 너는 장인어른을 위해 작은 성수 병 하나를 구입한다. 부모님이 성수에 몸을 담그는 동안 너는 밖에서 기다린다. 촛불을 든 열성 신자들이 좁다란 골목길을 따라 저녁 미사에 나가고, 검은색과 회색 옷을 입은 수녀들의 행렬도 지나간다.

파티마는 엄숙함이 인상적인 도시다. 푸르른 산에 둘러싸여 있으며 기독교도 기사에게 납치된 무어인 공주의 이름을 따왔다는 파티마에는 또 다른 성모 마리아 현현이 전해진다. 방문객들은 널따란 광장을 가로질러 웅장한 성당과 높다란 첨탑에 다다른다. 성모의 도움을 간절히 구하는 사람들이 무릎을 꿇은 채 광장을 가로지른다. 더 가혹했던 시절엔 신자들의 무릎에 피가 나고 멍이 들었을 것이다. 이제 순례자들은 무릎 보호대를 착용한다. 바와 마는 파티마에서 기도 드리지만 광장을 기어다니지는 않는다. 그들에겐 기적이 필요하지 않다. 그들은 이미 미국 정부와 신의 도움으로 스스로를 구했다.

바와 마에게 네가 무신론자라고 말하지 않는 건 두 분이 속상해하는 게 싫어서다. 바와 마를 지키려는 건 그들에 대한 너의 애정 표현이다. 설사 부모님이 알아차리지 못하더라도, 너 역시 부모님이 보여준 온갖 무언의 애정 표현을 기억하지 못하더라도. 그들의 여행 가이드 노릇을 하는 것도 또 다른 애정 표현의 방식이다. 바와 마는 마침내 성인이 된 너의 보살핌을 기꺼이 받아들인다. 결혼은 네가 진정한 성인이 되었다는 첫 번째 신호다. 두 분의 다음 목표는 손주들이지만, 너는 아버지가 되는 게 두렵다.

이 순례로 시간을 벌 수 있다. 놀랍게도 너 역시 여행을 즐긴다. 바와 마를 모시고 에펠탑과 베르사유를 둘러보며 그들이 기뻐하는 모습에 흐뭇해한다.

버킹엄 궁전과 리스본에도 간다. 바와 마는 깨끗한 런던이 지저분한 파리보다 좋다고 한다. 파리 지하철에서 마는 어렸을 때 버스 요금을 안 내려고 좌석 밑에 숨어 있었던 일을 떠올리며 웃는다.

너는 수년 후에야 그 기억의 의미를 이해한다. 베트남 중부를 지나는 만원 야간열차 3등석의 나무 벤치 밑에서 자는 아이들, 통로 의자에서 까무룩 잠들어 네 가슴에 머리를 기댄 낯선 사람을 보면서.

부성에 대한 너의 공포는, 어느 정도는 모성이 마에게 끼친 손상을 목격한 데서 비롯된다. 네가 어렸을 때 어머니는 아름다운 미소를 지었고 몸치장을 좋아했다. 위엄 있고 우아하고 권위적이며 강력한 분이었다. 그러나 사이곤 머이가 어머니를 지치고, 늙고, 쇠약하게 한다. 게다가 네가 어머니만큼 자라고 심지어 더 커지는 동안 어머니의 몸은 쪼그라들 것이다. 십 대 시절 너는 마의 얼굴에서 나이를 인식하기 시작한다. 지금 네가 아이들의 풋풋함과 비교하여 자신의 얼굴에서 나이를 인식하듯이. 아이들이 너의 삶을 빨아들이듯이, 너 역시 바와 마의 삶을 빨아들였다.

하지만 이 순례는 희생의 끝을 알린다.
전쟁의 시대는 오래전에 지나갔다.
사이곤 머이도 이제는 사라졌다.

너는 전 세계의 모든 가톨릭 성지로 부모님을 모셔 갈 것이다. 심지어 기억을 떠올리기 위해 두 분과 함께 베트남으로 돌아갈 수도 있다.

2003년 가을이다. 마는 건강하다.
이 년 후면 마의 세상이 완전히 달라지리라는 걸
두 사람 모두 모른다.
너도, 그리고 나도.

3부

우리가 어른인 이유는 우리 등 뒤에 죽은 사람이 조용히 존재하기 때문이며 그들에게 우리의 현재 행동에 대한 조언을 구하고 과거의 모욕적인 언행에 대한 용서를 구하기 때문이다.

―나탈리아 긴츠부르그, 『작은 미덕들』

망각, 일부러 혹은 우연히

너, 그리고 나. 정말로 희한한 한 쌍이다.

나 자신에 관해 쓰기 위해서는 너에 관해 쓸 수밖에 없었다. 너는 나이지만 약간의 거리를, 혹은 최대한의 거리를 두고 바라본 나다. 한 인간과 그의 자아의 거리란 그런 것이다.

너는 나에 관해 쓰기 위한 변명이다. 나에 관해 이야기하기란 너무 지루하고, 생각하기란 너무 두려우니까. 내가 나 자신에게, (입양된) 혹은 누나나 어머니와 같은 사람들에게 한 행동들을 떠내려 보낼 수 있는 자는 대체 어떤 자일까?

너에 관해 씀으로서 비로소 너뿐 아니라 나도 떠올리려고 시도할 수 있다. 그리고 아마도 글을 쓰고 떠올리는 과정에서, 이 미묘한 변증법에 관여한 너와 나는 우리의 단절된 부분들을 합친 것보다 더 큰 무언가가 될 수 있으리라.

너와 내게 떠올리기가 그토록 어려웠다면, 우리 둘 중 어느 쪽이 잊어버렸다고 탓할 수 있을까? 미국인들은 부분의 합보다 더 큰 존재가 되려고 끊임없이 노력하며 망각의 문화 속에서, 부정(否定)이라는 51번째 주에서 살아간다. 많은 사람들이 기억하지 않으려 하는 사실이지만, 이 나라는 시인 윌리엄 카를로스 윌리엄스의 말에 따르면

피의 난교

속에서 탄생했다. 그리고 한때 난민이었던 사람들을 포함해 너무나 많은 시민이 여전히 이 땅에 스며든 피에서 이윤을 얻고 있다. 우리 미국 시민 상당수는 이런 잔학 행위를 기껏해야 애석한 일로, 새 날을 향해 나아가야 하는 이 나라의 운명에 따른 불행한 사고로 치부해 버린다. 하지만 그 빛이 과연 태양빛일까, 아니면 아메리카™가 히로시마와 나가사키에 투하한 원자폭탄의 불빛일까? 마셜 제도에서 이루어진 67번의 핵실험도 잊지 말자.

망각이라는 면에서 아메리카™만이 예외적인 경우는 아니다. 국가는 항상 역사를 잊어버리거나 떠내려 보낸다. 국가 이미지에 상충되는 역사는 감춰지고 지워지고 다시 쓰이거나, 그 역사를 기억하고 떠올릴 수 있는 사람들과 함께 추방된다. 전쟁에서 패배한 남베트남 사람들도 그랬다. 1975년 혁명의 승리는 남베트남 공화국을 해체했지만, 북부와 남부를 재결합시켜 하나의 베트남을 만들었다. 패배자

들 혹은 그들의 후손인 우리가 재결합된 베트남으로 돌아갈 때, 우리는 그것이 조건부 체류임을 안다. 우리는 정치를 회피하고, 공산주의의 정당성을 인정하며, 과거를 들추지 말고 선을 넘지 말아야 한다.

하지만 난민으로서 우리의 삶을 말하는 것 자체가 이미 선을 넘은 것이다.

내 단편소설집 『난민들』이 베트남에서 출간되었을 때, 검열관들은 지금껏 내가 쓴 유일한 자전소설이자 사이곤 머이와 백인 총격범 이야기인 「전쟁의 세월」을 삭제했다. 소설 속 아버지는 바와 많이 다르지만 소설 속 어머니는 마를 닮았고, 소설의 서술자인 아이는 너를 닮았다. 마는 내게 사이곤 머이에 찾아와 반공주의를 위해서라며 돈을 요구한 베트남 여성 이야기를 한 적이 있다. 당시 나는 평소처럼 마에게 아무런 질문도 하지 않았다. 소설 쓰기는 나 나름대로 질문을 던지고 답을 제시하는 방식이다. 소설에서 나는 이 여성을 호아 부인이라고 부르며 그가 전쟁 중에 남편과 아들을 잃었다고 상정한다. 나는 실제로 호아 부인과 같은 사람들을 아는데, 그들의 반공주의는 정치적인 만큼이나 개인적이기도 하다.

검열관들도 호아 부인을 실제로 아는 사람처럼 느꼈을 것이다.

공산주의는 베트남의 사이곤 머이를 검열하지만, 자본주의는 새너제이에서 사이곤 머이를 지워 버린다. 식민주의가 사이곤 머이의 자리에서 무웨크마 올론 부족을 제거하려 했듯이(하지만 그들은 살아남았다).

이 비극적인 희극, 또는 희극적인 비극이 바로 너의 카를 마르크스주의에 그루초 마르크스주의가 필요한 이유다. 바와 마를 비롯한 베트남 난민들은 쇠락한 도심의 젠트리피케이션, 혹은 식민지화에 크게 성공했고 시 당국은 이를 더욱 부채질했다. 1990년대에 새너제이가 실리콘밸리의 베드타운이 되면서 모두가 새너제이로 가는 길을 알게 되었고, 새롭게 태어난 새너제이에는 새로운 시 청사가 필요해졌다…….

사이곤 머이 바로 맞은편 길가에.

구도심을 재건한 베트남인들은 신도심 주민들보다 훨씬 격이 떨어진다. 시 당국은 바와 마를 비롯한 베트남인들에게 모욕적일 만큼 낮은 가격에 가게를 넘기도록 강요한다. 바와 마를 비롯한 난민들은 미국인 서사에서 또 하나의 새로운 문장을 배운다. '적당한 가격에 변호사를 고용해 소송을 제기하라.' 하지만 그들이 얼마를 받아내든 감내해야 할 사실이 있다. 그동안 지나치게 잘 보였던 그들이 이제는 보이지 않는 존재가 되어야 한다는 것이다.

「스타 워즈」의 데스 스타를 꼭 닮은 새로운 시 청사는 기억상실증을 토대로 삼아 솟아났다. 세금으로 그 건설비를 댄 IT 기업들만큼이나 반드르르한 금속성의 모습이다. 이후로 십 년도 더 지났지만 나는 아직 이 건물을 보지 않았다. 새너제이 시내에 돌아갈 일이 있어도 샌타클래라가는 항상 피해 다닌다. 한때 사이곤 머이가 있었지만 이젠 부모님이 쏟은 노동과 희생의 흔적조차 남지 않은 주차장을 차마 볼 수 없어서다.

시 당국은 사이곤 머이를 기리기 위해 심포니 홀을 짓겠다고 한다. 난민이 세운 가게 자리에서 교향곡이 울려 퍼지다니 정말 멋지다.

나는 미국의 노래를 듣는다

라고 백인인 월트 휘트먼은 썼지만, 바와 마도 흐릿하게나마 미국

이라는 합창단에 참여할 수 있으리라. 랭스턴 휴스가 읊었듯이

나 또한 미국을 노래한다.

하지만 도중에 슬며시 계획이 바뀐다. 시 당국은 이 부동산을 수백만 달러에 팔아 버린다. 이 자리를 살 수만 있다면 뭐든 하겠다던 바의 직감이 옳았다는 증거다. 바와 마가 피땀을 흘린 자리에는 이제 초대형 고급 아파트 단지이자 새너제이에서 가장 높은 건물인 미로(Miro)가 들어섰다. 아마도 예술가 호안 미로에게서 따온 이름이리라. 심포니 홀은 기획 단계에서 취소되고 2억 8,800만 달러가 투입된

고층 도심 휴양지로 대체되었다.

그곳에서는

상상을 뛰어넘는 근사한 생활을

약 3,000달러부터 12,000달러까지의 월세로 영위할 수 있다.

이 글 역시 아메리카™다!

아니면 적어도

흑인도 백인도 아니고
지독한 음치인
나의 형편없는 노래다.

말소와 침묵에 맞서고, 기술 지배 행성의 소비자를 위한
스마트하고 멋스럽고 번지르르한 세련미를 뽐내는
라이프스타일 자본주의의 오벨리스크에 맞서는 것은
노래가 아니라 이 말들, 이 책이다 —

　　　　　　　　소비 가격은 16달러에서 27달러이지만
　　　　　　　결국에는 중고가 1달러 미만으로 구입하거나
　　　　　　　　　　　그냥 빌려 볼 수도 있는

— 이 기념비는 망각의 불가피성과
필연성에 저항한다.
집단의 망각, 나 자신의 망각,
바의 망각에.

기념비란 그 이름과 달리 얼마나 많은 것이 잊혔는지 보여 주는 증거이기도 하다. 기억될 수 없는 모든 것들, 해석이 필요하고 논쟁의 여지가 있는 모든 사실의 무한한 바탕이자, 일관적인 기억이라는 공고한 허구를 위한 배경이다.

소설가로 잘 알려진 내가 이런 식으로
기억할 수 없다는 게 이상하다. 나는 단지
재구성할 수 있을 뿐이다.

바는 더 이상 파티마와 루르드를 기억하지 못한다. 내가 두려워했지만 이제는 소중한 기억으로 간직하고 있는 순례 여행을, 마가 이 현실에 있었고 내가 착한 아들이었던 시절을 잊어 버렸다.

하지만 파리와 런던은 아직 기억한다. 무엇보다도 기억하는 건

호텔 방의 커튼이라고 바가 아련하게 말한다.

우리는 빅벤 근처의 메리어트 호텔에 묵었다. 방 여러 개가 합쳐진 스위트룸에는 바닥부터 천장까지 밝은 노란색 커튼이 달려 있었다.

나는 그 커튼을 본떠 우리 집 거실 커튼을 만들었다.

젊은 시절 재단사였던 바는 런던에서 돌아와 커튼을 직접 재단하고 바느질했다. 이제 그는 오전이든 오후든 푹신한 갈색 가죽 소파에 앉아 가슴 위로 양손을 깍지 끼고 낮잠을 청한다. 닫힌 커튼 틈새로 금빛 햇살이 은은하게 스며든다.

소파에 앉으면 마주 보이는 흰 벽에는 2004년 바와 마의 50번째 결혼기념일 사진이 걸려 있다. 두 분의 난민 생활과 함께 시작된 베트남 분단도 같은 해에 50주년을 맞았다.

나라가 분단되고 유혈 사태가 예고된 상황에서도 결혼은 두 가족과 두 연인을 하나로 묶어 준다. 소설에 넣기 딱 좋은 문구다!

기념일에 바는 미색 양복을, 마는 금색 아오자이를 입었다. 통통하고 뺨이 발그스레한 새너제이 주교가 화려한 제의를 차려입고 주교관을 쓴 채 베트남에서 온 그의 양들에게 긴 지팡이를 휘두른다.

일 년 후인 2005년 12월 크리스마스 휴가에 나는 경악한 채 바로 그 소파에 앉아 있다. 마의 내면에서 무언가가 갑자기 부서졌다.

우리의 현실과 어머니의 초현실 사이에 벌어진 균열의 원인은 알 수 없다. 어머니는 은퇴 후 인생을 즐기고 있었다. 몇 가지 요리를 연습하고, 매일 거대한 옷장에서 다른 옷을 꺼내 입고서 바와 함께 미사에 참석하고, 손주들과 사진을 찍기도 했다. 이제 마는 본인과 우리 모두의 반대에도 불구하고 병원에 수용되어 있다. 나는 의사가 환자를 72시간 동안 강제로 입원시킬 수 있으며, 가족이 원해도 퇴원시킬 수 없다는 사실을 알게 된다. 내가 기억하는 몇 안 되는 사실 중 하나다.

이 시기에 나는 일기를 쓰지 않는다.

그러고도 작가를 자처한다고?

말들이 없으면 기억은 공백이다. 그 새하얀 공간은

뼈를

닮았다. 기억이 거의 없는 건 네가 망각을 선택했고 나는 떠올리고 싶지 않아서다. 어느 정도는 너와 나를 보호하기 위해서고, 어느 정도는 기억할 수 없는 걸 기억한다는 게 사실이 아니라 허구를 만들어 내는 행위에 가깝기 때문이기도 하다.

사실 나는 마에게 일어난 일을 좀처럼 기억해 낼 수 없다. 마가 신경쇠약을 일으켰을 때 내가 그 자리에 있긴 했는지, 그때 마의 모습이 어땠는지, 어느 병원에 얼마나 오래 있었는지, 어쩌다가 오래전에 입원했던 바로 그 아시아 퍼시픽 정신과 병동으로 돌아오게 되었는지도.

사실은 나도 떠올리고 싶지 않다. 나는 내 기억과 문장을 날카롭게 가다듬도록 도와 달라고 형에게 전화하지 않는다.

뼈를

깎아내고 싶지 않다. 나는 기억을 거부한다. 기억상실을 받아들인다. 사실 아시아 퍼시픽 정신과 병동은 내 평생 가장 무시무시한 장소였고, 이름을 왜 그렇게 지었는지도 알 수 없는 그 병원에 어머니가 강제 수용된 72시간은 내 평생 가장 불안한 시간이었기 때문이다. 차라리 내 신체 부위나 심지어 수명의 일부를 내주는 편이 낫다. 병동 환자들처럼, 거기 구금된 사람들처럼,

마처럼 되기보다는.

      고통스러운 일은 잊어야만 하는 사람들도 있다.
      잘라낼 수 없는 뼈는 충분히 고아내면 된다.
        나는 뼈를 충분히 고았을까?
         그 기억의 골수를
          맛볼 수 있을까?

의사들이 어머니를 풀어 주고, 어머니가 아시아 퍼시픽 정신과 병동을 떠나고, 바가 어머니의 운명을 다스리는 데 필요한 법적 서류를 구해 온 후 우리는 어머니를 요양 시설로 옮긴다.

내 기억은 이 중간 기착지에서 다시 시작된다. 아시아 퍼시픽 정신과 병동의 초현실적 분위기와, 마와 함께하는 우리 집에서의 현실적인 삶 사이에서. 호화롭지 않지만 조야하지도 않은 요양 시설은 어느

정도 병원과 닮았지만, 그보다도 인간을 죽을 준비가 될 때까지 살려 놓는 냉장고에 더 가깝다.

내가 상상하는 영원한 천국이 높다란 책장들과 조용한 이용자들, 그리고 내 전용 가죽 안락의자가 있는 고요한 도서관이라면 이 냉장고는 지옥, 혹은 적어도 연옥에 해당한다. 타일 깔린 바닥, 훤히 밝혀진 복도, 플라스틱 뚜껑이 덮인 밍밍한 식사, 무기력한 환자들, 끊임없이 오가는 간호사와 치료사와 방문객, TV 소음.

나는 이 연옥에서
책을 읽는 사람을
본 적이 없다.

간호사복이나 폴로셔츠와 면바지를 입은 직원 대부분은 필리핀 여성이다. 미국의 필리핀 식민지화는 그곳 간호사들이 아메리카™로 올 수 있게 해 주었지만, 한편으로 필리핀 내의 의료인들을 빼앗아 갔다. 어머니들은 아이들을 남겨 두고 미국과 세계 여러 나라 사람들을 돌보러 떠나야 했다.

이 여성들에 관한 시트콤은 왜 나오지 않는가. 「필리핀 여자들(Filipinas)」이라는 제목을 붙이자. 아니면 「필링스(Feelings, 감정들)」도 좋다. 「미스 사이공」에 출연했던 모든 필리핀 배우와 댄서들이 대기하고 있다.

멍하니 바라보는 내 눈앞에서 환자들은 멍하니 침대에 누워 있거나 휠체어에 실려 복도에 앉아 있다. 늙어 병들었거나 늙어 죽어 가고 있다. 가끔 누군가 비명을 지르기도 한다. 난 여기서 끝나기 싫어.

어머니는 그곳에 머무른다. 며칠, 몇 주, 혹은 몇 달이었는지 기억나지 않는다.

내가 떠올릴 수 있는 사실은 그때가 다른 때와 달랐다는 것이다.

얼마 전 형과 아버지를 차에 태워 마을 방문하고 돌아오는 길에 나는 마가 회복하지 못하리라는 사실을 깨닫는다. 마의 상태에 관한 두 사람의 이야기를 들으며, 마가 가끔씩 잠깐 들를 수는 있겠지만 결코 그분의 초현실에서 우리의 현실로 내려오진 못하리라는 걸 이해한다. 그 순간 나도 모르게 무너지고 만다. 흑흑 소리 내어 우는 동안 너와 나, 나와 자신을 분리하던 벽이 허물어진다. 이렇게 대책 없이 무너져 버린 건 마가 아시아 퍼시픽 정신과 병동에 처음 입원한 이후로 십사 년 만이다.

내가 운전대를 붙잡고 눈물 흘리며 앞을 보려 애쓰는 동안 아버지도 형도 아무런 말이 없다.

나는 정신을 차린다. 자신을 추스른다. 너를 네가 있어야 할 곳으로 돌려보낸다.

아버지와 형은 대화를 계속한다.

나는 운전을 계속한다.

우리는 이 순간을 언급하지 않는다.

바는 요양 시설에서 퇴원한 마의 몸을 집으로 데려온다. 하지만 마의 마음은 돌아오지 않는다. 적어도 완전히 돌아온 건 아니다. 마의 생각은 거의 항상 다른 평행 우주에 가 있다. 그래도 마는 가끔이나마 우리의 현실로 돌아오고, 보잉기에 올라 세계를 일주하고 있어야 할 바가 일흔두 살 이후로 쭉 땅에 묶여 있음을 알아차린다. 바는 집에 묶여 있다. 이후로 십 년간 불평 한 마디 없이 마를 돌보고, 도와줄 사람을 구하라는 형과 나의 간청도 무시한다. 충분히 그럴 여유가 있는데도.

어렸을 때 나는 바가 저녁밥을 짓고, 식재료를 사오고, 청소기를 돌리는 모습을 지켜보았다. 보통 베트남 남성은 집 안 살림을 기피한다. 이처럼 소소하고 일상적인 행위야말로 사랑이라는 걸 나는 한참 후에야 깨달았다.

내가 존경하는 오스트리아 영화감독 미하엘 하네케는

2012년에 팔십 대 노인 부부의 사랑을 다룬
「아무르」를 만든다.
뇌졸중으로 몸이 불편해진 아내는
남편의 간병에 의존하는 처지가 된다.
남편은 아내를 깊이 사랑하기에
질식시켜 죽이고 그 자신도
둘이 살던 파리의 아파트에서 굶어 죽는다.

하네케는 언제나 관객을 즐겁게 해 준다.

바와 마에 관한 영화를 만들기
적합한 감독은 아니다.

그들의 사랑은 인내이니까. 두 분 모두 살인-자살이나 처형 같은 극적인 사건 없이도 고통과 희생을 감내할 줄 안다. 아들들 말고는 알아 주는 사람이 없더라도.

다 먹고 난 쿠키 깡통에 담긴 마의 온갖 약들이 극적인 사건을 막아 준다. 약은 마를 진정시킨다. 자해 가능성을 줄인다. 마가 우리의 현실에서 완전히 벗어나지 못하게 한다. 궤도에 단단히 묶인 마는 묵묵하고 느릿느릿 움직이며 거의 아무것도 하지 않는다. 하지만 나와 손주들만은 알아본다. 금세 도로 잊어버리긴 하지만.

하네케의 두 시간 칠 분짜리 영화와 달리, 이 조용한 연극은 십 년 동안 계속된다. 사무엘 베케트의 『행복한 날들』처럼 느리고도 암담하게.

베케트는 『이름 붙일 수 없는 자』에서 이렇게 쓰기도 했다. 너는 계속해야 한다. 나는 계속할 수 없다. 나는 계속할 것이다.

이는 난민에게 얼마나 적절한 문장인가? 베케트 역시 한 사람의 난민이었다. 바와 마는 계속했고 계속했으며 계속할 뿐이다.

마는 전쟁 피해자로 집계되지 않았다. 하지만 전쟁으로 조국을, 재산 대부분을, 가족과 부모와 (입양한) 딸과 마음의 평화를 잃은 사람을 달리 뭐라고 부를 수 있을까?

너무도 많은 전쟁 피해자가 집계되지 않는다. 기념비도 세워지지 않았고 벽에 이름도 새겨지지 않았으며, 소설이나 희곡이나 영화에 등장한 적도 없다. 난민, 자살자, 장애인, 집 잃은 사람들, 정신이 망가진 사람들, 이 현실을 떠나 버린 사람들. 끝까지 알려지지 않은 사람들.

베트남 사람들이여, 당신들 각자의 고유한 경험과 상처를 어떻게 분리할 것인가.

전쟁, 식민 지배, 조국의 분단과 통일로부터?
난민이 되거나 홀로 남거나 남겨진 경험으로부터?
난민, 군인, 목격자, 전쟁 생존자의 자녀라는 사실로부터?
살아남지 못한 사람들의 자녀라는 사실로부터?
당신들이 베트남 사람이라는 사실로부터?

당신들의 자아와 기억을
역사와 어떻게 구분할 것인가?

당신들의 존재를
그토록 많은 부재와
어떻게 구분할 것인가?

　　　　　　　　　　　　　　내가 제시할 수만 있고
　　　　　　　　　　　　　　대답할 수 없는 질문들.

부고장

2015년, 십 년간 혼자서 마를 돌봐 온 여든두 살의 아버지가 결국 백기를 든다. 바는 마를 영화나 드라마에 나올 법한 멋진 요양원으로 옮긴다. 환자 대부분이 백인이며 고요하고 온통 카펫이 깔린 곳이다. 아버지는 요양원에 찾아갈 때마다 어머니를 위해 휴게실에서 피아노를 연주한다. 아버지는 성인이 되고 나서 피아노를, 노년기에는 만돌린을 독학으로 배웠다.

가끔씩 궁금해진다. 바가 내 아들과 같은 교육을 받고 개인 피아노 교습도 받았다면 어떤 사람이 되었을까? 하지만 그랬다면 바는 지금 같은 아버지가 아니었을 테고 나 역시 지금 같은 사람이 되지 못했으리라.

어머니가 머무는 기억 치료실 직원들은 이번에도 거의 필리핀 여성이다. 환자들은 햇빛이 잘 들고 은 식기와 접시가 차려진 식당에 둘러앉아 소금기가 거의 없는 싱거운 음식을 먹는다. 구운 닭고기, 브로콜리, 으깬 감자 등, 평생 베트남 음식만 먹어온 사람에게는 섭섭

한 메뉴다. 심지어 내 어린 아들도 할머니의 접시에 담긴 네모난 젤라틴 덩어리를 거부한다. 환자들은 아이를 귀여워해 주지만 다음에 찾아가면 누구네 아이인지 까먹고 또다시 귀엽다며 감탄한다.

아이와 나를 보면 마는 미소 짓는다. 하지만 훈훈한 첫 순간이 지나면 마의 눈은 우리를 떠나 당신에게만 보이는 무언가에 고정된다. 마는 막힌 싱크대에 고인 물처럼 고요하다. 마의 약이 항상 효과가 있는 건 아니다. 하루는 마가 침대에 올라가다가 떨어져 팔이 부러졌다는 얘기를 듣는다. 적어도 직원들의 말에 따르면 그렇다. 내가 한 번도 만나 보지 못한 의사가 마의 약을 조정한다. 영구적으로 손상된 마의 팔은 몸에 들러붙어 있거나 옆구리에서 힘없이 흔들거린다.

이제는 그것이 왼팔이었는지 오른팔이었는지도 기억나지 않는다.

2018년, 마의 상태가 더 악화된다. 뇌졸중이라고 형은 말한다. 마는 엑스레이와 MRI 검사를 받아야 한다. 이제 기억 치료실에서는 마를 돌봐 줄 수 없다. 마는 이전에 있었던 요양 시설로 돌아간다. 할리우드가 상상할 수 있는 그 어떤 공포 영화보다도 무서운 현실의 삶, 실제 죽음의 배경이다. 할리우드 영화는 두 시간이면 끝나지만, 한 인간이 끝나는 데는 그보다 훨씬 더 오래 걸릴 수 있다. 마의 경우 몸과 마음이 십삼 년에 걸쳐 세포 하나씩 서서히 죽음에 잠식되어 간다.

바가 사제를 부른다. 머리가 희끗하고 검은 사제복에 하얀 칼라를 단 중년 남성이 곧바로 도착한다. 그는 마의 침대 곁에 서서 종부성사를 치르고 베트남어로 말씀을 전한다. 나는 무슨 말인지 알아듣지 못한다. 마는 눈을 뜨지 않는다.

의식은 몇 초 만에 끝나고 신부는 몇 분 더 자리를 지킨다. 나는 베트남인 성직자가 경건한 자세를 보여 주길 기대한다. 바의 어깨를 두드려 준다거나 하는 빤한 위로의 표현이라도 좋다. 하지만 그는 상냥한 말 한마디는커녕 아버지의 슬픔을 나누는 척조차도 하지 않는다. 성호를 긋는 그의 표정은 설거지라도 하듯이 시큰둥하다.

성부. 성자. 성신.

아빠. 엄마. 그리고 이것 —

기억, 역사, 추모 —

마가 누워 죽어 가는 동안 나는 벌써부터
저 유령 같은 존재를 생각하고 있었다.
내 예술이 성령에, 혹은 귀신에 가장
가까워질 수 있는 형태를. 나는 이전에도 여러 번 그랬듯
또다시 마를 바라보며 생각했다.

이 이야기를 어떻게 써야 할까?
마에 관해? 그리고
마의 유령에 관해?

바와 마는 은퇴한 후에도 날마다 미사에 참석했다. 미사가 열리는 베트남 성당을 짓기 위한 기금 마련도 도왔다. 나는 이 베트남인 사제가 건성건성 그어 대는 성호보다는 더 많은 성의를 보여 주길 기대했지만 아무 말도 하지 않는다. 바는 감사하며 사제와 악수하고 고개까지 꾸벅 숙인다. 아버지가 고맙다는데 내가 감히 무슨 말을 할 수 있겠는가. 어쩌면 나도 바처럼 늙고 위태롭고 연약해질 때쯤에는 고마워하게 될지 모른다.

마는 이 연옥이나, 아니면 집에서 생을 마감할 수 있다. 그래서 우리는 마를 모시고 교외의 아메리칸드림™ 하우스로 돌아간다. 드넓고 푸르렀던 잔디밭은 진흙탕이 되었다. 마는 너무 피곤하고 정신이 없어서 잔디를 관리할 수 없다. 나는 위층 침실에서 잠을 잔다. 내가 고등학교 마지막 이 년을 보낸 그 침실이다. 물을 트니 수도관이 신음하듯 삐걱거린다. 이 방은 여름엔 덥다. 에어컨 바람이 너무 약해 2층까지 올라오지 못해서다.

하지만 지금은 12월이다. 집 안은 춥고 마가 쓰는 아래층 침실은 더 춥다. 우리는 병원에서 빌려 온 마의 환자용 침대를 거실로 옮긴다. 거실에는 마가 병에 걸린 이후로 거의 틀지 않은 텔레비전과 마가 건강했을 때도 듣는 사람이 없었던 스테레오가 놓여 있다. 우리 가족의 삶에 배경 음악이란 없다. 집은 대체로 인적 없는 성당처럼 적막하다. 12월 22일이 12월 23일로 넘어가던 그 순간에도 배경 음악 같은 건 없다. 마가 마침내 숨을 거둔 날, 마의 마지막 신경쇠약 이후로 십삼 년 가까이 지난 그날에도. 목격자는 바, 형과 형수, 그리고 나뿐이다.

마는 1937년 베트남 북부 빈민촌의 가난한 여성 응우옌티바이로 태어났다. 그리고 2018년에 미국 시민 린다 킴 응우옌으로서 평범하고도 파란만장한 삶을 마쳤다.

열일곱 살에 마는 결혼했고 난생처음으로 난민이 되었다.

열일곱 살에 나는
고등학교를 졸업하지 못할 뻔했다.
미적분학에서 간신히
낙제를 면했기 때문이다.

서른여덟 살에 마는 친아들 둘과 입양한 딸 하나를 둔 엄마였다. 두 번째로 난민이 되었고 이국땅에 와서 새로운 삶을 시작했다.

서른여덟 살에
나는 아이가 없었고
마에 관한 단편소설을
쓰려고 끙끙거렸다.

마의 이름은 바이*다. 베트남 시골에서는 아이가 몇째인지에 따라 이름을 붙이는 일이 드물지 않았다. 많은 집에서 아이를 끝도 없이 낳았고, 그중 일부는 살아남지 못했다. 뭐 하러 여자애한테 제대로 된 이름을 붙여 주겠는가?

일곱째 아이이자 딸인 마에게는 그 정도 이름이 딱이었다.

마는 본명을 싫어했고 죽기 수십 년 전부터 미국 이름인 린다로 불리길 원했다. 하지만 내게는 두 이름 모두 낯설게만 들린다. 나는 마를 이름으로 부른 적이 없다. 내가 어렸을 때는 매(Mẹ)였고 어른이 되고서는 마(Má)였을 뿐이다. 마의 난민 이력은 내가 마를 부르는 호칭에도 영향을 미쳤다. 베트남 북부 사람들은 엄마를 매라고 하고 남부 사람들은 마라고 하는데, 나는 늘 그랬듯 그 중간쯤에 있다.

마를 만난 미국인들은 대부분 마의 평범하고 특별할 것 없는 겉모

---

* Bảy. 베트남어로 숫자 7이라는 뜻이다.

습만 보았을 것이다. 설사 마를 알았더라도 가게 주인, 사업가, 난민이라는 정도였으리라. 그리고 마를 전혀 몰랐다면 흔해빠진 영어가 서툰 아시아 여자로 생각했을 것이다. 매 혹은 마는 자신이 초등학교

만 마쳤다는 사실을 언급하길 꺼렸다. 그러니 지금 나는 내 것이 아닌 마의 비밀을 감히 누설하는 셈이지만, 마는 이렇게라도 이야기해야 할 사람이다. 마가 이뤄 낸 일들을 보라. 초등학교밖에 나오지 못했지만 거의 모든 것들을 극복하지 않았는가 — 자신의 정신만 제외하고.

많은 영웅들처럼
마도 타인이 아닌
자신에게 패배했다.

마는 영웅이지만 군인은 아니었다. 마처럼 결코 역사에 기록되지 않을 사람들도, 끔찍한 전쟁에 어쩔 수 없이 참여하게 되었다는 점에서 역사의 일부다. 군인과 달리 좀처럼 주목받지 못하고 무시당하는 이런 민간인의 상당수가 여성과 어린이다. 어떤 민간인은 군인보다 더 많은 공포를 견디고 더 많은 참상을 목격한다. 그리고 20세기의 전쟁에서는 민간인이 군인보다 훨씬 더 많이 죽었다. 베트남에서의 전쟁도 예외는 아니었다.

민간인의 이야기도 전쟁 이야기가 될 수 있다.

어머니가 겪은 일은 그저 개인의 운명일 뿐인지도 모른다. 하지만 역사와 전쟁은 번갈아 가며 어머니를 괴롭혔다. 어머니를 갉아먹고 결국에는 무너뜨렸다.

어머니는
식민 지배와
전쟁의 자식이다.

나는
식민 지배와
전쟁의 손주다.

그리고 서로를 선택한 바와 마의 자식이기도 하다. 마는 오랫동안 우리를 잊어버렸지만 아버지의 사랑만은 잊어버리지 않았다. 그것은 마가 초현실의 궤도에서도 놓치지 않은 현실이었다. 내가 이렇게 확신하는 건 어머니가 거실 병상에서 아버지와 함께 주기도문을 외우기 전 마지막으로 한 말도 아버지를 위한, 아버지를 향한 것이었기 때문이다.

앰 예우 아인(Em yêu anh).

그 의미가 온전히 전달되진 않겠지만
그래도 번역해 보자면

당신을 사랑해.

주기도문이 끝나자 침묵이 내린다.
의사인 형이 마에게 모르핀을 투여하고
의사인 형수가 지켜본다.
마의 눈은 한참 동안 감겨 있다. 호흡이
느려진다.

나는 몸을 숙여 마에게 베트남어로 사랑한다고 말한다.
마는 보람찬 삶을 살았다.
열심히 일하고 희생한 삶.
영웅적인 삶. 커다란 힘과
헌신과 사랑이 필요한 삶이었다.

어머니가 그런 자질을 어디서 찾았는지 모르지만
바로 내가 그 수혜자다.
여기 쓴 말들, 마에 대한 나의 믿음과
배신이 그 결과물이다.

마의 눈은 뜨이지 않는다. 내 말을 듣는 기색도 없다.
마침내 마의 호흡이 멈춘다. 자정이다.
이 땅에서 어머니의 여정은 완료되었다.

어머니는 나의 엄마인 만큼

나에게 타자이기도 하다.

형이 전화를 건다. 한 시간 만에
필리핀인으로 보이는 점잖고 낯선 사람이
들것을 들고 와서 서류를 작성하고
어머니를 데려간다. 거실에 빈 침대만 남긴 채
어머니를 차에 싣고 어둠 속으로 사라진다.

마가 날 사랑했다는 걸 기억한다.

다른 모든 것은

잊어도 된다.

추도문

어머니에 관한 이야기인 「전쟁의 세월」을 쓰는 데 몇 년이 걸렸고,
그 소설을 쓸 의지를 모으는 데 더욱 많은 시간이 걸렸다.
이 회고록, 이 역사, 이 추도문, 이 책에 쓰인 말들은
그렇게 위대하진 않은 미국 소설이 될 수 있었고, 어쩌면 정말로
그럴 수도 있다.
떠올려 내는 것이 사실인 만큼 허구의 행위이기도 하다면 —

나는 이 말들에 다가가기 위해 평생을 기다렸다.
어쩌면 나는 마가 죽기까지 기다렸다가
마에 관한 이야기를 지어냈거나 혹은 되찾았는지도 모른다.
내 이야기들은 마의 유령이 벗어 던진 옷가지에 지나지 않는다.

마는 팬데믹이 시작되기 전에 죽었다.
마가 살아 있었다면 요양원에 갇힌 수천 명의 노약자 중
하나가 되었을까? 내가 마지막으로 본 마의 모습이
창문 너머였을까? 아직 끝나지 않은 이 재난으로

미국에서 100만 명 이상, 세계적으로 600만 명 이상이 사망했다.
사망자는 계속 늘어나고 있다.
누가 그들을 추모할 것인가? 그리고 어떻게?

글로벌 팬데믹이 아메리카™에 항상 존재해 온 또 다른 질병을,
우리의 살인마 성향을 악화시킨다.
2020년 경찰이 조지 플로이드를 살해한다.
2021년 백인 남성이 애틀랜타에서 총으로 8명을 살해한다.
그중 여섯이 마사지 업소에서 일하는 아시아계 이민자 여성이다.

박순정, 74세
김순자, 69세
유영애, 63세
현정 그랜트, 51세
샤오지에 탄, 49세
다오유 펑, 44세

많은 국가에서 아시아인을 향한 분노가 치솟고 있다.
아메리카™뿐 아니라 어디서나 피해자 대부분은 여성이다.
신체적·언어적·상징적 폭행의 피해자일 뿐 아니라, 우리(중 일부)를
자극하고 유혹하고 무너뜨리는 이야기의 폭력성에 의한 피해자다.

스크린이나 무대에서 죽거나 살해당한 아시아 여성, 그중에서도 베트남 여성을 얼마나 많이 보았던가? 그런 경험이 마를 보는 나의 시선에 영향을 미쳤을까? 어떤 사람들에게는 마의 외모와 서툰 영어가 그 여성들과 비슷하게 보이고 들렸을 것이다.

「죽음의 묵시록」, 1979년. 「람보 2」, 1985년.
「전쟁의 사상자들」, 1989년. 「미스 사이공」, 1989년.
옛날 영화들이라고? 2019년 HBO에서 방영된 드라마 「워치맨」도 베트남 여성의 비장한 죽음으로 끝난다. 선구적 과학자이자 수조 달러 자산가인 수수께끼의 여인 레이디 트리유 말이다.

    또 하나의 미국인이

    베트남 놈들 때문에

    장사를 접다

그가 꿈꾸는 낙원은 적들에게는 지옥과도 같다.

    레이디 트리유 역은 (베트남계 미국인) 배우
    홍 차우가 맡았는데, HBO가 결코 제작하지 않을
    내 어머니의 인생담 주인공에도 어울릴 것 같다.
    내 다른 소설이 HBO 드라마로 제작 중이긴 하지만.
    다시 말해 여러분이 아직 『동조자』를 읽지 않았다면

앞으로도 읽을 필요 없다는 뜻이다.
그냥 TV로 시청하면 된다.

애틀랜타 총격 사건 이후였다면 「워치맨」 제작자들이
감히 레이디 트리유를 죽일 수 있었을까?
그러면 현실에 너무 가까운 판타지가 돼 버릴까?
단순한 이야기로 치부하기에는 너무 충격적인?

레이디 트리유는 '황색 위험'이 지닌 숙명대로
공중 폭격이라는 지극히 미국적인
대량 살상 수단에 의해 살해당했다. 그 형태가
외계에서 떨어져 내린 냉동 오징어 우박이긴
했지만 말이다.(자세한 설명은 넘어가자.)
적어도 그는 자신의 최후가 다가오는 것을 보면서
적절한 마지막 대사를 읊을 수 있었다.

두 마(Đụ má).

그 대사에는 이런 자막이 붙는다.

망할.

아시아 여성들의 무참한 죽음은 단순한 이야기가 아니다.
책이나 영화, 연극을 별 생각 없이 보고 넘어갈 수 있는 사람들은
이야기를 그냥 넘길 수 있는 것도 특권임을 깨닫지 못한다.
거의 모든 이야기가 자신을 중심으로 전개되는 다수의 일원이라는
특권. 그들은 내러티브의 풍요라는 사치를 누리며 산다.

내러티브의 결핍 속에 살아가는 우리의 이야기는 드물다.
그런 이야기에서도 우리는 흔히 왜곡된 모습으로 등장한다.
드문 만큼 그 모습 하나하나가 중요해진다. 지나칠 정도로.
어떤 이야기도 그런 무게를 감당할 수 없다.
이런 표현상의 부담은 우리뿐 아니라 우리에 관해, 우리를 위해
이야기하는 작가, 예술가, 영화감독, 배우, 창작자에게도 부당하다.
(우리가 혹은 그들이 그러길 원하든 아니든 간에) 그리고
이야기가 우리를 공격할 때, 비슷한 이야기가 자꾸만 반복될 때
그것은 더 이상 단순한 이야기가 아니다. 이야기는 우리를 길들이고
우리 마음속에 내러티브, 신화, 실현 가능한 판타지로 자리 잡는다.
「풀 메탈 재킷」이 보여주듯이.
현실이 보여주듯이.

조지아주에서 아시아 여성들을 살해한 백인 남성은
유럽 정착민의 도착과 함께 뿌리를 내리고
스톡턴에서 초등학생 5명을 살해한 총격범을 통해

이어지는 계보의 일부다.
살인범은 자신이 인종주의자가 아니라
유혹을 제거하려는 섹스 중독자라고 주장한다.
마치 성욕과 인종차별적 환상을 분리할 수 있다는 듯이.
그가 뭐라고 거짓말하며 자신을 기만하든 간에,
결국 그들을 표적으로 삼은 건
아시아 여성이기 때문이었다.

대학생인 나는 집에서 「풀 메탈 재킷」을 본다.
다낭의 매춘부 파피용 수가 사이공에 새로 도착한
해병 한 쌍에게 말한다. 나 후끈 달아올랐어. 나 오래오래 사랑해.

1989년, 투 라이브 크루는 조지 플로이드가 고등학교 시절
가장 좋아했던 음반 중 하나인 「애즈 내스티 애즈 데이 워너 비」의
수록곡 「나 후끈 달아올랐어」로 엄청난 인기를 끈다.
후렴구는 이렇다. 파피용 수는 계속 말한다.

나 후끈 달아올랐어
나 오래오래 사랑해

이게 바로 미국이, 어쩌면 전 세계가 보고 듣는
베트남 여성이다. 어쩌면 모든 아시아 여성이

비(非)아시아인에게는 이렇게 들릴지도 모른다.

나는 이 영화를, 거장 스탠리 큐브릭 감독의 뛰어난 걸작을 보며
웃을 수가 없다. 영화를 꺼 버릴 수도 있지만 그러지 않는다.
나는 여성들을 바라보고 계속 보는 법을 배웠다.

영화의 절정에 베트콩 스나이퍼로만 알려진 캐릭터
(배우 경력이 없는 응옥 래가 연기했다)가 후에(Huế) 전투에서
해병들을 사살하는 장면이 나온다. 그를 생포한 해병대는
무시무시한 저격수가 치명상을 입은 젊은 여성임에 경악한다.
날 쏴, 저격수는 계속 중얼거린다. 날 쏘라고.
이 해병들은 신병 훈련소에서
남근과 같은 소총을 어깨에 메고 가랑이를 움켜쥐고
이렇게 외치며 행진하도록 훈련받은 젊은 남성이다.

이건 내 소총이다, 이건 내 총이다,
나가서 싸우자, 한바탕 즐겨 보자.

파피용 수가 유혹했던 해병 조커가
45구경 권총을 장전하고
베트콩 스나이퍼를 쏜다.

큐브릭이 암시하듯, 전쟁에 매혹된 남자들의 상상 속에서
여자가 나한테 박으라고 말하는 것과
나를 쏘라고 말하는 것이 얼마나 다르겠는가?
그런 남자들 중에는 나도 포함된다.

소설가 래리 하이네먼도 남자들의 이런 상상을 잘 안다.
나는 어렸을 때 그의 소설 『근접전』을 읽다가
여드름 흉터 때문에 '지뢰 낯짝'이라고 불리는 베트남 성 노동자를
미군들이 집단 강간하는 장면에서 정신적 외상을 입었다.
『애도의 영광』 속 해병처럼 그들도 여성의 머리에 권총을 겨눈다.
이 장면이 사실상 소설의 절정이다.
이어지는 베트남 적군과의 살벌한 전투가 대단원을 장식한다.
하이네먼은 독자를 혼란에 빠뜨리려고 했다.
그 자신이 경험한 전쟁도 혼란스러운 것이었으니까.
그의 소설에선 이상주의자 젊은이들이 괴물로 변한다.
살인자이자 강간마로.

나는 '지뢰 낯짝'의 묘사와 그에 대한 강간에 분노하지만,
평생 누구도 강간한 적이 없으며
내가 그런 짓을 한다는 걸
상상할 수도 없어서 경악하지만,
이 소설을 읽고 나서는 여성들을 볼 때 느끼는 기쁨이

그들에게 가해졌거나 가해질 수 있는 행위와
연루되는 것 같아서 불편하지 않았던가?

그리고 누군가에게 직접 총을 겨눈 적은 없다고 해도,
나는 여전히 같은 미국인이나
국경 너머의 타자를 겨냥하는
미국이라는 죽음의 기계에 연루되어 있다.

> 때로는 나 또한 같은 미국인들에게
> 타자라고 해도 말이다.

모로코에서 태어났지만 나와 같은
미국 시민권자인 소설가 라일라 랄라미는
우리 같은 타자는 출신, 조상, 종교에 따라
시민 여부를 의심받는 조건부 미국인일 뿐이라고 말한다.
가끔은 이런 의심이 살인으로 이어지기도 한다.

미국인들은 백인 남성 단독 총격범의
희생자를 애도하겠지만, 가장 큰 반아시안 폭력에 따른
수백만 명의 희생자는 좀처럼 애도하지 않는다.
아메리카™와 다른 식민국들이 아시아에서 저지른
전쟁과 식민 지배 말이다.

1946년에 프랑스 해군이 하이퐁을 포격하여
베트남인 6,000명을 학살했다는 사실은
프랑스인들조차도 잘 모르지 않을까?

많은 아시아인들이 그들을 폭격하고 침략하고 식민 지배한
바로 그 나라로 망명하거나 이주한다.
설사 조건부 시민권뿐이라 해도
아메리칸드림™ 안이 그 밖보다는 안전할 것이다.
총구 앞보다는 뒤가 더 안전할 것이다.
그렇지 않게 될 때까지는.

샤오지에 탄이 살해당하기 전
아메리칸드림™을 실현하기 위해
안마 시술소를 연 쇼핑센터는
체로키 빌리지에 있다.

바와 마, 형, 나. 우리의 아메리칸드림™은
펜실베이니아주 포트 인디언타운 갭
미군 기지의 난민촌에서 시작되었다.

요새의 공식 역사에 따르면

이 지역 초기 정착민들은

          열심히 일하여 생계를 꾸려 나가며
          원주민과 공존했다고 한다.

이 지역 정치가들은

          포트 인디언타운 갭에
          요새가 세워진 것이
          프렌치 인디언 전쟁* 당시
          서스케하녹 원주민으로부터
          정착민을 보호하기 위해서였다고 말한다.

체로키 빌리지에는 체로키족이 아예 없거나
있더라도 극소수일 것이다. 미군은 1838년
체로키족을 조지아주에서 강제 추방한 후
'눈물의 길'을 따라 서부로 이주하도록 강요했다.
체로키족은 그 길을 '우리가 울었던 길'이라고 부른다.

          4,000명 이상의 체로키족이 이주 중에 사망했다.

* 18세기 오하이오강 주변의 선주민 영토를 둘러싸고 일어난 영국과 프랑스의 식민지 쟁탈 전쟁을 가리킨다.

코네스토가라고도 알려진 서스케하녹 원주민은 1600년에
7,000명이었다. 식민 지배자들이 옮긴 질병으로 인구가 감소했다.
거기에 식민 지배자 및 다른 원주민 부족들과의 전쟁도 한몫했다.
17세기가 끝날 무렵에는 수백 명만이 생존해 있었다.
벤저민 프랭클린이 펜실베이니아의 백인성을 찬양하며
이를 깨끗이 보존해야 한다고 연설한 지 십이 년 만인 1763년,
지역 자경단인 팩스턴 보이스가
농부와 장인으로 평화롭게 살아가던 코네스토가 원주민
생존자 대부분을 살해했다. 살인자들은 백인 남성으로

     그들의 행위에 대해 법적 처벌을 받지 않았으며

팩스턴 타운십 출신이었다. 이 마을은
우리가 감격하며 처음 도착했던 포트 인디언타운 갭에서 16마일,
우리가 재정착하여 아메리카™에 대한 권리를 주장한
해리스버그에서 8마일 떨어져 있다.

  다오유 펑, 현정 그랜트, 김순자, 박순정, 샤오지에 탄, 유영애는
    그들이 울었던 길을 알았을 수도, 몰랐을 수도 있다.
     하지만 그들과 같은, 나와 바와 마 같은
       아시아계 이민자와 난민들이
  아메리카™에 대한 권리를 주장하는 것은

이런 역사에 대한 것이기도 하다.

그리고 때로는 이 역사가 우리에게 권리를 주장하기도 한다.

나는 거의 평생 포트 인디언타운 갭의 명칭에 관해
생각해 보지 않았다. 그 역사나 기억을 찾아 본 적도 없다.
이 사실 또한 이야기의, 신화의 힘이다. 바와 마와 내가
아메리카™의 역사와, 그 시초에 일어난 대량 학살과,
지금까지 계속되는 식민 지배와 무관하다는 환상,
우리 같은 사람들이 난민이나 이민자나 정착민으로
이 나라에 오고 시민권의 궁극적 조건인
전쟁 기계의 주주가 됨으로써 그 역사와
현재를 영속화하지 않는다는 환상에서 온 폭력이다.

랭커스터 카운티 보안관은 팩스턴 보이스가 살해한
코네스토가 원주민들의 이름을 적어 두었다. 내가 알기로는
이 기록이 유일하게 살아남은 부고장이다.

코네스토가 마을에서 살해당함 :
시헤이즈 와-아-셴(조지)
티-카우-리(해리)
에스-캐네시(시헤이즈의 아들)

티-원샤-이-옹(여성 노인)

칸넨콰스(여성)

랭커스터 노역소에서 살해당함 :

큔케아고아(캡틴 존)

코위나시(베티, 존의 아내)

텐시다아구아(빌 색)

카니앙구아스(몰리, 빌의 아내)

사퀴스-하-타(존 스미스)

치-나-완(페기, 존의 아내)

콰아초(리틀 존, 캡틴 존의 아들)

셰-이-카(제이컵, 남아)

엑-순다스(시헤이즈의 아들)

통-콰스(크리슬리, 남아)

히-예-내스(리틀 피터, 남아)

코-콰-이-은-콰스(몰리, 여아)

카렌-도-우아(여아)

카누-키-숭(페기, 여아)

크리스천 허시 농장의 생존자들 :

마이클

메리(마이클의 아내)

이 부부의 후손은 살아남았다.

공공연한 비밀

나는 마의 후손이다.

내가 어머니의 후손이라고 말하기 위해 어머니의 부고장, 어머니의 이야기를 쓴다는 것은 어떤 의미일까?

게다가 어머니는 내가 이런 식으로 당신에 관해 쓰기를 원치 않으셨을 것이다. 어머니가 자기 이야기를 쓰지 말라고 요구한 적은 없다. 그분은 내 책을 읽어 보진 못했지만 어쨌든 나를 믿었고 자랑스러워했다. 어머니가 읽기 힘든 언어로 쓰인 이 소설에 결코 동의한 적이 없다면, 나는 그분을 배신하는 걸까?

내가 어머니를 배신하면서 동시에 충실할 수 있을까? 어머니의 삶은 장엄한 동시에 드물지 않은 이야기고, 설사 내 어머니가 아니라도 알려지고 언급될 가치가 있다. 마의 이야기는 그분이 마이기 때문에 중요하지만, 다른 여러 (베트남) 난민들의 사연과 닮았기에 무게를 지니기도 한다.

마는 내게 영웅이지만, 그분을 사랑하는 사람들 말고는 어느 누구에게도 특별한 인물은 아닐 것이다. 하지만 어머니가 특별하다기보단 평범한 사람이라고 말해도 달라질 것은 없다. 다른 난민들의 입을 통해 그들이 어떻게 살아남았거나

살아남지 못했는지 들으면

나는 즉시 그 무게에 압도당한다. 마와 똑같지는 않지만 비슷한 이야기들. 예외적이라기보다 흔한 사연들. 고정관념이 아닌 역사. 하나의 이야기로 남아야 마땅한 사람들. 묘사될 가치가 있는 인물들. 어쩌면 그러는 것이 배신이라고 해도.

나는 이야기가 중요하다고 믿기 때문에 마에 관해 쓰지만, 이야기가 보존하는 만큼 해체할 수도 있다면 내 소설은 그분에게 어떤 영향을 미칠까? 내가 마에 관한 모든 것을 떠올려 기록한다면 배신일까? 예를 들어 「전쟁의 세월」에서 내 청소년 화자는 다음과 같이 말한다.

어머니는 브래지어 없이 비치는 녹색 천으로 된 가운만 입었다. 얕은 물에 잠긴 말미잘처럼 흔들리는 가슴을 인식하지 못하는 듯했다. 내 집게손가락만큼 두꺼운 유두와 거무스름하고 도톰한

유륜을 볼 때마다 나는 민망해졌다.
어머니의 가슴은 우리 반 여학생들의 가슴과는 전혀 달랐다.
적어도 그럴 거라고 나는 생각했다.

이 부분이 불쾌하다는 독자도 있다.(이 사람들이 『동조자』에서 오징어가 나오는 외설적 장면을 보면 뭐라고 할까!) 내가 사춘기일 때 마가 실제로 그런 가운을 입었다고 말하면 변명일까? 사이곤 머이에서 힘든 하루를 보낸 후 휴식을 취하기 위해서였다고? 아시아 퍼시픽 정신과 병동에서의 시간을 까먹었을 만큼 다른 기억은 가물가물한 데도 어머니의 그 모습만은 부지중에 불쑥 떠오를 정도로 마음을 어지럽혔다고? 아니면 그 가운에 관한 사실과 기억을 언급했다는 것 자체가 마를 배신한 셈일까?

말할 수 없는 것에 관해서는
침묵해야 한다.

루트비히 비트겐슈타인은 이렇게 썼다. 국가, 기업, 그리고 개인에게도 적용되는 말이다. 하지만 나는 너무 많은 일에 너무 오래 침묵하다 보니 침묵을 택해야 할 때와 말해야 할 때를 구분하기 어려워졌다. 침묵은 웅변일 수 있지만 살다 보면 그것이 너무 많은 말이 될 수도 있다.

이런 기억을 다른 사람들도 볼 수 있게 회고하는 것이 배신이라면, 잊어버리는 것은 어떨까? 마에 관한 나의 부정확한 기억을 공허와 여백으로 덮는다면 그 또한 배반일까?

우리는 기억의 다이얼을 돌리면서
철학자 폴 리쾨르가 말한 '불행한 기억'과
'행복한 망각'을 넘나든다.

흔히 있는 일이지만, 불행한 기억이란
과거가 무덤에서 일어나
흉기를 들고 돌아서서
복수나 정의를 추구하는 것이다.

나는 정의 쪽을 선호한다. 행복한 망각의 조건이 충족되면
섬뜩하고 숙명적인 과거는
만족스럽게 평화로운 잠자리로 돌아가
두 번 다시 일어나지 않을 것이다.

하지만 우리가 행복한 망각에 빠졌다면 자신이 기억을 상실했음을 어떻게 알 수 있을까? 나는 어머니를 생각하지 않았다는 것 자체도 잊어버린 채 몇 날 며칠, 심지어 몇 주를 흘려보내기도 한다. 이 역시 행복한 망각일까? 그렇다면, 그리고 계속 살아가기 위해 망각이

필요하다면, 내 망각을 상기하는 게 왜 또 한 번의 배신처럼 느껴지는 걸까?

따라서 글쓰기는 떠올려 내는 방법이 된다. 글을 쓰는 동안만큼 내가 마의 존재를 분명히 느낄 때도 없으니까. 하지만 글쓰기는 또한 망각하는 방법이기도 해서, 글을 다 쓰고 나면 마와 과거를 편하게 잊어버릴 수 있다.

마를 기억하고 잊는 것은 그분뿐 아니라 나와 관련된 문제이기도 하다. 이야기하는 자는 그 자신에 관해 누설한다. 그리고 내가 말할 수 있는 것은 어머니에 관해, 그리고 나에 관해 쓸 때 어머니는 나의 일부지만(내가 어머니의 일부였듯이) 내게 타자이기도 하다는 것이다.

타자는 우리와 너무 가까운 누군가다.

내 어머니를, 내게 타자인 그분을
기억하지 못한다는 것은 불가능하다. 하지만
나는 어떻게 어머니를 재구성할 수 있을까?

가장 쉬운 방법은 내가 깊이 사랑하는 사람(내 어머니)이자 타자(역시 내 어머니)인 누군가를 회상하고 그분을 통해 암묵적으로 모든 베트남 난민의 고난을 대변하며 그분이, 그들이, 우리가 아메리카™

의, 나아가 베트남의 일부가 되게 하는 것이다. 우리를 인간화하고 사회에 통합시키는 것이다. 이것이 수십 년 전 내가 글을 쓰기 시작했을 때의 목표였다.

그러나 인간화와 통합은 실수다.
증명할 필요가 없는 것을 증명하려 든다면
식민 피지배자, 정복당한 자, 선주민, 노예가 된 자, 착취당한 자,
비백인, 비남성, 비이성애자인 우리를
비인간화하고 침략하고 살해하면서도
자신의 인간성을 의심하지 않는 사람들에게
우리의 열등함을 인정하고, 우리 자신도 타자에게
똑같이 비인간적인 짓을 하게 되는 셈이다.
인간성(humanity)이라는 미명하에 말이다.
야만인을 죽여라. 그들을 구원하기 위해.
그리고 살아남은 자들과 후손들에게
인문학(humanities)의 언어를 가르쳐라.
그들이 이 위험한 역사에 관해
제대로 정중하게 말할 수 있도록.
그건 역사가 아니다. 하지만 여전히 존재한다.

망할(Đụ má)!

이상하게도 내 경우엔 외설이 향수를 불러일으킬 때가 있다. 우리끼리 이야기하다 보면 실제로 이런 말을 쓰지 않나. 하지만 내가 글로 쓰는 언어는 지배자의 언어다. 내가 아는 한 지배자의 면전에서 지배자의 언어로 욕을 하는 베트남인은 드물다.

> 영어를 쓸 때는 이 언어가 자기네 말이라고 주장하는 사람들이 우리를 지켜보며 평가하기 때문에 우리는 입단속을 하게 된다.

하지만 우리의 존재가 외설로 생겨난 것인데
어째서 외설을 기피해야 할까?

우리 중 이야기를 사랑하는 많은 사람들이 침묵당하고 지워지고 왜곡되고 강간당하고 살해당하는 고통을 느낀다. 그래서 우리와 비슷한 사람들을, 바와 마 같은 이들을 언급하고 이야기하고 (자기) 표현의 힘을 가지려고 한다.

> 그러나 (자기) 표현이 중요하긴 해도, 그것만으로는 충분하지 않다.

작가이자 이야기꾼인 우리에게 지배자들은 말하지 말고 보여 주라고 한다. 표현의 법칙이 우리를 제자리에 머물게 한다. 우리 대부분은 말하고 싶은 이야기가 너무 많기 때문이다. 이야기하는 동시에 보여 주려고 해도 말이다.

"지금부터 들려줄 얘기는
아무에게도 말하면 안 돼."
어머니는 이렇게 말씀하셨다.

킹스턴은 『여전사』의 첫머리에서 이렇게 금기를 드러내는 동시에 깨뜨린다. 그리하여 작가의 궁극적인 임무에 관한 우화를 만들어 낸다.

말해선 안 되는 것을 찾아서
말하는 것.

하지만 이는 정직함일까, 아니면 배신일까?
비밀을 말한다는 건 양쪽 모두일 수 있다.

마지막 숨을 내쉬던 마의 얼굴이 보인다. 마가 내게 자기 이야기를 하지 말라고 요구한 적이 있나? 없다. 애초에 내가 그럴 거라고 생각하지 않았으니까. 어머니는 나를 믿었으니까. 스스로의 기억조차 믿을 수 없는 나를.

나를 통해 표현된 마는 이제 그렇지 않았을 때보다 더 중요해졌는 가? 나와 비슷한 작가들이 이미 마와 비슷한 여성들에 관한 수많은 이야기를 만들어 냈다. 어머니에 관해 이야기하고 그분의 비밀을 누설한다는 데 양가적 감정을 보이면서.

마의 삶에 비밀이 있었고
나아가 그 자체가 비밀일지 모른다면,
고백하고 누설할 수 있는 비밀에는
두 가지 종류가 있다고 말할 수 있다.
개인적인 비밀과 공공연한 비밀이다.

개인적인 비밀은 이야기의 세계에서 매우 흔하다. 질병, 이혼, 소외, 불륜…….

마의 삶,
그리고 죽음.

독자들이 이런 책에서 기대하는 것은 개인적인 비밀이다. 미국식 이야기를 위한 드라마는 자아의 문제, 집단이 아닌 오로지 자아에 국한된 문제다. 이 세계에서는 말하기보다 보여 주기를 높이 평가한다. 소설, 시, 영화, TV에 정치가 묻을 것 같으면 움찔한다. 말하기는 속물이나 심지어 빨갱이 작가에게나 어울릴 천박한 행위로 여긴다.

자유주의 유럽과 아메리카™에서는 예술이 정치보다 우위에 있다. 서구의, 특히 아메리카™의 자유로운 작가들은 재교육 수용소와 강제 노동을 선고받는 대신, 사회주의 리얼리즘과 작가 노동조합의 징계를 받는 대신, 캠퍼스에 파견되어 **창작 활동에 종사한다**.

'창작'이라는 단어는 호기심과 동시에 불안을 불러일으킨다. 마치 창작을 하고 싶지 않은 작가가 존재한다는 듯이. 창작이 다른 그 무엇보다, 예를 들어 비평보다 더 중요하다는 듯이.

창작을 하되 비평은 하지 말아야 한다면 비정치적이 될 위험이 있다. 미국 문학계는 정치성의 결여라는 정치에 지배돼 있기에, 많은 미국 작가들이 결국에는 일종의 공공연한 비밀을 외면하게 된다.

공공연한 비밀은 그 존재를 감히 인정하지 못하게 한다.
우리가 공공연한 비밀을 누설하면, 그 비밀이
알려지지 않길 바라는 많은 사람들이 분노한다.

아메리카™의 공공연한 비밀은 이곳이
식민 지배, 대량 학살, 노예제, 전쟁, 백인 우월주의 위에
백인이 세운 나라이며, 이 모두가
여전히 자아와 타자를 가르는 기준이라는 것이다.

아메리카™의 공공연한 비밀은 우리가
식민 지배를 그 이름으로 부르지
않는다는 것이다. 우리는 식민 지배에
다른 이름을 붙인다.

아메리칸드림™

어떤 사람들은 이렇게 항의한다.
하지만 우리는 그 끔찍한 일들에 관해
이야기합니다. 특히 책에서요!

그렇다, 하지만
우리는 (자기) 표현을 통해
그런 소란을 봉쇄한다!

그러나 (자기) 표현은 즉 완곡 표현이다.
공공연한 비밀은 완곡 표현,
권력자의 끔찍한 은어를 낳는다.

공공연한 비밀과 완곡 표현이 넘쳐난다. 러시아의 우크라이나 침공을 가리키는 '특별 군사 작전'. 거의 항상 공격 중인 미국의 '국방부*'.

* 국방부의 명칭인 'Department of Defense에서 defense'는 원래 '방어'를 뜻한다.

또는 서방 국가 대신 우크라이나처럼 먼 나라에서 벌어지는 온갖 잔혹한 유혈 전쟁을 냉혹하게 묵살하는 완곡 표현인 '냉전'.

미국 국방부 공보관은 블라디미르 푸틴이 우크라이나에서 저지른 잔학 행위를 언급하면서 울컥하는 모습을 보인다.

현장 사진들을 보면 사려 깊고 진지하고 성숙한 지도자의 소행이라고 생각하기가 어렵습니다. 제가 그의 심리에 관해서는 말할 수 없지만, 그의 사악함에 관해서는 우리 모두가 말할 수 있다고 생각합니다.

미국 관료가 미국의 무기와 제재에 관해, 우리가 지원하는 군벌과 독재자들 때문에 죽은 민간인 수십만 명에 관해 눈물을 글썽이며 이야기한 적이 언제였던가?

안타깝게 됐습니다

그레이엄 그린의 『조용한 미국인』에서, 이상주의적이고 순진한 CIA 요원 올든 파일은 그가 발사한 폭탄에 희생된 베트남 민간인에 관해 이렇게 말한다.

하지만 항상 목표물을 맞힐 수는 없죠.

> 어쨌든 그들은 올바른 대의를 위해 죽었습니다. (…)
> 어떻게 보면 민주주의를 위해
> 죽었다고 말할 수도 있지요.

미국인들의 공공연한 비밀은 바로 우리 자신의 사악함이며, 이는 침묵 속에 넘겨져야 한다.

독자가 이런 공공연한 비밀과 유혈 전쟁에 관해 조금이라도 알고 싶다면, 나처럼 다른 나라에서 태어났지만 아메리카™에서 다시 태어난 작가들을 참고할 수 있다. 미국의 과거, 현재, 미래를 둘러싼 이른바 문화 전쟁에서 그들을 힘없는 소수 민족의 문학적 대리자로 삼을 수 있다. 다양한 정체성을 지녔지만 무엇보다도 미국인인 소설가 라비 알라메딘은 이렇게 말한다.

> 지배적 문화 바깥에 있는 사람들은
> 타자로서, 더 중요하게는
> 타자를 위해 말할 수 있다.
> (…) 내게는 레바논이 있다.

그리고 내게는 베트남이 있다.

(자기) 표현의 완곡 표현은 우리 대리자들이 애초에 아메리카™를

배정받지 못하기 쉽다는 것이다. 우리의 미미한 자아에는 너무나 거대한 주제이기 때문이다. 아메리카™는 위대한 백인 미국 남성 소설가들의 것이다. 그들은 제국의 환한 중심부에서 그곳에 관해 쓰지만 결코 제국을 제국이라 부르지 않는다. 반면 우리는 그늘지고 외진 구석에서 글을 쓴다.

우리의 힘은 죽음과 고통을, 우리의 부모가 겪은 트라우마를 목격한 데서 나온다. 우리는 이 고통에 관해 증언할 것을 요청받았지만, 소송을 제기하고 최종 의견서를 작성하고 판결을 내리는 검사, 변호인, 판사는 아니다. 우리는 우리의 슬픔을 보여 줄 뿐, 이 슬픔이 존재하는 이유를 말해서는 안 된다.

이 슬픔은…….

마가 죽고 나서 나는 바가 말한 대로
마의 눈을 살며시 감겨 준다. 그러자 바는
마의 입도 다물려 달라고 말한다.

나는 마의 턱을 들어 올린다.
마의 피부는 이미 싸늘하다.
턱을 내려 놓자
입이 도로 벌어진다.

마의 침묵이 나더러
그분 대신 말하도록 부추긴다.
그것은 표현의 유혹이기도 하다.

내가 마의 대리자가 될 수 있을까?
마의 이야기를 내 이야기로 만들 수 있을까?
마나 그분과 같은 사람들을 통해
내가, 우리가
이 나라에서, 이 세상에서
우리 몫의 표현을 요구할 수 있을까?

우리가 그런 요구를 하고 나서면 이야기는 이야기일 뿐이라던 반대자들은 말을 바꾼다. 우리가 교육 과정, 정전(正傳), 국가에 우리의 목소리, 경험, 기억, 역사를 아우르는 풍부한 내러티브를 요구함으로써 아메리카™를, 나아가 (서양) 문명을 파괴하려 한다고 비난한다.

표현은 중요하다. 하지만 표현은 치료약인 만큼이나 우리를 대리자이자 알리바이로서 고립시키는 질병이기도 하다.

나는 목소리를 찾은 걸까
내 말이 들리나요
아니면 내가 통역해 주어야 하나요

아이비리그에서 존경받는 백발 미국 학자의 대학원 세미나에 찾아간 적이 있다. 한 시간에 걸쳐 베트남 전쟁에 관한 내 연구를 듣고 난 뒤 그는 점잖은 미소를 지으며 이렇게 말했다.

절절한 호소로군요!

그런 것이다.

힘없는 자들이 그들의 사소한 슬픔을 호소하며 영혼을 담아 비이성적인 절규를 내뱉어도, 힘 있는 자들은 두려워하지 않는다. 힘없는 개개인에 할당된 슬픔은 그들의 목숨만 붙여둘 뿐, 허약하고 분열되고 서로를 비난하며 더 쉽게 정복당할 수 있는 상태로 남게 한다.

식민 지배자에게서 — 또는 식민 피지배자 계급에서 나온 그의 대리자, 우리와 비슷해 보이지만 우리를 수탈하려는 사람에게서 벗어나려면, 우리와 달라 보이지만 슬픔을 우리와 나눌 수 있고 나누어야 하는 타자들과의 연대를 상상해야 한다. 힘 있는 자들이 더욱 강해지기 위해 그들의 비밀을 공유하듯, 힘없는 자들은 그들의 고통이 독이 되지 않도록 슬픔을 공유해야 한다.

굴레에서 벗어나 표현의 저주를 푸는 것에는 또 다른 이름이 있다.

바로 탈식민주의다.

탈식민주의는 표현도 중요하지만 표현만으로 충분하다고 믿는다면 우리 자신을 기만하고 저주하는 셈이라고 말한다. 우리는 나아가 표현 수단을, 생산 수단을 소유해야 한다. 식민주의가 항상 땅과 그것의 폭력적 수탈에 관련되어 있다면, 탈식민주의는 땅을 되찾고 '문명'과 '인류'라는 가장 거창한 완곡 표현을 없애는 것이다. 그런 미명 아래 학살이 자행되고 시신들이 떠내려갔으니까.

자신이 독자적 예술 행위를 하는 개인일 뿐이라고 생각하는 작가들, 보여 주기만 할 뿐 말하지 못하는 작가들은 목소리 없는 자들의 목소리이자 대리자로 여겨져도 항의하기 어렵다. 이는 작가들이 끊임없이 한탄할 수 있는 저주받은 조건이다 —

작가들이 알아서 공공연한 비밀을 기피하고,
완곡 표현을 사용하며, 온갖 개인적인 비밀을 간직한
죽은 자들과 그 밖의 여러 목소리들 속에서
자신도 하나의 목소리일 뿐이라고 생각한다면 말이다.

이제 마는 죽은 자들 중 하나다. 당신의 비밀 몇 가지만 내게 남겨 놓고 나머지 대부분은 가져갔다.

마에 관한 소설 제목 「전쟁의 세월」은 사적인 비밀을 짊어지고 아메리칸드림™을 좇는 이민자와 난민의 삶에 대한 미국인들, 아마도 전 세계 사람들의 편견에 이의를 제기한다. 나는 아메리칸드림™이 미국 식민 지배의 번지르르한 상표명임을 이해하면서 마의 개인적인 비밀을 형성한 것이 전시(戰時)의 공공연한 비밀들이었음도 이해하게 되었다. 나 역시 살아온 시간, 전쟁 기계에 거주하는 모든 사람이 살아가는 시간.

전쟁의 시대에 나는 슬퍼할 수밖에 없다. 나와 같은 미국인들이 안겨 주는 슬픔이나 내가 태어난 베트남의 동포들이 나와 나누지 않으려는 슬픔을 넘어 더 많은 슬픔에 동참할 수밖에 없다. 프랑스와 미국으로부터 해방된 베트남인들은 식민 지배자들이 패전국에 가했던 잔혹 행위를 반복했다. 이런 잔혹 행위가 언급되어서는 되기에, 정부는 텔레비전 드라마로 각색된 『동조자』의 베트남 현지 촬영을 허용하지 않을 것이다. 승인 위원회 위원들은 이 이야기가

> 국가 해방과 통일이라는 혁명적 대의에 헌신하는
> 군인의 이미지 구축에 있어
> 베트남 측의 관점과 부합하지 않는다고 말한다.

이 이야기는

베트남 군대와 인민의 이미지를 훼손할 게 분명하다.
베트남 인민의 전쟁은 정의롭고
베트남 인민의 포로 처우는 항상 인도적이며
묘사된 것처럼 야만적이고 잔인한 고문은 없기 때문이다.

그러나 승인 위원회의 존재 자체가 부인해야 할 공공연한 비밀이 존재함을 증명한다. 그들은 승인할 수 없다고 큰 소리로 말한다.

어느 쪽이 더 큰 배신자일까?
이상을 배신하는 국가일까, 그 배신을 누설하는 개인일까?

모든 (백인 남성) 인간의 자유를 위한 투쟁이었던 미국 혁명은 영구적인 전쟁의 시대로 이어졌고, 미국은 베트남에서의 문명화 사명*을 프랑스로부터 인수하여 빛의 도시를 아메리칸드림™으로 대체했다.

베트남 8월 혁명의 기치였던 호찌민 주석의 신성한 슬로건 ─

독립과 자유만큼
귀한 것은 없다

---

* la mission civilisatrice. 15~20세기에 프랑스 식민지에서 군사적 개입과 원주민의 문화적 동화를 정당화한 용어다.

이는 독립과 자유가
세상 무엇보다도 귀하다는 뜻이다.

— 그리하여 혁명 이후의 사회에서는
독립과 자유보다 더 귀한 것이 없게 되었다.

독립과 자유를 비롯해 모든 것이
똥값이 되었다는 이야기다.

2004년 사이공에서 들은 이 말장난에 카를 마르크스는 웃지 않겠지만, 그루초 마르크스는 낄낄거릴 것이다. 웃음은 베트남인들과 미국인들이 거룩한 혁명의 이상주의와 용맹뿐 아니라 불가피한 부조리와 위선도 인식하게 해 줄 것이다. 이 세상에 인간이 농담거리로 삼지 못할 만큼 거룩한 것이란 없기 때문이다. 그럼에도 많은 베트남인과 미국인이 여전히 부조리와 위선을 비웃기보다 혁명을 우상화하고 전쟁을 찬양하며 그들의 슬픔을 곱씹는 데 열중한다.

하지만 식민 피지배자들과 그 후손은 물론이고 —

식민 지배자들의 후손을 위해서도 —

우리는 자신의 슬픔을 받아들일 뿐 아니라 타자의 슬픔도 함께 나누어야 한다.

마는 죽었다. 하지만 아무리 비탄하고 절절히 호소하고 애도하고 싶어도, 마의 삶과 죽음은 그분을 사랑하는 사람들에게만 유일무이한 것임을 나도 안다.

수백만 명의 사람들이 비슷하게 힘들거나 심지어 더 힘든 삶을 살았다. 수백만 명의 사람들이 마만큼 용감하게, 혹은 더욱 용감하게 살다 갔다.

이런 사실을 이해한다고 해서 어머니의 삶이 빛을 잃지는 않는다. 오히려 어머니의 이야기를 역사라는 배경 앞에 놓을 때 그분을 더욱 잘 이해하게 된다. 그렇게 어머니의 죽음과 어머니의 기억은 내 곁에 남는다. 「전쟁의 세월」에서 나는 어린 시절에 본 어머니의 모습을 묘사한다.

엄마는 영어로 말할 때마다 목소리가 높아졌는데,
몸속에서 나오는 소리가 아니라
엄마의 몸 밖에서 영어가
목청을 쥐고 짜내는 것처럼 들렸다.

아니면 그것은 내 언어일까?

내 두 손이

마의 목을 쥐어짜며

목소리를 내게 하는 걸까?

하지만 마를 기억할 때면 그분이 모국어로 말하던 목소리만 떠오른다. 어린 시절 내내 사랑과 애정으로 나를 보듬고 감싸 주던 그 목소리를 들으면 어머니를 묘사할 수 있겠다는 확신이 생겨난다. 그렇게 나는 마를 배신한다.

이제 마는 조용해졌지만 그분의 목소리는 내게 남아 있다.

그분의 입은 열려 있고 나는

그 입을 다물릴 수 없다.

나의 끝

어머니가 돌아가신 후 란은 우리가 아이를 하나 더 가져야 한다고 생각한다. 란이 친어머니처럼 여기게 된 마도 그러길 원할 것이다. 바와 마는 오래전에 란을 며느리로 부르기를 그만두고 딸로서 사랑한다고 말해 주었다.

마가 죽은 지 350일 후
시몬이 태어난다.

엘리슨이 뛰어난 작가 하나에게서
따온 이름인 반면,
시몬은 두 인물에게서 따온 이름이다.

시몬 드 보부아르
그리고
나나 시몬.

철학, 정치, 글, 음악, 노래로 폭력적인 세상에 맞선
강인하고 영웅적인 여성들의 이름이다.

아버지가 되고 싶지 않았던 나는 이제 두 사람의 아버지가 되었다.
항상 집에 있다는 느낌을 불신했던 내가 이제는 집에 있다고 느낀다.
내 아이들과 함께, 란과 함께, 우리 집에.

어쩌면 이것이 작가로서 나의 끝일지도 모른다.

아니면 이전과 다른 작가로서의 시작일 수도 있다.
아버지 노릇을 하면서 더 나은 작가가 된 것 같다.
타인을 돌보고 내 감정을 숙고하는 데
눈뜨게 되었다.
란과 아이들을 사랑하고 그들에게
헌신할 줄 아는 사람이 되었다.
이 책을 쓸 수 있는 사람이 되었다.
결코 쓰고 싶지
않았던
책이지만.

우리 집은 책으로 가득하다. 책은 행복의, 그리고 정의의 전제 조건이다. 엘리슨과 시몬은 자기들만의 서재를 갖고 있다. 어린 시절 내

가 그렇게도 꿈꿨던 사치이자 필수품이다. 아이들에게 책을 선물하면서 나는 그들이 뭐든 되고 싶은 존재가 되기를 바란다. 꼭 의사나 변호사나 엔지니어일 필요는 없다. 내 아이들이 행복하면 좋겠다!

다시 말해
작가가
아니라도 좋다.
적어도 나 같은 작가는
아니어도 된다.

엘리슨이 프로게이머가 되겠다면 뭐라고 할 거야? 란이 묻는다.

친애하는 독자여 —
나는 머뭇거렸다.

엘리슨은 아홉 살 때 학교에서 자신을 설명해 보라는 질문에 이렇게 답했다. 친구이자 형, 장남, 베트남인, 만화 애호가, 예술가, 작가, 그리고 게이머.

그러니 아마도 언젠가는 프로게이머가 될 것이다.

하지만 엘리슨은 작가이자 예술가이기도 하다. 다섯 살 때 내가 아침저녁으로 그림책과 만화책을 읽어 주고 란과 함께 예술인 마을과 작가 레지던시에 놀러가서 ―

편집증, 비밀경찰, 재교육 수용소가 빠지고
창의적이고 유쾌하고 자유로우며
정의와 협업에 헌신하는
공산주의의 친절한 버전, 혹은
착취, 탐욕, 영혼을 짓누르는 소외가 빠지고
풍부한 지원과 선택권이 있는
자본주의의 친절한 버전인
사회주의가 어떤 느낌인지,
또는 어떤 느낌이어야 하는지
경험해 본 후

― 직접 책을 쓰고 삽화도 그렸으니까. 내가 그걸 페이스북에 올리자 어느 편집자가 이게 진짜인지, 진짜라면 출판해도 되겠는지 물었다.

나는 그에게 물었다.
내 아들로 돈을 벌어도 되나요?

그렇게 『바다로 간 닭』이 탄생했다. 『고양이 레스터』의 정신을 계승한 이 유쾌한 모험담은 동물 소외에 관한 이야기이기도 하다.

시골 생활에 지루함을 느낀

닭 여러 마리가

농장을 떠난다.

그리고 해적이 된다!

나라면 이런 이야기를 상상할 수 없었을 것이다. 지금의 내가 『고양이 레스터』를 상상할 수 없는 것처럼. 나는 어린 시절의 그 부분을 잃어버렸지만 엘리슨을, 그리고 이제는 시몬을 통해 글쓰기, 상상력, 정의에서 가장 중요한 질문을 던지는 법을 배웠다.

안 될 거 없잖아?

이 책을 이런 식으로 써 봐도 되잖아?
슬픈 이야기와 감상적인 이야기를
들려줘도 되잖아?
그리고 농담 좀 해도 되잖아?

이 아이들은 내게 큰 선물을 주었고, 이들이 존재하는 건 나도 아버지가 될 수 있다고 믿어 준 란 덕분이다. 그래서 나는 이제 내 집에 있다고 느끼지만, 사실 그렇게 느껴서는 안 된다. 내 집은 하하몽가*

부족의 땅에 있으며, 이 세상에는 집 없는 사람들이 너무 많고 불안정한 지역도 너무 많으니까. 철학자이자 비평가이자 난민이었던 테오도르 아도르노가 썼듯이

> 자신의 집에 있지 않는 것은 일종의 윤리다.

그러나 학자이자 비평가이자 망명자이자 아도르노의 계승자이며 영원히 집을 빼앗긴 팔레스타인 난민과 항상 연대했던 에드워드 사이드는 이렇게 썼다.

> 모든 망명에 해당되는 진실은 고향과 고향에 대한 사랑을 상실했다는 것이 아니라, 그 두 가지의 존재 자체에 상실이 내재하고 있다는 것이다.

그래서 지금으로서는 이 아이들과 란과
함께 있는 동안만이라도
그들과 함께 집을 만들고 싶고,
비록 내 과거와 현재의 상실을
완전히 망각할 수 있는 곳은 아닐지라도
언젠가는 아이들이 돌아오고 싶을

---

* Hahamog'na. 현재 캘리포니아 지역에 살았던 선주민이다.

그런 집이 될 수 있기를 바란다.
적어도 나는 그렇게 바라지만
그것이 불가능하다면 언젠가는

아이들이 그들 나름의 회고록을 쓰길 바란다.

베트남인들의 성지

그는 작가처럼 생겼다. 아버지이자 할아버지이기도 할 것이다. 어쩌면 다른 삶에서는 작가나 음악가가 될 수 있었을 것이다. 그러나 이생에서 그는 투쟁가, 생존자, 난민, 신앙인, 은퇴자다. 그리고 홀아비다.

바가 작가로서의 내 야심을 처음 알게 된 건 단편소설 「다른 남자」의 베트남어 번역본을 내게 받은 때였을 것이다. 베트남 난민인 주인공은 1975년 샌프란시스코에 도착하고

처음으로 섹스를 경험한다.

상대는 남자다.

바는 내게 그 소설 이야기를 꺼낸 적이 없다. 아마도 당황스러웠을 것이다. 나도 바가 그 소설을 읽었는지 묻지 않는다. 나를 위해 그토록 많은 것을 희생한 분이 내 글까지 읽어 줄 필요가 있겠는가? 내 작

가 경력을 바꿔 놓을 소식을 들었을 때도 아버지에게 전화할 생각은 못 했다. 그토록 많은 고생을 했는 데도 제대로 보상받지 못한 분에게 뭐 하러 내 자랑을 하겠는가? 하지만 다음 날 아버지는 내게 전화를 걸어 기쁨에 떨리는 목소리로 말했다.

> 베트남 고향 사람들이 전화했다.
> 네가 퓰리처상을 받았다며!

해냈다. 마침내 아버지를 자랑스럽게 해 드렸다.
고작 퓰리처상을 받았을 뿐인데.
이 농담은 아메리카™를 겨냥한 것이다.
아니면 나 자신을 겨냥하게 될지도 모른다.
시간이 지나면 알게 되리라.

아버지에게는 내 소설 내용을 말하지 않았다. 무엇보다도 (퓰리처상 심사위원들을 제외한) 모든 사람의 심기를 거스르려고 쓴 소설이니까. 아래의 1점짜리 서평들을 보건대, 그렇게 위대하진 않은 이 미국 소설은 소기의 목적을 달성했다고 하겠다.

정신적 분열

꾸역꾸역 읽은 보람이 없다

의식화를 위한 심리학적 몸부림

부조리하고 강박적

완벽한 문학적 개똥

어이없도록 과대평가됨

역겹고 내용을 따라가기 어려움

이게 뭐야?

음침하고 우울함

극혐

끔찍한 책

정말 싫은 책

고문을 즐긴다면 이 책을 읽어라

개쓰레기

우웩

지루하고 아무 사건도 없는 소설

도망쳐, 이 책 말고 다른 아무거나 읽어

괜찮았음!

아니면 아버지도 이 소설이 얼마나 불쾌하게 읽힐지 알지도 모른다. 베트남계 미국인 중에도 이 책이 공산주의자 스파이의 관점에서 쓰였다는 이유로 읽지 않겠다는 사람들이 있다. 심지어 공산주의에 양가적 감정을 느끼는 스파이인 데도 말이다. 하지만 아버지는 설사 아들이 공산주의 애호 반미 작가라는 소문을 들었더라도 내게는 아무 말도 하지 않는다. 우리는 침묵으로 서로를 보호한다.

내가 대학교로 떠나 있는 동안 웬 정신 나간 남자가 5번가와 샌타클래라가가 교차하는 사이곤 머이 바깥에서 경찰관 둘을 총으로 쏴 죽였다. 총격전이 벌어지는 동안 바와 마는 계산대 뒤에 웅크리고 있었다. 나는 수십 년 후에야 새너제이 역사상 최악의 경찰 살해로 남은 이 사건을 알게 되었다. 바와 마는 내가 걱정할까 봐 끝까지 말하지 않았다.

바는 심지어 자기가 죽고 나서도 나나 형에게 걱정을 끼치지 않으려 한다. 그래서 오래전에 당신의 묫자리를 마련하고 장례 미사에 부를 손님 명단, 일정표, 선곡표까지 준비했다. 죽음은 어려운 일이지만, 바는 우리의 역할을 최대한 수월히 끝낼 수 있도록 배려했다.

바는 팬데믹 이전부터 거동이 느려지고 있었지만 몇 달간 고립되어 지내면서 더욱 빨리 쇠약해진 듯하다. 가만히 앉아 지내는 시간이 늘었고 건망증도 점점 더 심해져 간다. 하지만 어느 모로 보나 나쁜 상태는 아니다. 적어도 형은 그렇게 생각한다. 형은 여전히 책임감 있는 장남이자 손윗사람으로서 주말마다 방문하여 아버지의 간병을 감독하고 나를 최악의 상황으로부터 보호한다. 그리고 이 글도 읽고 확인해 준다.

바의 집을 찾아가 런던의 황금빛이 가득한 갈색 가죽 소파에 나란히 앉으면 바는 내 팔을 붙잡고, 연룟값이라며 내 주머니에 지폐를 밀어 넣고, 내가 있어서 감사하다며 눈물 흘린다. 너무 고마워하셔서 오히려 내가 부끄러워질 정도다. 나는 바의 이마에 키스한다. 바를 차로 교회에 모셔다 드리고 그분을 위해 나도 아직 신자인 척한다.

한번은 머스탱 컨버터블을 빌려 바와 함께 드라이브하기도 했다. 바는 처음엔 거절했지만, 다시 여쭤 보았을 때는 왠지 생각이 바뀐 모양이었다. 어쩌면 바도 그때를 기억하는 게 아닐까. 딱 한 번 마와 나를 뒷좌석에 태우고 재미 삼아 몬터레이 반도를 따라 차를 몰았던 때를. 이제는 내가 바를 태우고 자동차 지붕을 내린 채 새너제이 외곽의 구불구불한 언덕길을 천천히 지난다. 바는 선글라스와 낡은 검은색 중절모로 멋을 부리고 햇살과 산들바람을 즐긴다. 우리는 항상 그랬던 것처럼 라디오 소리도 대화도 없이 조용히 드라이브한다. 바가 운전석에 앉고 내가 조수석에 앉던 시절처럼. 나는 언덕길을 달리며 상념에 빠진다.

수십 년 전 어느 날 밤, 사이곤 머이에서 기나긴 하루를 마치고 온 마가 한밤중에 내게 둘이서만 드라이브 하자고 했다. 내가 몇 살이었는지는 기억나지 않는다. 유년기와 청소년기의 아득한 시간 한가운데, 내가 여전히 마에게 속했던 시절이다. 마와 바 사이에 뭔가 균열이 생겼다. 뭔가 말할 수 없는 긴장이 느껴졌다. 나는 마가 도망치기 위한 핑계였다. 차창은 내려져 있었고 바람이 내 얼굴을 때렸다.

나는 내가 슬프다는 걸 몰랐다. 내가 감사하다는 것만 알았다. 마가 나와 함께 시간을 보내고 싶어 했으니까. 그분은 아무 말도 하지 않았지만 내게 이 기억을 선물로 남겼다.

집에 가자, 바가 말한다.
나는 집으로 향한다.
나는 바에게 이 기억을 선물한다.

필립 로스는 노쇠한 말년의 아버지에 관해 이렇게 썼다.

그분에게 살아 있다는 것은 기억으로 빚어졌다는 의미이며, 기억으로 빚어지지 않은 인간은 아무것도 아닌 존재다.

사실일지도 모른다. 하지만 아무것도 아닌 것은 없다.
그 무엇도 타자 없이는 존재하지 않는다.
부재를 필요로 하는 존재,
부정을 필요로 하는 긍정 없이는.

우리는 무에서 왔고
무로 돌아간다.
난민으로서 우리는

우리를 저버린 나라들 간의
무시무시한 공백에서 나온 존재다.

타자의 공백에서 나온 우리 난민은
다른 나라 사람들에게
아무것도 아닌
존재로 보일 수밖에 없지 않은가?

나는 더 이상 난민이 아니며 난민이 되고 싶지도 않지만, 그런 한편 여전히 난민이다. 아메리칸드림™이 강요하는 것과는 다른 미래를 상상할 수 있는 무(無)로서의 난민에 동조한다는 점에서. 누군가가 되고 싶은, 무언가가 되고 싶다는 욕망, 이민자 신화와 무기 소지 시민권으로 구현되는 아메리칸드림™은 일견 매우 건설적으로 보이지만, 수많은 타자의 존재를 부정하고 떠내려 보내는 데 의존해 왔으며 지금도 의존하고 있다.

우리는 타자의 공백을 두려워하기보다도, 그 공백 속에서 난민을 양산할 수밖에 없는 국경과 전쟁 기계, 국민 국가에 기초하지 않는 새로운 세계의 가능성을 보아야 한다. 우리는 가진 것 없고 미미한 존재인 난민을 경멸하는 대신 그들의 무(無)에 동조할 수 있다. 무에서 출발하여 착취와 폭력, 공포와 테러, 탐욕과 이기심 등 우리 모두를 부정하는 힘으로부터 자유로운 세상을 상상할 수 있다.

아버지가 나의 수동적 정체성, 배은망덕함, 부정을 부정해야 한다는 신념에 동의할 거라고 기대하지는 않는다. 바는 많은 것을 잊어버렸지만 여전히 무언가가, 그리고 누군가가 당신을 기다린다고 믿는다. 그리고 여전히 주기도문을 막힘없이 외울 수 있다. 한 단어도 잊지 않았다.

바는 '천국의 문' 가톨릭 묘지에서 개잎갈나무 그늘 곁에 누운 마를 찾아가 당신도 곧 그분 옆에 눕게 될 것이라고 말하곤 한다.

오, 린다(Linda ơi)! 바가 흐느낀다.
사랑해, 너무 보고 싶어
(Anh thương em, anh nhớem nhiều lắm).

그 목소리에 나는 당황한다. 나는 바가 우는 모습을 본 적이 없다. 심지어 할아버지 할머니가 먼 나라에서 돌아가셨을 때도 말이다.

오, 린다!

마가 죽은 후로 바는 내가 찾아갈 때마다 당신도 떠날 준비를 하는 중이라고 말한다. 슬퍼하지도 두려워하지도 않고 차분한 모습으로 내게 마지막 교훈을 주신다. 바가 그랬듯 나도 내 방식대로 떳떳하게 살아가면 그분과 같은 축복을 누릴 수 있을까? 행복한 망각의 축복을?

세세한 부분까지 꼼꼼히 챙기고, 하나하나 계획대로 되지 않으면 불안해하는 사람. 그런 바를 나도 닮아간다. 밤이면 바가 그랬듯 창문과 문이 전부 잠겼는지 확인한다. 바가 그랬듯 사람 없는 방의 불을 끄고 전기를 낭비한다며 아들을 꾸짖는다. 가끔씩 내 무릎에서 뚝 소리가 나면 내 침실 문 밖 복도에서 들려오던 바의 무릎 관절 소리가 생각난다.

아버지는 엄격했고 내가 두려워하면서도 존경한 분이지만, 여긴 당신 집이니 싫으면 나가라고 말한 적은 단 한 번도 없다. 게다가 엄격하긴 했어도 내가 학자나 작가가 되는 걸 반대하진 않았다. 바는 침대 위에 내 책을 전시해 두었다. 마의 장례식에 친구 분들이 거대한 화분과 함께 보낸 조의문 현수막과 함께. 그분은 내 책이 어떤 내용인지 묻지 않고 몇 권이 팔렸는지만 묻는다. 그리고 그 숫자에 만족스러운 웃음을 짓는다.

바가 나를 얼마나 사랑하는지 내가 깨닫지 못한 거라면, 그분도 우리가 당신을 얼마나 사랑하는지 모르는 게 아닐까. 형과 나는 아버지가 지쳐 떨어질 때까지 '사랑해요, 아빠(Con thương Ba).'라고 말하곤 했다. 이제는 바가 문득 진심 어린 목소리로 '사랑한다, 애야(Ba thương con).'라고 말하곤 한다. 손주인 엘리슨과 시몬에게는 영어로 이렇게 말해 준다.

                                             사랑한다, 얘들아.

   아버지의 묫자리 주위로는 베트남어 이름이 가득하다. 표지판에 따르면 묘지의 이 구역은 '베트남인들의 성지(Đất Thánh Việt Nam)'라고 불린다.

                                        난민들은
                  이 무웨크마 올론 부족의 땅을
                      그들의 몫으로 차지했다.
                                 그리고 신도.

   전쟁 기계에서 평생을 살아온 나 역시 이 나라의 일부다. 전쟁 기계의 애국자들은 발코니에 서 있던 아프가니스탄 테러리스트 지도자를 암살한 헬파이어 미사일에 환호한다. 나는 그 전 해, 미국인들이 카불에서 철수하던 기간에 자기네 집 마당에서 토막 나고 불타 죽은 열 명의 민간인 가족을 기억한다. 미국의 공중 전자 감시 장치인 프레데터 무인기가 차를 몰아 귀가하던 아버지를 자동차 폭탄 테러범으로 오인하고 또 한 차례 헬파이어 미사일을 발사한 것이다. 합동참모 본부장은 정당한 공격이라고 선언했다. 적어도 현재로서는 말이다.

제마리 아마디, 43세. 그의 세 자녀 : 자미르, 20세. 파이살, 16세. 파르자드, 10세. 그의 사촌 나세르, 30세. 그의 동생 로말의 세 자녀 : 아르윈, 7세. 벤야민, 6세. 하야트, 2세, 그리고 세 살배기 여자아이 말리카와 소마야.

아버지 제마리 아마디는
미국인들을 위해 일했다.

내 마음 한구석에서는
1955년 에메 세자르가 쓴 글을 믿는다.

야만족의 시대가 다가왔다. 현대의 야만족.
미국의 시대. 폭력, 과잉, 낭비, 상업주의, 허세,
집단주의, 어리석음, 저속함, 무질서.

기나긴 시대였다.
하지만 한편으로는 같은 해에
제임스 볼드윈이 쓴 글도 믿는다.

나는 세계 어느 나라보다도 미국을 사랑하며,
그렇기 때문에 미국을
끊임없이

비판할 권리가 있다고 주장한다.

바와 마는 이 나라를 비판한 적이 없다. 아메리카™가 원하는 감사할 줄 아는 난민이다. 정의에 있어서 부모님은 신을 믿는다. 어쩌면 내가 '지구상에서 가장 위대한 나라'를 좀처럼 믿지 못하는 건 가톨릭의 하느님을 믿지 않기 때문인지도 모른다. 위대함이 제국주의, 정복, 노예제도, 폭력과 분리될 수 없다는 사실을 외면하기는 불가능하다. 내가 태어난 나라를 포함한 다른 여러 나라와 마찬가지로 아메리카™도 잔인함과 아름다움, 공포와 희망이 병존하는 곳이다. 그 아름다움과 희망을 실현하려면 우리는 잔인함과 공포에 맞서야 한다. 탈군사화, 탈자본화, 탈제국화, 탈식민화, 탈탄소화에 나서야 한다. 그때서야 바와 마의 천국처럼 아름답고 (불)가능한 아메리카™가 탄생할 것이다. 그때서야 우리는 난민의 종말을 보게 될 것이다.

마가 사망한 지 몇 달 후 팬데믹 초기에 바는 나와 함께 마를 찾아가곤 했다. 이제는 대체로 나 혼자 마를 방문한다. 고독을 즐기며 묘석을 쓸어 내고 꽃을 바친다. 꽃은 동 트기 전에 거위와 사슴이 먹어 치울 것이다. 이곳에 내 모국어를 비난할 사람은 없다. 나는 그 언어로 마의 희생과 헌신, 사랑에 감사 드린다. 어머니의 비밀을 누설한 것을 사과하며 이해와 용서를 구한다. 마가 누운 이 땅에 깊이 뿌리 내린 내 아들과 딸에게 그분의 이야기를 들려줄 것을 약속한다. 언젠가는 바도 이 땅속에 누우리라.

이제 우리는 미국인이라고 말했던 걸 기억하느냐고 물으면 바는 웃으며 고개를 젓는다. 하지만 베트남에 묻히고 싶으냐고 물어도 고개를 내젓는다. 이제는 마 옆의 이 자리가 바의 땅이다. 하지만 이곳이 그들의 조국이 아니라면 뭐라고 불러야 할까?

그들이 선택한 땅.
그들의 정착지.
그들의 피난처.

그럼에도 이 땅은 부모님의 육신을 위한 보관소일 뿐이다. 그분들의 영혼은 다른 문제다. 마의 묘석에는 하느님이 그분을 고향으로 부르셨다고 적혀 있다. 베트남인들의 성지인 이 묘지, 심지어 마가 태어난 땅도 임시 거주지일 뿐이다. 아마도 영원한 고향이야말로 중요한 것이라는 두 분의 신념이 집 없는 난민 생활을 견뎌 내는 데 도움이 되었을 것이다. 나의 진짜 고향인 글쓰기가 나를 도와 주듯이.

나는 아직 내가 태어난 고향에 돌아가지 못했다. 그 미래는 아직 오지 않았다. 아마도 바가 세상을 떠난 후에, 승인위원회 위원들이 허락한다면. 하지만 돌아가지 않을 수도 있다. 몽타냐르족에게는 나 역시 또 다른 식민 지배자일지 모르니까. 설사 내가 부온마투옷에 돌아간다고 해도 이미 나의 기원은 거기 없으니까. 잊어버린 유년기, (입양된) 누나, 기억의 씨앗, 고향의 이름까지 모두 자취도 없이 사라졌다. 이 또한 오랫동안 지연된 전쟁 이야기다. 과거의 불발탄, 마음 속에 묻혀 있는 지뢰다. 그래도 언젠가는 이 이야기를 파헤쳐 탐구할지 모른다. 전쟁 이야기라면 지긋지긋해도, 이 이야기만은 언젠가 쓰게 될지 모른다. 왜냐하면 글쓰기는 내가 아는 유일한 투쟁의 방법이기 때문이다. 그리고 내가 아는 유일한 애도의 방법이기도 하다.

마의 투쟁은 끝났다. 그분은 이제 가만히 쉴 수 있다. 묘지를
떠나기 전에 나는 마 곁의 잔디밭에 드러누워
푸르게 펼쳐진 하늘을 올려다보기도 한다.
바를 기다리는 그 못자리에 머물며
내가 잊어버린 많고 많은 것들을,
그리고 언젠간 나 역시 아무것도 아닌
존재가 될 것을 생각하면서 우리의
행복한 날들을 떠올려 내려고 애쓴다.

바에게

조지프 타인 응우옌에게

응우옌응옥타인에게

내 아버지에게

1933~

감사의 말

이 책은 2015년부터 2022년까지 진행한 일련의 인터뷰와 강연, 그리고 그 기간에 발표한 여러 에세이에서 비롯되었습니다. 관련된 간행물과 강연 장소가 너무 많아서 일일이 나열할 수는 없지만, 제 견해를 공유하고 발전시킬 수 있게 해 준 모든 편집자와 인터뷰어, 저를 초청해 준 모든 기관에 깊이 감사드립니다. 또한 그럴 기회를 마련해주신 모든 분들의 노고에도 깊은 감사를 드립니다. 튜즈데이 에이 전시의 트리니티 레이, 케빈 밀스, 라이언 바커, 애리얼 루이턴, 그리고 그로브 프레스의 홍보 담당자 뎁 시거와 존 마크 볼링입니다.

운 좋게도 조에 루이즈가 수백 개에 달하는 인터뷰, 강연, 에세이 모음을 읽어 주고, 초고의 중추를 이루는 핵심 장면과 주제를 정리해 주었습니다. 초고와 이후 교정본에 담긴 상념 중 일부는 전쟁과 기억, 탈식민화, 비판적 난민 연구를 다룬 저의 여러 대학원 세미나에서 나왔습니다. 학생들이 대화 상대가 되어 준 덕분에 제 생각을 더욱 명확하고 깊이 있게 표현할 수 있었고, 무엇보다도 독서를 더 많이 하게 되었습니다.

이 책의 계기가 된 세미나는 서던캘리포니아 대학교에서 진행했으며, 원고 워크숍 주최 비용을 비롯해 이 책을 집필하는 데 요긴했던 연구비도 같은 대학에서 지원 받았습니다. 워크숍에서는 중간 단계의 원고를 함께 읽으며 지나 애포스틀, 캐시 박 홍, 그리고 이 책의 제목을 제안해 준 라일라 랄라미의 날카롭고 유익한 논평에 큰 도움을 받았습니다. 학계의 여러 동료들도 집필 과정에서 의견을 들려주었습니다. 메이링 쳉, 에이드리언 디 리온, 에빈 레 에스피리투 간디, 재닛 호스킨스, 애넷 김, 낸시 루트케하우스, 나탈리아 몰리나, 리디 모딜레노, 크리스 무니즈, 캐서린 응우옌, 피터 레드필드, 어니스트 J. 윌슨 3세 등입니다. 이 책은 그들의 통찰력 덕분에 한층 발전할 수 있었습니다.

제 연구 조교 제니 호앙도 초고를 읽어 주었고, 그만큼 중요한 것은 제가 책을 쓰는 동안 많은 연구와 필요한 행정 지원을 감독해 주었다는 점입니다. 이후로 리베카 박과 티티 응우옌이 해당 업무를 승계하여 뛰어난 관리 능력을 발휘해 준 덕분에 집필에 집중할 수 있었습니다. 크리스틴 응우옌, 페이스 응우옌, 토미 응우옌, 애슐리 짠, 조던 쩐 등 열정과 활기가 넘치는 학부 조교진의 도움도 받았습니다. 특히 캐슬린 호앙은 이 책의 미주를 정리하는 데 결정적인 역할을 했습니다. 저는 이들의 도움에 영원히 감사할 것입니다.

저널리스트 섀런 사이먼슨은 새너제이의 기록 보관소를 파헤쳐 사이곤 머이에 무슨 일이 있었는지 알아볼 시간을 크게 줄여 주었습니다. 트래비스 뮬러 대위와 요새 박물관 직원 스테파니 올슨, 찰리 올릭은 제가 포트 인디언타운 갭으로 돌아갈 수 있게 도왔고, 펜실베이니아주 방위군의 브래드 렌은 제 방문을 사진과 기사로 기록하도록 친절히 허가해 주었습니다. 제 열성 팬이자 친구 아디아하 스핑크스-프랭클린은 가장 필요한 타이밍에 최종 원고 일부를 읽어 주었고, 다인종 탈식민주의 정의에 대한 열정과 헌신으로 제게 꾸준히 영감을 주었습니다.

작가 히리나 디 트로이와 이-다나이르 니에라는 몽타냐르족의 역사, 정치, 문화에 관한 질문에 답해 주었고, 중부 고원 지대에서 제 가족이 수행한 역할을 돌아보게 해 주었습니다. 베트남 연구 모임의 여러 회원들도 해당 지역의 베트남 가톨릭교도 정착에 관한 질문에 응답해 주었습니다. 브래들리 캠프 데이비스, 다이앤 폭스, 에릭 함스, 레쑤언히, 에드워드 G. 밀러, 누 밀러, 마이클 몬테사노, 폴 무니, 판꽝아인, 오스카 살레밍크, 후애땀호따이, 필립 테일러, 사이먼 토너 등 전문 지식을 나눠 주신 모든 분들께 감사 드립니다. 다만 베트남 가톨릭교도 정착에 대한 해석은 어디까지나 제 주관적인 견해임을 밝혀 둡니다.

제 에이전트인 냇 소벨과 주디스 웨버는 항상 그랬듯이 현명한 조언과 격려를 제공했습니다. 훌륭한 발행인 모건 엔트레킨부터 에밀리 번스와 주디 호텐슨에 이르기까지, 제 책을 출간해 주는 그로브 프레스의 꾸준한 지원과 신뢰에도 의지할 수 있었습니다. 노먼 E. 터틀과 살 데스트로는 이 책의 디자인과 도판 사용에 뛰어난 솜씨를 보여 주었습니다. 이 책의 원고를 손봐 준 교정 교열자 낸시 탄에게 깊은 감사를 드리되, 아직도 오류가 남아 있다면 전부 제 책임입니다. 무엇보다도, 뛰어난 담당 편집자 피터 블랙스톡은 그로브 프레스의 모든 책에 그랬듯 적절한 편집과 수정을 제안하고 저자를 독려하는 마법적인 능력으로 이 책도 훨씬 나아지게 해 주었습니다.

맥아더 재단의 장기적이고 혁신적인 경력 전환 연구비 지원으로 마음 편히 집필에 전념할 수 있었습니다. 이들의 재정적 관대함에 힘입어 글을 쓸 시간뿐 아니라 궁극적으로는 그만큼 중요한 가족과의 시간도 누렸습니다. 제 아이들인 엘리슨과 시몬은 제가 그들에게 가르친(적어도 저는 그렇길 바랍니다) 것만큼이나 많은 것을 제게 가르쳐 주었습니다. 제 파트너이자 첫 번째 독자, 동료 난민이자 학자, 작가이며 저와 마찬가지로 캘리포니아 새너제이에서 자란 란 두옹은 이 책에 사랑과 함께하는 삶에 대한 이해를 불어넣었습니다. 이 책의 마지막 페이지를 어떻게 끝내야 할지 단서를 준 사람도 란이었습니다.

마지막으로 제 형 아인뚱에게 고마움을 전합니다. 이 이야기를 쓸 수 있었던 건 항상 저를 돌봐 주었고 우리 둘이 겪은 일들을 아는 유일한 사람, 바와 마를 저만큼이나 잘 아는 형의 최종 허가 덕분입니다.

인용 출처

어수선한 방들, 헐벗은 삶 : Fae Myenne Ng, *Bone*(New York: HarperCollins, 1994), 17.

디온 워릭도 이 노래가 바보 같아서 : "Dionne Warwick Returns to San Jose, Named City's 'Ambassador of Goodwill,'" *NBC Bay Area*, August 1, 2014, https://www.nbcbayarea.com/news/local/dionne-warwick-returns-to-san-jose-to-be-named-citys-ambassador-of-goodwill/67890/.

"펜타곤은 소말리아에서" : Thomas Gibbons-Neff, "Pentagon Admits to Civilian Casualties in Somalia for a Third Time," *New York Times*, July 28, 2020, https://www.nytimes.com/2020/07/28/world/africa/pentagonsomalia-civilian-casualties.html.

알카에다와 연계된 극단주의 단체 알샤바브 : Ibid.

테러리스트로 보고되었으며 : Jared Szuba, "New Evidence US Airstrike Killed Teenage Girl in Somalia, Report Says," *Defense Post*, April 1, 2020, https://www.thedefensepost.com/2020/04/01/somalia-amnesty-report-civilian-killed/.

대응력 있고 비용 효율적인 엔지니어링 : "Small Glide Munition—GBU-

69/B Fact Sheet," Dynetics Corporate Communications, 2017, https://www.dynetics.com/_files/strike-systems/Dynetics%20SGM.pdf.

인도차이나 식품과 미국 인스턴트식품: "Vietnamese Student Excels Despite Barriers," Aleta Watson, *San José Mercury*, June 25, 1981, 25.

폴란드로 넘어가려다 폭력에 처하는: Jeffrey Gettleman and Monika Pronczuk, "Two Refugees, Both on Poland's Border. But Worlds Apart," *New York Times*, March 14, 2022, https://www.nytimes.com/2022/03/14/world/europe/ukraine-refugees-poland-belarus.html; Monika Pronczuk and Ruth Maclean, "Africans Say Ukrainian Authorities Hindered Them from Fleeing," *New York Times*, March 1, 2022, https://www.nytimes.com/2022/03/01/world/europe/ukraine-refugeediscrimination.html.

폴란드로 넘어가려다 폭력에 처하는: Miriam Jordan, Zolan Kanno-Youngs, and Michael D. Shear, "United States Will Welcome up to 100,000 Ukrainian Refugees," *New York Times*, March 24, 2022, https://www.nytimes.com/2022/03/24/us/ukrainian-refugees-biden.html; Miriam Jordan, "Ukrainians Are Trickling into the U.S. to Warm Welcomes," *New York Times*, March 19, 2022, https://www.nytimes.com/2022/03/19/us/ukrainian-refugees-sponsorsus.html; Miriam Jordan, "Thousands of Migrants Have Been Waiting for Months to Enter U.S.," New York Times, May 19, 2022, https://www.nytimes.com/2022/05/19/us/migrants-border-title-42.html.

앙골라 인구보다 적다: National population rankings come from

Worldometer, https://www.worldometers.info/world-population/population-by-country/, accessed December 3, 2022. 강제 이주 인구는 약 6,600만 명에서, 난민 인구는 약 2,200만 명에서 증가했다. 나는 2016년 유엔난민기구 수치를 참고했기에 이 책이 출간된 시점에서는 내가 인용한 순위가 최신 정보가 아닐 수 있다.

가장 많은 난민을 내보내거나 강제 추방하는 국가: "Refugee Data Finder," UNHCR, https://www.unhcr.org/refugee-statistics/.

우리는 잊으라는 말을 들었고: Hannah Arendt, "We Refugees," Menorah 31, no. 1 (1943): 69~77.

네 고향 부온마투옷의 경우: 이 도시 이름의 어원은 리처드 게서트가 알려주었다. 여기에서도 관련 정보를 확인할 수 있다. https://en.wiktionary.org/wiki/Buôn_Ma_Thuột#Vietnamese. 저자에게 메일로 전달됨, January 13, 2021.

맨발로 거리를 활보하거나: Ban Me Thuot before the Shells Fell: Sleepy, Charming Highlands Town," *New York Times*, March 12, 1975, https://www.nytimes.com/1975/03/12/archives/ban-me-thuot-before-the-shells-fell-sleepy-charming-highlands-town.html.

거의 백인이지만 백인이 아닌 자들: 탈식민주의 학자 호미 바바의 다음 에세이 중 "거의 같지만 완전히 같지는 않다"는 구절을 차용했다. "Of Mimicry and Man : The Ambivalence of Colonial Discourse," October 28 (Spring 1984): 125-33.

세계적으로 5백만 명이 넘는 난민 디아스포라: "Overseas Vietnamese

an Important Pillar in Việt Nam's Foreign Relations : Deputy PM," *Việt Nam News*, November 28, 2020, https://vietnamnews.vn/society/813937/overseas-vietnamese-an-important-pillar-in-viet-nams-foreign-relations-deputy-pm.html.

1,500만 달러를 주고 828,000평방마일의 땅을 매입 : "Lousiana Purchase Treaty (1803)," accessed January 11, 2022, https://www.archives.gov/milestone-documents/louisiana-purchase-treaty.

막사 하나당 군인 60명 : Major General Frank H. Somer, Jr., *Back at the Gap : The History of Fort Indiantown Gap* (Fort Indiantown Gap : Pennsylvania National Guard Military Museum, 2009), 98.

베트남 사람들을 전부 : Richard Pryor, "New Niggers," . . . Is It Something I Said?, Reprise Records, 1975. Also available on YouTube, https://www.youtube.com/watch?v=umpnq7QF3tc.

무언가가 기억에 남으려면 : Friedrich Nietzsche, "On the Genealogy of Morals," in *Basic Writings of Nietzsche*, trans. and ed. Walter Kaufmann (New York : Modern Library, 2000), 497.

사이공에서 추락해 78명이 사망했던 그 수송기 : Rachel Martin, "Remembering the Doomed First Flight of Operation Babylift," *NPR*, April 26, 2015, https://www.npr.org/2015/04/26/402208267/remembering-the-doomed-first-flight-of-operation-babylift.

대다수의 미국인은 동남아시아 난민을 : Kevin Knodell, "America's Troubled, Contradictory Refugee Legacy," *Medium*, February 27, 2017, https://medium.com/war-is-boring/americas-troubled-contradictory-refugee-legacy-15c1b23c3a8.

무시무시한 장치다 : Andrew Lam, "Bomb Lady : Vietnamese American Makes Tools for War on Terror," *Pacific News Service*, December 8, 2003, https://tinyurl.com/3wyc5yxe.

네일숍 인력의 58퍼센트를 : P. Sharma et al., *Nail Files : A Study of Nail Salon Workers and Industry in the United States*, UCLA Labor Center and California Healthy Nail Salon Collaborative, November 2018, https://www.labor.ucla.edu/wp-content/uploads/2018/11/NAILFILES_FINAL.pdf. 미국 내 네일숍 종사자 중 79퍼센트가 외국인이며, 그중 74퍼센트가 베트남인이다(전체 중에서는 58퍼센트에 달한다).

당신은 다시는 무시당하지 않을 것입니다 : "FULL TEXT : President Donald Trump's Inauguration Speech," *ABC News*, January 20, 2017, http://abcn.ws/2jgVjAc.

모든 행복한 가정은 비슷비슷하기에 : Leo Tolstoy, *Anna Karenina*, trans. Constance Garnett (New York : Simon & Schuster, 2010), 5.

인간에게 집이란 그만의 성이라고 : 펜실베이니아주 앤빌의 포트 인디언타운 갭에 있는 주 방위군 군사 박물관에 보관된 《덧 라인(Đất Lành)》 1975년 8월호에서 발췌.

완벽하지 않은 모습이나 행동으로 : Erin Khuê Ninh, *Passing for Perfect : College Impostors and Other Model Minorities* (Philadelphia : Temple University Press, 2021).

"난관을 극복해낸 탁월한 베트남 학생.": Aleta Watson, "Vietnamese student excels despite barriers," *San José Mercury*, June 25, 1981, 25.

'텅 윈': Richard Hawkins, "Vive la Vengeance!" *San Jose High School Herald*, February 26, 1982.

사소한 감정: Cathy Park Hong, *Minor Feelings: An Asian American Reckoning* (New York: One World, 2020).

백악관에서 「국가의 탄생」 상영회를: Allyson Hobbs, "A Hundred Years Later, 'The Birth of a Nation' Hasn't Gone Away," *New Yorker*, December 13, 2015, https://www.newyorker.com/culture/culture-desk/hundred-years-later-birth-nation-hasnt-gone-away.

미 해병대는 (…) 이 영화를 보여 준다: Anthony Swofford, *Jarhead: A Marine's Chronicle of the Gulf War and Other Battles* (New York: Scribner, 2003), 6.

인종차별을 비판하는 예술 작품도: Chinua Achebe, "An Image of Africa: Racism in Conrad's Heart of Darkness," *Massachusetts Review* 57, no. 1 (Spring 2016): 14-27.

사수를 연기한 백인 남성 배우: "Full Cast & Crew: Apocalypse Now (1979)," accessed January 13, 2023, https://m.imdb.com/title/tt0078788/fullcredits/cast.

베트남인 이민자들을 증오했다고: "Gunman 'Hated' Vietnamese," *Prescott Courier*, January 19, 1989, https://tinyurl.com/3kr7j5zk.

소위 토종 미국인: Ibid.

망할 힌두교도 : Taylor Weik, "The Cleveland Elementary School Shooting in Stockton Was Forgotten by History," *Teen Vogue*, May 28, 2022, https://www.teenvogue.com/story/cleveland-elementary-school-shooting.

스페인 수녀원에서 400년 : Jessica Hagedorn, *Dogeaters : A Play about the Philippines* (New York : Theatre Communications Group, 2003), Act One, Scene 2, p. 2.

내 눈은 뽑혀 나온 : Twain's "The Battle Hymn of the Republic (Brought Down to Date)," c. 1900, was not published in his lifetime. From Mark Twain, *Mark Twain's Civil War*, ed. David Rachels (Lexington : University Press of Kentucky, 2010), 232.

미국에 와서 사는 너희(220만 명) : Abby Budiman, "Vietnamese Population in the U.S., 2000-2019," *Pew Research*, April 29, 2021, https://www.pewresearch.org/socialtrends/fact-sheet/asian-americans-vietnamese-in-the-u-s-fact-sheet/.

베트남에 가서 싸운 미국인(270만 명) : "Military Health History Pocket Card : Vietnam," U.S. Department of Veterans Affairs, accessed December 13, 2022, https://www.va.gov/oaa/pocketcard/m-vietnam.asp.

므엉족은 아이와 어른 남성 수만 명이 : 당연히 므엉족 사상자 통계는 정확하지 않고 합의된 자료도 아니다. 미네소타 역사학회는 전쟁 중에 3만에서 4만 명의 므엉족이 사망했다고 말하지만 출처는 밝히지 않았다. "Hmong Timeline," Minnesota Historical Society, https://www.mnhs.org/hmong/

hmong-timeline. 역사학자 수쳉 찬은 "입대한 므엉족의 25퍼센트가 사망했다는 추정이 있다. 또 다른 추정에 따르면 전쟁으로 므엉족 군인 1만 7천 명과 민간인 5만 명이 사망했다."고 말한다. *Hmong Means Free : Life in Laos and America* (Philadelphia : Temple University Press, 1994), 40.

9분 29초 동안 : Nicholas Bogel-Burroughs, "Prosecutors Say Derek Chauvin Knelt on George Floyd for 9 minutes 29 seconds, Longer Than Initially Reported," *New York Times*, March 20, 2021, https://www.nytimes.com/2021/03/30/us/derek-chauvin-george-floyd-kneel-9-minutes-29-seconds.html.

경찰관은 미국이라는 국가의 위력과 : Ta-Nehisi Coates, *Between the World and Me* (New York : Spiegel & Grau, 2015), 103.

므엉족의 빈곤율은 28.3퍼센트 : "U.S. Hmong Population Living in Poverty, 2015," *Pew Research Center*, September 8, 2017, https://www.pewresearch.org/social-trends/chart/u-s-hmong-population-living-in-poverty/.

인도차이나 사람들이 반란을 일으킨 것은 : 프랑스어 원문은 다음과 같다. "인도차이나 사람들은 그들의 고유한 문화를 발견했기 때문이 아니라, '한 마디로' 여러 모로 숨 쉬기가 불가능해졌기 때문에 반란을 일으킨 것이다." Frantz Fanon, *Peau noire, masques blancs* (Paris : Éditions du Seuil, 1952), 183.

백인으로만 구성된 배심원단 : Brandt Williams, "Fong Lee's Family Angered by Verdict," *MPR News*, May 28, 2009, https://www.mprnews.org/

story/2009/05/28/ fong-lees-family-angered-by-verdict.

그들은 우리를 위해 가장 크게: Jessica Lussenhop, "George Floyd Death: 'The Same Happened to My Son,'" *BBC News*, June 15, 2020, https://www.bbc.com/news/world-us-canada-53023703.

네가 하지 않은 일을 감당하며: Mai Der Vang, "In the Year of Permutations," poets.org, 2020, https://poets.org/poem/year-permutations.

아메리칸드림은 우리를 구원하지 못한다: Mai Der Vang, "To Hmong Americans, on Racial Justice and Patriarchy," *Margins*, June 15, 2020, https://aaww.org/tothe-hmong-community-on-racial-justice-and-patriarchy-mai-der-vang/.

집단 학살을 기념: Viet Thanh Nguyen, "Feeling Conflicted on Thanksgiving," *New York Times*, November 14, 2017, https://www.nytimes.com/2017/11/14/dining/viet-thanh-nguyen-thanksgiving.html.

피츠제럴드는 최고의 지성을 판단하는: F. Scott Fitzgerald, "The Crack-Up," *Esquire*, February, March, and April 1936. Reprinted in Esquire, March 7, 2017, https://www.esquire.com/lifestyle/a4310/the-crack-up/.

1621년, 식민지 주민들은: Tommy Orange, *There There* (New York: Knopf, 2018), 8.

감사는 난민의 내면에 존재하는 사실이기에: Dina Nayeri, *The Ungrateful Refugee: What Immigrants Never Tell You* (New York: Catapult, 2019), 344.

저 유명한 서부의 대서사시는: Albert Memmi, *The Colonizer and the*

Colonized, trans. Howard Greenfeld (Boston : Beacon Press, 1965), 149.

지엠은 군대와 탱크로 : All quotations attributed to BAJARAKA are from Degar Foundation, accessed November 30, 2022, http://www.degarfoundation.org/bajaraka.html.

외부에서 온 이방인 : "Ban Me Thuot before the Shells Fell."

몽타냐르족은 (…) 인디언을 응원했다 : Gerald C. Hickey, *Window on a War* : *An Anthropologist in the Vietnam Conflict* (Lubbock : Texas Tech University Press, 2002), 62.

이들은 우리의 후예입니다 : Marilyn B. Young, *The Vietnam Wars*, 1945-1990 (New York : HarperCollins, 1991), 59.

좋은 인디언은 죽은 인디언뿐이다 : Dee Brown, *Bury My Heart at Wounded Knee* : *An Indian History of the American West* (New York : Holt, Rinehart & Winston, 1970), 170-72.

좋은 국은 죽은 국뿐이다 : Richard Slotkin, *The Fatal Environment* : *The Myth of the Frontier in the Age of Industrialization, 1800-1890* (Norman : University of Oklahoma Press, 1998), 17.

나는 죽은 인디언만이 : Hermann Hagedorn, *Roosevelt in the Bad Lands* (New York : Houghton Mifflin Company, 1921), 355.

베트남전에 파견됐던 어느 한국군 : Han Kang, *Human Acts*, trans. Deborah Smith (New York : Hogarth, 2017, 140). (한강, 『소년이 온다』, 창비)

미국이 뒷배를 봐준 집단 학살의 천사 : Don Mee Choi, *DMZ Colony* (Seattle : Wave Books, 2020), 121.

국은 (…) '구구(goo-goo)'의 변형이다: David Roediger, "Gook : The Short History of an Americanism," *Monthly Review* 43, no. 10 (March 1992): http://www.davidroediger.org/articles/gook-the-short-history-of-americanism.html.

결국 우리는 배신당했다고 느꼈다: Dave Philipps, "'In the End We Felt Betrayed' : Vietnamese Veterans See Echoes in Afghanistan," *New York Times*, July 7, 2021, https://www.nytimes.com/2021/07/07/us/vietnam-war-veterans-us-afghanistan.html.

나는 이제 미국 시민이다: Ibid.

기억 얼룩은 희끄무레하고 형태 없는: Theresa Hak Kyung Cha, *Dictee* (Berkeley : Third Woman Press, 1995), 131.

둘 다 문학적 암시지만, 어느 쪽이든: Graham Greene, *The Quiet American* (London : Heinemann, 1955) and Eugene Burdick and William Lederer, *The Ugly American* (New York : Norton, 1958).

영어 번역서만 나왔고 베트남어로는 출간되지 못했다: Bảo Ninh, *Hà Nội at Midnight* (Lubbock : Texas Tech University Press, 2023).

정부에 의해 투옥된다: Richard C. Paddock, "The Jailed Activist Left a Letter Behind. The Message : Keep Fighting," *New York Times*, October 14, 2020, https://www.nytimes.com/2020/10/14/world/asia/vietnam-pham-doantrang-arrest.html; "2022 Midyear Report on Vietnam's Political Prisoners," 88 Project for Free Speech in Vietnam, July 14, 2022, https://the88project.org/2022-midyear-report-on-vietnams-political-prisoners/.

'중국 바이러스' : Laura Kurtzman, "Trump's 'Chinese Virus' Tweet Linked to Rise of Anti-Asian Hashtags on Twitter," University of California San Francisco, March 18, 2021, https://www.ucsf.edu/news/2021/03/420081/trumpschinese-virus-tweet-linked-rise-anti-asian-hashtags-twitter.

국가가 승인하거나 초법적으로 조장하고 : Ruth Wilson Gilmore, *Golden Gulag : Prisons, Surplus, Crisis, and Opposition in Globalizing California* (Berkeley : University of California Press, 2007), 28.

새너제이의 차이나타운은 1887년에 소각되었다 : Kimmy Yam, "San Jose Formally Apologizes for the Arson of Its Chinatown More Than a Century Ago," *NBC News*, September 30, 2021, https://www.nbcnews.com/news/asian-america/san-jose-formally-apologizes-arson-chinatown-century-ago-rcna2478.

중국 바이러스를 쿵 플루(Kung Flu)라고 부른다 : David Nakamura, "With 'Kung Flu,' Trump Sparks Backlash over Racist Language—and a Rallying Cry for Supporters," *Washington Post*, June 24, 2020, https://www.washingtonpost.com/politics/with-kung-flu-trump-sparks-backlash-over-racist-language-and-a-rallyingcry-for-supporters/2020/06/24/485d151e-b620-11ea-aca5-ebb63d27e1ff_story.html.

반아시아 폭력이 급증한다 : Suyin Haynes, "'This Isn't Just a Problem for North America.' The Atlanta Shooting Highlights the Painful Reality of Rising Anti-Asian Violence around the World," *Time*, March 18, 2021, https://time.com/5947862/anti-asian-attacks-rising-worldwide/.

#나는바이러스가아니다(JeNeSuisPasUnVirus) : Vincent Coste and Sandrine Amiel, "Coronavirus : France Faces 'Epidemic' of Anti-Asian Racism," *EuroNews*, March 2, 2020, https://www.euronews.com/my-europe/2020/02/03/coronavirus-france-faces-epidemic-of-anti-asian-racism.

우리에게 코로나바이러스는 없다 : Cathy Park Hong, "The Slur I Never Expected to Hear in 2020," *New York Times Magazine*, April 12, 2020, https://www.nytimes.com/2020/04/12/magazine/asian-american-discrimination-coronavirus.html.

멕시코 토레온에서 : Leo M. Dambourges Jacques, "The Chinese Massacre in Torreon (Coahuila) in 1911," *Arizona and the West* 16, no. 3 (Autumn 1974) : 233-46.

1871년 로스앤젤레스 시내 : Kelly Wallace, "Forgotten Los Angeles History : The Chinese Massacre of 1871," Los Angeles Public Library, May 19, 2017, https://www.lapl.org/collections-resources/blogs/lapl/chinese-massacre-1871.

1907년의 신사협정 : Andrew Glass, "Theodore Roosevelt Targets Japanese Immigration, Feb. 20, 1907," *This Day in Politics*, Politico, February 20, 2019, https://www.politico.com/story/2019/02/20/theodore-roosevelt-targets-japanese-immigration-feb-20-1907-1173456.

필리핀 노동자를 겨냥하여 (…) 구타: Dennis Arguelles, "Remembering the Manongs and Story of the Filipino Farm Worker Movement," National Parks Conservation Association, May 25, 2017, https://www.npca.org/articles/1555-remembering-the-manongs-and-story-of-the-filipino-farm-worker-movement.

개와 필리핀 사람은 출입 금지: Deborah Kong, "Filipinos Fight to Save Calif. Enclaves," *Huron Daily Tribune*, December 24, 2002, https://www.michigansthumb.com/news/article/Filipinos-Fight-to-Save-Calif-Enclaves-7339571.php.

어처구니없이 낮은 가격: Natasha Varner, "Sold, Damaged, Stolen, Gone: Japanese American Property Loss during WWII," *Densho*, April 4, 2017, https://densho.org/catalyst/sold-damaged-stolen-gone-japanese-american-property-loss-wwii/.

베트남 어부들을 노린 1980년대 KKK단: Laura Smith, "The War between Vietnamese Fishermen and the KKK Signaled a New Type of White Supremacy," *Timeline*, November 6, 2017, https://timeline.com/kkk-vietnamese-fishermen-beam-43730353df06.

한국 지식인 이민자들이 (…) 사회적 굴욕: Sandy Banks, "Korean Merchants, Black Customers—Tensions Grow," *Los Angeles Times*, April 15, 1985, https://www.latimes.com/archives/la-xpm-1985-04-15-me-14008-story.html.

코리아타운을 봉쇄하고 불타게 방치했을 때: Kyung Lah, "The LA Riots

Were a Rude Awakening for Korean-Americans," *CNN*, April 29, 2017, https://www.cnn.com/2017/04/28/us/la-riots-korean-americans.

폭동은 존재를 인정받지 못하는 자들의 언어 : Martin Luther King Jr., "The Other America," Grosse Pointe South High School, March 14, 1968, Grosse Pointe, MI. Transcript available at Grosse Pointe Historical Society, https://www.gphistorical.org/mlk/mlkspeech/.

가족을 죽이고 자살한다 : Don Pendleton, *War against the Mafia, Executioner* (New York : Pinnacle Books, 1969).

나는 바닥에 손을 뻗어 : David J. Regan, *Mourning Glory : The Making of a Marine* (Old Greenwich, CT : Devin-Adair Company, 1981), 72.

그건 베트남입니다. 아주 위험하죠 : Andrew Kaczynski, "Trump, Comparing Sex to Vietnam, Said in 1998 He Should Receive the Congressional Medal of Honor," *CNN Business*, October 14, 2016, https://money.cnn.com/2016/10/14/media/trump-stern-vietnam-stds/index.html.

미국인들의 상상 속에 (…) 영원한 신화로 : This argument is made by H. Bruce Franklin, *MIA; or, Mythmaking in America* (New Brunswick, NJ : Rutgers University Press, 1993).

등장인물들이 우리와 얼굴이 닮았기 때문 : Comment on the author's now-deleted Facebook author page by Paj Huab Hawj, June 2020.

순수한 백인은 전 세계를 통틀어도 : Benjamin Franklin, "Observations Concerning the Increase of Mankind, Peopling of Countries, etc.," 1751, http://www.columbia.edu/~lmg21/ash3002y/earlyac99/documents/

observations.html.

영국인이 세운 펜실베이니아가: Ibid.

집단 내에서의 출산을 막을: "Definitions: Genocide," United Nations Office on Genocide Prevention and the Responsibility to Protect, https://www.un.org/en/genocideprevention/genocide.shtm.

사람을 죽이는 데 정말 능숙하다: Peter Hamby, "Review: 'Double Down,' on the 2012 Election, by Mark Halperin and John Heilemann," *Washington Post*, November 1, 2013, https://www.washingtonpost.com/opinions/review-double-down-on-the-2012-election-by-mark-halperin-and-john-heilemann/2013/11/01/8bf4f050-3fdd-11e3-a751-f032898f2dbc_story.html.

난민에서 부르주아지로: 동료 난민이자 사회학자인 홍깜타이의 표현을 인용했다.

파리 경찰은 (…) 폭력적으로 해체한다: Aurelien Breeden, "Outcry in France after Police Clear Paris Migrant Camp," *New York Times*, November 24, 2020, https://www.nytimes.com/2020/11/24/world/europe/police-paris-migrant-camp.html.

지금 우리가 말하는 사람들은: Associated Press, "Calling Katrina Survivors 'Refugees' Stirs Debate," *NBC News*, September 6, 2005, https://www.nbcnews.com/id/wbna9232071.

미국 시민을 난민이라고 부르는 것은: Ibid.

그들을 난민으로 여기는 것은: Joseph Darda, *How White Men Won*

the Culture Wars: *A History of Veteran America* (Berkeley: University of California Press, 2021), 161.

식민주의 절차를 유럽에 적용: Aimé Césaire, *Discourse on Colonialism*, trans. Joan Pinkham (New York: Monthly Review Press, 1972), 14–15. The French original is "à l'Europe des procédés colonialistes dont ne relevaient jusqu'ici que les Arabes d'Algérie, les coolies de l'Inde et les nègres d'Afrique," from *Discours sur le colonialisme* (Paris: Éditions Présence Africaine, 1955), 88.

친척 아주머니에게 (…) 유산을: Virginia Woolf, *A Room of One's Own* (West Sussex: John Wiley & Sons), 28.

어느 베트남 난민 노인은 (…) 말한다: Anh Do, "Trump Widens a Generation Gap in Vietnamese Community: Older Hard-Liners vs. Liberal Youths," *Los Angeles Times*, February 19, 2017, https://www.latimes.com/local/california/la-me-ln-viet-refugees-20170219-story.html.

동남아시아 난민을 받아들이기 싫어했다: Drew Desilver, "U.S. Public Seldom Has Welcomed Refugees into Country," *Pew Research Center*, November 19, 2015, https://www.pewresearch.org/fact-tank/2015/11/19/u-s-publicseldom-has-welcomed-refugees-into-country/.

어느 이민자의 말을 들어보자: 코미디언 야코프 스미르노프가 이 농담을 한 동영상이 있었다고 기억하는데, 지금은 찾을 수 없다. 이 농담을 한 사람에게 저작권 침해에 대해 사과 드린다.

지금껏 목소리가 없던 사람들에게 목소리를 주는 것: Philip Caputo,

review of The Sympathizer, by Viet Thanh Nguyen, *New York Times*, April 2, 2015, https://www.nytimes.com/2015/04/05/books/review/the-sympathizer-by-viet-thanh-nguyen.html.

아룬다티 로이가 말했듯: Arundhati Roy, "Peace & the New Corporate Liberation Theology," City of Sydney Peace Prize Lecture, Seymour Centre, Sydney, November 3, 2004 (Sydney: Centre for Peace and Conflict Studies, University of Sydney, 2004), 1.

'동양은 경력': from Benjamin Disraeli's novel *Tancred*, originally published in 1847. The quotation is found on p. 141 of the 1881 edition published by Longmans, Green & Co.

우리가 원하지 않을 수 없는 것: Sara Danius and Stefan Jonsson, "An Interview with Gayatri Chakravorty Spivak," *boundary* 2 20, no. 2 (Summer 1993): 24-50.

네이팜탄을 발명한 것도 하버드 과학자들이었다: Robert M. Neer, *Napalm: An American Biography* (Cambridge, MA: Belknap Press of Harvard University Press, 2015).

윈스턴 처칠조차도 그토록 잔인한 네이팜탄을: "What Is Napalm and Is It Still Used in Warfare?," Forces.net, August 2, 2021, https://www.forces.net/technology/weapons-and-kit/what-napalm-and-it-still-used-warfare.

벵골에서 (…) 사망하게 한 처칠이: Bard Wilkinson, "Churchill's Policies to Blame for Millions of Indian Famine Deaths, Study Says," *CNN*, March 29, 2019, https://www.cnn.com/2019/03/29/asia/churchill-bengal-famineintl-scli-gbr.

나는 본능적인 불안감을 가라앉혔습니다 : Viet Thanh Nguyen, *The Sympathizer* (New York : Grove Press, 2015), 241. (비엣타인응우옌, 김희용 옮김, 『동조자』, 민음사)

나는 나를 회원으로 받아들이는 : Groucho Marx, *The Groucho Letters : Letters from and to Groucho Marx* (New York : Simon & Schuster, 1967), 8.

그 사회의 지적 지배 세력이다 : Karl Marx and Friedrich Engels, *The German Ideology*, ed. C. J. Arthur (New York : International Publishers, 1970), 62.

사망자는 100만에서 200만 명에 이른다 : Geoffrey Gunn, "The Great Vietnamese Famine of 1944-45 Revisited," *Asia-Pacific Journal* 9, issue 5, no. 4 (January 24, 2011) : https://apjjf.org/2011/9/5/Geoffrey-Gunn/3483/article.html.

당시 북부의 총 인구는 : Maks Banens, "Vietnam : A Reconstitution of Its 20th Century Population History," *HAL Open Science*, 2000, 39, https://hal.archives-ouvertes.fr/hal-00369251/document.

비참하고, 병들고, 완전히 불구가 된 채 : Diana Shaw, "The Temptation of Tom Dooley : He Was the Heroic Jungle Doctor of Indochina in the 1950s. But He Had a Secret, and to Protect It, He Helped Launch the First Disinformation Campaign of the Vietnam War," *Los Angeles Times*, December 15, 1991, https://www.latimes.com/archives/la-xpm-1991-12-15-tm-868-story.html.

베트남 사람들은 모두 자유를 꿈꾸며 : Freedom : Ibid.

세계 최대의 무기 판매국 : 미국은 아래 순위의 6개국을 합친 것보다 더 많은 무기를 판매하고 있다. See "Arms Exports—Country Rankings," TheGlobalEconomy.com, accessed December 3, 2022, https://www.theglobaleconomy.com/rankings/arms_exports/.

고르바초프 씨, 이 벽을 허뭅시다 : Peter Robinson, "'Tear Down This Wall' : How Top Advisers Opposed Reagan's Challenge to Gorbachev—but Lost," *Prologue*, Summer 2007, https://www.archives.gov/publications/prologue/2007/summer/berlin.html.

너와 같은 베트남 난민인 락수 : Lac Su, *I Love Yous Are for White People : A Memoir* (New York : Harper Perennial, 2009).

7번째로 흔한 성 : Giselle Au-Nhien Nguyen, "I Have One of Australia's Most Common Surnames, but No-One Can Pronounce It," *BuzzFeed*, January 24, 2017, https://www.buzzfeed.com/gisellenguyen/ng-weir-en.

네 세대에는 톰 부가 있었다 : Jube Shiver Jr., "Despite Florida Probe, Real Estate Promoter Tom Vu Still Wows Crowds : Investing : Some Ex-Students Say He Allegedly Engaged in Deceptive Trade Practices. But the Vietnam Native Denies the Charges," *Los Angeles Times*, February 16, 1992, https://www.latimes.com/archives/la-xpm-1992-02-16-fi-4408-story.html.

제인 폰다의 아들 트로이 : Steven J. Ross, *Hollywood Left and Right : How Movie Stars Shaped American Politics* (New York : Oxford University Press, 2011), 255. executed in 1964 : "Saigon Executes Youth for Plot on

McNamara," *New York Times*, October 15, 1964, https://www.nytimes.com/1964/10/15/archives/saigonexecutes-youth-for-plot-on-mcnamara.html.

중국 전통이란 무엇이며 영화란 무엇인가 : Maxine Hong Kingston, *The Woman Warrior : Memoirs of a Girlhood among Ghosts* (New York : Vintage International, 1989), 5-6.

실리콘 밸리는 로스앤젤레스보다 : Peter Malae, *What We Are* (New York : Grove Press, 2010), 46.

내 몸짓과 태도로 : Ibid., 64.

그의 사모아인 아버지와 삼촌은 베트남에서 : William Ray, "'Our Story Is a Life and Death Thing' : Peter Nathaniel Malae on Reading John Steinbeck and Writing American Literature," *Steinbeck Now*, October 14, 2015, http://www.steinbecknow.com/2015/10/14/our-story-is-a-life-and-death-thing-peter-nathaniel-malae-on-reading-john-steinbeck-and-writing-american-literature/.

태양보다 천천히 떠오르는 : Malae, *What We Are*, 91-92.

여러분은 셰익스피어, 밀턴, 테니슨을 : Valentina Rojas-Posada, "Push to Diversify Barnard English Curriculum Sparks Department-Wide Debate," Columbia Daily Spectator, April 19, 2018, https://www.columbiaspectator.com/news/2018/04/19/push-to-diversify-barnard-english-curriculum-sparks-department-wide-debate/#.WtvC2x6ELLc.twitter.

많은 교수들이 그렇게 생각 : Ibid.

유럽의 근대가 노예제에서 나온 이유과 : 예를 들어 다음 책을 참고하라. Paul Gilroy's *The Black Atlantic : Modernity and Double-Consciousness* (Cambridge, MA : Harvard University Press, 1993).

아메리카 대륙 및 선주민 착취 : 다음 책을 참고하라. Anibal Quijano and Michael Ennis, "Coloniality of Power, Eurocentrism, and Latin America," *Nepantla : Views from South* 1, no. 3 (2000) : 553-80.

그 어떤 사람도, 그 누구도 : Carlos Bulosan, *America Is in the Heart : A Personal History* (Seattle : University of Washington Press, 1973), 326-27.

망각의 습관에 완전히 : Viet Thanh Nguyen, "The Other Man," in *The Refugees* (New York : Grove Press, 2017), 42.

피의 난교 : William Carlos Williams, *In the American Grain* (Norfolk, CT : New Directions, 1925), 41.

마셜 제도에서 이루어진 67번의 핵실험 : "The Pacific : Atomic Bomb Testing at Bikini Atoll 1946," Nuclear Princeton, https://nuclearprinceton.princeton.edu/pacific.

무웨크마 올론 부족을 : "Muwekma Ohlone Tribal Land Acknowledgment for the City of San Jose and Surrounding Region Thámien Ancestral Muwekma Ohlone Territory," Indian Health Center of Santa Clara Valley, https://www.indianhealthcenter.org/wp-content/uploads/2020/10/San-Jose-Muwekma-Land-Acknowledgement.pdf.

나는 미국의 노래를 듣는다 : Walt Whitman, *I Hear America Singing* (New York : Philomel Books, 1991).

나 또한 미국을 노래한다: Langston Hughes, "I, Too," in Poems, ed. David Roessel (New York: Knopf, 1999), 35.

약 3,000달러부터 12,000달러까지의 월세로: Miro, accessed December 13, 2022, https://rentmiro.com/.

너는 계속해야 한다: Samuel Beckett, *The Unnamable*, ed. Steven Connor (London: Faber and Faber, 2010), 133.

베케트 역시 한 사람의 난민이었다: 2차 대전 중 베케트의 난민 경험과 그것이 그의 글쓰기에 미친 영향에 대해서는 다음 책을 참조하라. Lyndsey Stonebridge, *Placeless People: Writing, Rights, and Refugees* (Oxford, UK: Oxford University Press, 2018).

마사지 업소에서 일하는 아시아계 이민자 여성: Corina Knoll et al., "2 Immigrant Paths: One Led to Wealth, the Other Ended in Death in Atlanta," *New York Times*, March 24, 2021, https://www.nytimes.com/2021/03/24/us/atlanta-shooting-spa-owners.html.

살인범은 자신이 (…) 주장한다: Teo Armus, "The Atlanta Suspect Isn't the First to Blame 'Sex Addiction' for Heinous Crimes. But Scientists Are Dubious," *Washington Post*, March 18, 2021, https://www.washingtonpost.com/nation/2021/03/18/sex-addiction-atlanta-shooting-long/.

조지 플로이드가 고등학교 시절 가장 좋아했던 음반 중 하나: Robert Samuels and Toluse Olorunnipa, *His Name Is George Floyd: One Man's Life and the Struggle for Racial Justice* (New York: Viking, 2022), 74.

나가서 싸우자, 한바탕 즐겨보자: "This Is My Rifle. This Is My Gun,"

Full Metal Jacket, directed by Stanley Kubrick (1987, accessed December 13, 2022), https://www.youtube.com/watch?v=4kU0XCVey_U.

미군들이 (…) 집단 강간 : Larry Heinemann, *Close Quarters* (New York : Farrar, Strauss & Giroux, 1977).

출신, 조상, 종교 : Laila Lalami, *Conditional Citizens : On Belonging in America* (New York : Pantheon Books, 2020).

베트남인 6,000명을 학살 : Robert J. Hanyok, "Spartans in Darkness : American SIGINT and the Indochina War, 1945-1975" (National Security Agency : Center for Cryptologic History, 2002), 10. Accessed via https://www.nsa.gov/portals/75/documents/news-features/declassified-documents/cryptologic-histories/spartans_in_darkness.pdf.

이 지역 초기 정착민들은 : "History," Fort Indiantown Gap Warrior Training Grounds, https://www.ftig.ng.mil/History/.

요새가 세워진 것이 : "History," Fort Indiantown Gap, https://visitlebanonvalley.com/business/fort-indiantown-gap/.

4,000명 이상의 체로키족이 (…) 사망했다 : 일반적으로 알려진 사망자 수는 4,000명이다. 인류학자 러셀 손튼은 다음 기사에서 사망자 수가 1만 명에 달할 수 있다고 추정했다. "Cherokee Population Losses during the Trail of Tears : A New Perspective and a New Estimate," *Ethnohistory* 31, no. 4 (Autumn 1984) : 289-300.

팩스턴 타운십 출신이다 : "The Susquehannock," Susquehannock Fire Ring, https://web.archive.org/web/20100109141308/http:/susquehannock.

brokenclaw.net/susquehannock.

코네스토가 마을에서 살해당함: Ibid.

적어도 나는 그럴 거라 생각했다: Viet Thanh Nguyen, "War Years," in *The Refugees* (New York: Grove Press, 2017), 55-56.

말할 수 없는 것에 관해서는: Ludwig Wittgenstein, *Tractatus Logico-Philosophicus* (London: Harcourt, Brace & Company, 1922), 90.

'행복한 망각': Paul Ricoeur, *Memory, History, Forgetting*, trans. Kathleen Blamey and David Pellauer (Chicago: University of Chicago Press, 2004), 501.

"지금부터 들려줄 얘기는": Kingston, *Woman Warrior*, 3.

현장 사진들을 보면: *ABC News* (@ABC), "Pentagon press sec. John Kirby gets emotional during remarks about Pres. Putin and images of war in Ukraine," Twitter, April, 29, 2022, https://twitter.com/ABC/status/1520198750928613377?ref_src=twsrc%5Etfw.

안타깝게 됐습니다: Graham Greene, *The Quiet American* (New York: Penguin, 1977), 179.

지배적 문화 바깥에 있는 사람들: Rabih Alameddine, "Comforting Myths: Notes from a Purveyor," *Harper's*, June 2018, https://harpers.org/archive/2018/06/comforting-myths/.

베트남 측의 관점과 어울리지 않는다: Memo No. 189/DA-NT from the Film Department of the Ministry of Culture, Sports and Tourism, Hanoi, March 22, 2022.

베트남 군대와 인민의 이미지를 훼손: undated memo, no author, "SOME NOTED [sic] FROM MEMBERS OF APPROVAL COMMITTEE," received March 23, 2022.

엄마는 영어로 말할 때마다: Nguyen, "War Stories," 72.

사치이자 필수품: Kingston, *The Woman Warrior*, 6.

하하몽가 부족: "Indigenous People of San Gabriel," Discovering Pasadena, https://discoveringpasadena.com/indigenous-people-of-san-gabriel.

일종의 윤리다: Theodor Adorno, *Minima Moralia: Reflections from Damaged Life* (New York: Verso, 2005), 39.

모든 망명에 해당되는 진실: Edward Said, *Reflections on Exile and Other Essays* (Cambridge, MA: Harvard University Press, 2000), 185.

그분에게 살아 있다는 것은: Philip Roth, *Patrimony* (New York: Vintage, 2010), 124.

무웨크마 올론 부족의 땅: 캘리포니아주 로스알토스 천국의 문 가톨릭 묘지는 샌프란시스코 베이 에이리어의 무웨크마 올론 부족이 대대로 살아온 땅에 있다. See http://www.muwekma.org/.

테러리스트 지도자를 암살한 헬파이어 미사일: Bernd Debusmann Jr. and Chris Partridge, "Ayman al-Zawahiri: How US Strike Could Kill al-Qaeda Leader—but Not His Family," *BBC*, August 3, 2022, https://www.bbc.com/news/world-us-canada-62400923.

정당한 공격: Vanessa Romo, "No U.S. Troops behind a Drone Strike

That Killed Afghan Civilians Will Be Punished," *NPR*, December 13, 2021, https://www.npr.org/2021/12/13/1063880137/no-punishment-troops-afghanistan-kabul-strike-civilians.

미국인들을 위해 일했다: Matthieu Aikins et al., "Times Investigation: In U.S. Drone Strike, Evidence Suggests No ISIS Bomb," *New York Times*, September 10, 2021, https://www.nytimes.com/2021/09/10/world/asia/us-air-strike-drone-kabul-afghanistan-isis.html.

야만족의 시대가 다가왔다: Aimé Césaire, *Discourse on Colonialism* (New York: Monthly Review Press, 1972), 59. The French original from Éditions Présence Africaine, 1955: "L'heure est arrivée du Barbare. Du Barbare moderne. L'heure américaine. Violence, démesure, gaspillage, mercantilisme, bluff, grégarisme, la bêtise, la vulgarité, le désordre" (Discours sur le colonialisme, 70–72).

나는 세계 어느 나라보다도 미국을 사랑하며: James Baldwin, "Autobiographical Notes," in *Notes of a Native Son* (Boston: Beacon Press, 1955), 9.

인용 허가

표지 사진
ⓒ 《미스테리아》 48호
ⓒ 강희주

저자 사진
ⓒ 한정선

본문 인용
한강 『소년이 온다』 ⓒ 한강, 창비 2014
나탈리아 긴즈부르그 Korean translation ⓒ 2023 Humanist Publishing Group Inc
차학경 ⓒ The Berkeley Art Museum and Pacific Film Archive(BAMPFA)

옮긴이 신소희

서울대학교에서 국어국문학을 전공하고 출판사 편집자를 거쳐 영한 번역가로 일해 왔다. 옮긴 책으로 『야생의 위로』 『피너츠 완전판』 『살아 있는 산』 『내가 죽는 날』 사람들이 세상을 이루고 살아가는 거의 모든 이야기에 관심이 있다. 앞으로도 오랫동안 책으로 일하고 배우고 놀 수 있기를 바란다.

두 얼굴의 남자

1판 1쇄 찍음	2025년 10월 24일
1판 1쇄 펴냄	2025년 10월 31일
지은이	비엣 타인 응우옌
옮긴이	신소희
발행인	박근섭, 박상준
펴낸곳	(주)민음사
출판등록	1966. 5. 19. (제 16-490호)
	서울특별시 강남구 도산대로1길 62(신사동)
	강남출판문화센터 5층 (우편번호 06027)

대표전화 02-515-2000 팩시밀리 02-515-2007
www.minumsa.com
한국어 판 ⓒ (주)민음사, 2025. Printed in Seoul, Korea
ISBN 978-89-374-2281-2 03840

* 잘못 만들어진 책은 구입처에서 교환해 드립니다.